문명과
바다

바다에서 만들어진 근대

문명과 바다

주경철 지음

산처럼

| 책을 내면서 |

　이 책은 근대 세계사를 바다의 관점에서 새롭게 해석해보려고 한 시도이다. 아주 제한된 범위의 교류 외에는 서로 고립되어 발전해오던 세계의 여러 문명권들이 15세기 이후 바다를 통해 급작스럽게 상호 소통하기 시작했다. 특히 콜럼버스의 항해 이후 수십 년의 짧은 기간 동안 전세계 모든 지역이 바다를 통해 연결됨으로써 진정한 세계사 혹은 지구사의 흐름이 형성됐다. 그런 점에서 오늘날 우리가 살아가는 이 근대세계는 바다에서 태어났다고 해도 과언이 아니다.

　이와 같은 생각에서 필자는 연전에 『대항해시대』라는 연구서를 펴낸 바 있다. 그 연구를 처음 시작할 때부터 가졌던 생각은 한편으로 학문적인 성격의 연구서를 쓰는 동시에 다른 한편으로 더 넓은 독자층을 향한 책을 쓰고 싶다는 것이었다. 모든 학문이 다 그렇겠지만 특히나 역사학은 전문 연구자들 간의 심도 있는 학문적 논쟁만큼이나 일반 교양 독자들을 위한 글쓰기가 중요한 일이다. 학문적 엄밀성을 크게 양보하지 않으면서 동시에 역사학 분야에 약간이라도 관심을 가진 사람이라면 비교적 편안하게 이해할 수 있는 소위 '고급 통속화haute vulgarisation'를 시도해보고 싶은 욕구는 늘 마음속에 지니고 있었다.

이런 생각을 하던 차에 마침 『한겨레』 신문에 이 책의 주제와 같은 내용을 1년 동안 연재할 수 있는 기회를 얻었다. 「문명과 바다」라는 이름으로 매주 한 번씩 전지구적인 문명 교류와 갈등에 관한 토픽들을 소개할 수 있었던 것은 참으로 소중한 경험이었다. 이 기회를 통해 이전에 연구했던 내용들에 대해 다시 질문을 던지고, 자료를 재검토하고, 논지를 새로 정비해보았다. 이 책은 그때의 원고들을 기초로 해서 새롭게 구성한 결과물이다.

책으로 펴내는 것은 신문 지상에 칼럼을 쓰는 것과는 또 다른 일이다. 원고를 다듬는 과정에서 이전에 미처 다 이야기하지 못한 부분을 더 상세하게 개진할 수도 있었고, 일부 잘못된 내용을 바로 잡거나 혹은 논지를 더 명확하게 만들 수 있었다. 전체 구성도 다시 짜보고 필요한 내용을 추가하기도 했다. 무엇보다도 지면의 여유가 없어서 제시하지 못했던 자료들을 보충할 수 있다는 것이 다행스러운 일이었다. 박스 형식으로 일부 자료를 내보이거나 혹은 본문의 주장과는 상이한 해석의 사례들을 제시해서 최소한 다른 해석이나 다른 견해의 일단이라도 맛볼 수 있는 기회를 제공하고자 노력했다. 가급적 많은 그림 자료를 이용한 것도 같은 맥락의 일이다. 때로는 백 마디 말보다도 한 장의 그림이나 사진이 더 많은 내용을 더 절실하게 드러낼 수도 있다.

이 책은 8개의 부部에 약 50개의 꼭지로 구성되어 있다.

제1부에서는 인도양이 유라시아대륙의 여러 문명들이 교류하는

중심무대였으며 이곳에서 근대 이후의 세계화 혹은 지구화가 준비됐음을 밝혔다. 아시아의 문명권들, 특히 중국은 일찍부터 활발한 해상 팽창을 했으며 따라서 근대세계의 주도권을 장악할 가능성이 컸지만, 결국은 국가 기구와 자본이 효율적으로 결합한 서유럽이 세계의 바다를 연결하는 뇌관 역할을 맡아서 하게 됐다. 제2부에서는 유럽이 주도하여 세계의 바다를 연결해나가는 과정에서 얼마나 큰 폭력성이 유발됐는가를 보이고자 했다. 근대세계의 형성은 곧 전지구적인 차원으로 폭력이 일반화되는 과정이라고 해석할 수 있는데, 여기에서는 그중 몇 가지 사례를 살펴보고자 했다. 제3부에서는 세계의 해상 네트워크를 구성하는 데에 가장 직접적으로 기여한 선원들의 세계를 분석했다. 고통과 핍박 속에서 힘겨운 노동을 해야 했던 이들은 최초의 프롤레타리아라고 불릴 만한 존재였으며, 더 나아가서 이들 중 일부 사람들은 이제 막 형성 중이던 세계 자본주의 질서에 저항하는 반질서反秩序로서 해적 집단이 됐다. 제4부에서는 근대세계의 가장 참혹한 비극 중 하나라 할 수 있는 노예무역을 다루고 있다. 성장하는 근대세계의 이면에 이처럼 고통스럽고 암울한 역사가 자리 잡고 있음을 기억해야 할 것이다. 제5부에서는 세계경제가 창출되는 데에 가장 중요한 요소 중 하나였던 세계 화폐의 순환을 분석해보았다. 아메리카대륙의 은 생산과 유통에만 지나치게 초점을 맞추는 지난 시대 화폐사의 주장들을 비판적으로 살펴보고, 세계적인 화폐 및 금속의 흐름이 실제로는 훨씬 복잡한 양태를 띠었다는 점을 보이려고 했다. 제6부에서는 세계화 혹은 지구화의 내용이 우리 일상생활의 여러 측면에 직접 닿아 있다는 점을 강조하고자 했다. 음식, 음료, 도자기, 염료, 총기 등의 사례들을 통해 각 지역마다 문화적인 선택과 수용이 상이하게 나타남을 예시해보았다. 제7부 역시 비슷한 시각에서 정신적인 측면의 교류와 충돌을 살펴보았다. 언어와 종교라는 두 가지 핵심적인 영역에서 일어난 변화를 추적해봄으로써 근대 이후 우리의 내면세계가 얼마나 큰 충격을 받았는지를 알 수 있을 것이다. 마지막 제8부는 생태 환경의 극적인 변화를 다루었다. 오늘날 우리가 살아가는 자연 환경은 태곳적부터 그대로 이어져온 것이 아니라 대항해시대 이후 인간에 의해 근본적으로 변화되고 새롭게 짜인 결과물임을 확인할 수 있을 것이다.

각각의 꼭지에서는 그 주제에 해당하는 구체적인 내용을 제시하고 나름대로 명확한 해석을 시도하고자 했지만, 50개 남짓의 짧은 글로 워낙 광범위한 주제를 다루다보니 전체적으로는 근대 세계사에 대한 일종의 점묘화點描畵처럼 됐다. 이것만으로 복잡다단한 근대세계의 거대한 실체를 온전히 파악할 수 있는 것은 물론 아니다. 다만 우리가 살아가는 이 세계의 큰 모습과 구조에 대해 방향을 잡아보고 조금 더 내밀한 반성을 하는 데에 조금이라도 도움이 됐으면 좋겠다는 마음이다.

2009년 2월
주경철

차례

책을 내면서 5

프롤로그 바다와 역사 11

아시아의 바다에서

아시아의 해양세계 18 | 정화(鄭和)의 원정(1405~33) 26 | 화교 공동체의 발전과 핍박 39 | 디아스포라 46 | 조선은 세계와 소통했는가 54 | 회사에서 제국으로 61

폭력이 넘쳐나는 세계

유럽 팽창은 마음속에서부터 자라나다 68 | 포르투갈 : 삼대륙에 걸친 해상제국 78 | 폭력의 세계화 86 | '행운의 섬들' 94 | 아메리카의 '발견'? 101 | 바야돌리드 논쟁 108 | 아메리카 문명의 정복과 파괴 116 | 말린체 : 정복의 역사와 여성 122

근대세계의 이면, 선원과 해적의 세계

'사막의 배와 바다의 배 130 | 얼음 바다를 넘어 아시아로 : 북쪽 항로의 개척 138 | 위도와 경도 144 | 선원들 : 최초의 프롤레타리아 150 | 선상 생활 : 기율과 저항 160 | 해적과 국가 167 | 해적과 민주주의 176

노예무역 잔혹사

노예제의 문제 184 | 아프리카 북·동쪽 노예무역 189 | 설탕과 노예 198 | 노예무역과 아프리카 내부 205 | 중간항해 214 | 자유의 나라? 노예의 나라! : 미국과 북아메리카의 노예 220

제5부 **세계화폐의 순환**

금과 은을 찾아서 228 | 세계의 은이 중국으로 들어가다 236 | 일본의 은과 구리 243 | 인삼과 은 250 | 조개화폐 258 | 아편 연기 속에 사라져 간 은 264

 제6부 **물질과 감각의 교류**

문명과 미각 272 | 차와 도자기 280 | 바다를 통해 널리 퍼진 '색깔들' 287 | 작물의 전파 : 기술과 문화의 결합 296 | 다네가시마 304 | 총에서 다시 칼로 311

 제7부 **정신문화의 충돌**

언어의 확산과 사멸 320 | 절멸 위험 언어와 몰입교육 325 | 영혼의 정복 : 강압적 전도와 피학적 전도 331 | 일본의 기독교 전도 343

 제8부 **생태 환경의 격변**

생태 환경의 대전환 354 | 동물 남획 : 환경파괴 대 환경보호 360 | 문명 팽창과 삼림의 축소 371 | 아유르베다 : 인도 전통의학과 서구 식물학의 만남 378 | 문명의 교류와 병원균의 교류 384

에필로그 세계사 다시 쓰기 : 희망의 이름으로 393

참고문헌 399

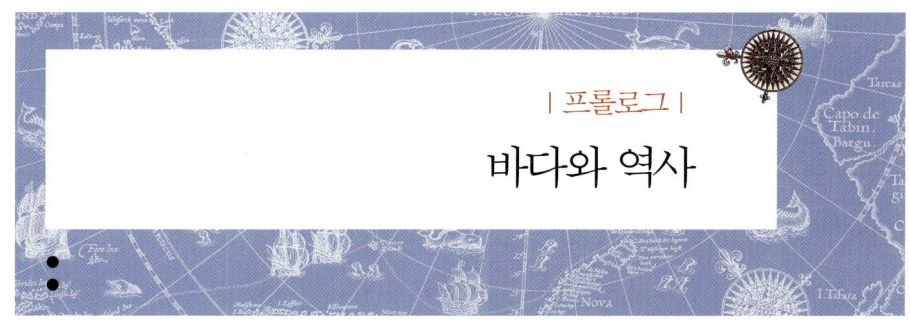

| 프롤로그 |
바다와 역사

역사에서 바다는 어떤 의미를 지닐까.

바다는 한편으로 사람의 길을 가로막는 장벽이지만 동시에 사람들의 상상력을 자극하고 수평선 너머로 유혹하여 결국 머나먼 이국과 소통시키는 길이 되기도 한다.

지금까지 우리가 주로 주목했던 역사는 한마디로 말해서 정주 농경문화권 중심의 역사였다. 농촌 마을 안에서의 생산과 소비, 귀족과 농민 간의 계급 갈등, 국가의 형성과 전쟁 혹은 혁명 같은 것들이 그런 내용들이다. 사실 인구 대다수가 농경지대에 모여 살았으므로 이런 지역의 역사를 중점적으로 본다는 것은 하등 이상한 일이 아니다. 그러나 역사의 큰 흐름이 논두렁 밭두렁에서만 펼쳐지

대항해시대의 범선.

는 것은 아니다. 광활한 초원지대, 혹은 사막이나 삼림지대 사이를 누비고 다니는 유목민의 세계를 보라. 그리고 작은 어촌의 가난한 어민들로부터 전세계를 돌아다니는 대상인, 모험가와 해적들이 활개치는 역동적인 해양세계를 보라. 역사의 무대는 넓고도 넓다.

바다의 관점에서 세계를 해석해보면 어떨까.
오늘날 우리가 살아가는 이 근대세계는 사실 바다를 통해 형성됐다고 해도 과언이 아니다.

15세기 이전의 세계를 생각해보자. 아메리카대륙과 오스트레일리아, 뉴질랜드 등은 아시아나 유럽과는 서로 소통이 끊어진 채 거의 별개의 세계로서 존재했고, 아프리카는 일부 해안 지역에 외지인이 도착한 것 외에 내륙 지역은 오랫동안 외부에 알려지지 않은 미지의 땅이었으며, 아시아는 실제적인 정보보다는 막연한 환상과 유언비어로 채색된 아득히 먼 곳이었다. 이렇게 서로 떨어져서 살아가던 각 대륙이 드디어 15세기부터 바닷길을 통해 서로 연결된 것은 세계사의 흐름에서 결정적인 변화를 의미한다.

이제 세계 각 지역 사람들은 상호 영향을 주고받으며 살게 됐다. 어느 지역도 나머지 전세계로부터 완전히 동떨어져서 고립된 채 살아가는 것은 불가능하다. 콜럼버스 이후 아메리카 주민들은 유럽인들의 잔인한 공격과 그들이 들여온 병균에 의해 일대 학살을 당했다. 1천만 명이 넘는 아프리카인들이 신대륙으로 끌려가 지옥 같은 노예생활을 해야 했다. 아메리카의 은이 전세계로 확산됐고, 각 지역의 생태계는 갑자기 침투해들어오는 외래종 때문에 심대한 변화를 겪었다. 비교적 독자적으로 발전해온 각 지역의 개별 역사는 이처럼 하나의 세계사 흐름 속에 녹아들어갔다. 사람들은 이전과는 사뭇

세바스티안 카보트(Sebastian Cabot, 이탈리아의 항해가)의 세계지도 (1544), 아마존 지역과 캘리포니아만이 자세히 소개된 최초의 지도로 알려져 있다.

다른 세계 속으로 깊숙이 발을 들여놓게 됐고, 한번 그렇게 되자 더 이상 뒤로 물러날 수 없는 외길을 따라가게 됐다.

혹시 이런 반문을 제기할지 모른다. 세계의 흐름이 어떻든 간에 아마존 지역 안에 깊숙이 틀어박혀 조상 대대로 내려오는 삶의 방식을 그대로 지키면서 살아가는 사람들도 있지 않은가.

그러나 실상을 보면 오히려 이런 오지야말로 전지구적인 상호 영향이 얼마나 큰지 잘 말해주는 사례이다.

지금껏 많은 사람들은 아마존 지역의 화전방식이야말로 근대 이전의 원시적 생활방식이 오랫동안 잔존한 것이라고 생각해왔다. 그러나 화전은 오히려 유럽인들과 만나고 난 다음에서야 발전한 '근

바다와 역사 **13**

대적인' 농경방식이다. 화전은 숲에 불을 질러서 나무들을 태워 재로 만들어야 가능한 일인데, 문제는 숲에 불을 지른다는 것이 생각만큼 쉽지 않다는 데에 있다. 생나무는 불이 잘 붙지 않으므로, 우선 나무를 베어 쓰러뜨리고 적어도 한철 동안 방치해서 바짝 마르게 만들어야 한다. 그러므로 결국 중요한 문제는 어떻게 그 많은 나무들을 베어 쓰러뜨리느냐는 것이다. 돌도끼로 나무를 쓰러뜨리고자 하면 실로 엄청난 노력이 소요된다. 가장 좋은 연구방법은 실제 실험을 해보는 것이다. 아마존 지역 주민들에게 전통적인 돌도끼를 주고 지름 1.2미터의 나무를 베어 넘어뜨리는 실험을 해본 결과 115시간이 걸린다는 것을 확인했다. 나무 한 그루 베는 데 매일 8시간씩 2주 이상의 노동이 필요한 것이다! 그러므로 돌도끼로 1,800평의 화전을 일구려면 무려 153일 동안 일해야 한다. 반면 쇠도끼를 사용하면 나무 한 그루를 베어 쓰러뜨리는 데 3시간이면 되고, 1,800평 화전을 일구는 데 8일이면 충분하다.

  새로운 도구의 효용성이 얼마나 큰지 짐작이 가고도 남지 않는가. 유럽인들이 들여온 철제 도구를 접한 인디언들이 그것을 그토록 탐낸 이유가 여기에 있다. 그래서 유럽인들이 금을 찾는 만큼이나 아마존 주민들은 쇠를 찾았던 것이다. 아마존 주민들은 17세기에 유럽산 철제 도끼를 얻고 나서야 비로소 화경을 시작하고 정착생활을 했지, 그 이전에는 농경보다는 사냥과 식물食物 채집을 하면서 여러 지역을 떠돌아다니고 있었다. 그러므로 화전 농업이 먼 과거의 유산이라는 것은 신화에 불과하며, 이는 오히려 '현대의 침입'이었다. 열대우림이 크게 축소되기 시작한 것도 그 이후의 일이다.

  이 예에서 보듯이 15세기 이후 세계는 더 이상 홀로 고립되어서 사는 것이 거의 불가능하게 됐다. 좋은 의미로나 나쁜 의미로나 세계 각 지역은 나머지 모든 지역과 어떤 방식으로든 영향을 주고받으며 살아갈 수밖에 없다. 그렇게 서로 영향을 주고받는 수많은 네트워크들이 복잡하게 얽히면서 만들어진 구조가 오늘날 우리가 살아가는 근대세계를 탄생시킨 것이다.

이러한 '네트워크'와 '구조'는 누가 주도하여 만들어냈을까.

이 점과 관련해서 반드시 짚고 넘어가야 할 점은 '서구중심주의'의 문제이다. 이 문제는 학계에서 하도 반복되어서 이제 진부하다는 느낌을 받지만, 그래도 여전히 깔끔하게 정리되지는 않았고, 오히려 갈수록 더 중요한 문제로 떠오르고 있다. 세계 각 지역이 서로 만나고 소통하면서 형성된 세계사는 어떤 성격을 띠었는가. 이때 유럽인들은 어떤 역할을 했는가.

이에 대해 두 가지 답을 생각해볼 수 있다.

첫째, 해양 팽창을 주도한 것은 유럽인들이었고, 그 결과 근대는 전반적으로 유럽인이 지배하는 세계가 됐다는 것이다. 최종적으로 19~20세기에 제국주의 시대가 되어 세계의 광대한 지역이 유럽—그리고 그 계승자인 미국—의 식민지로 전락했다. 이런 관점에서 보면 콜럼버스와 마젤란 같은 인물들의 해외 탐험은 유럽이 헤게모니를 장악하기 시작한 첫 출발점이 된다. 이것이 예전의 세계사 교과서에서 기술했던 내용이다. 이런 관점을 잘 나타내는 용어가 '지리상의 발견'이다. 유럽인들이 발견의 주체이고 나머지 전세계 주민들은 그 대상이 된다. 그리고 '발견'은 종국적으로 '지배'로 이어진다.

둘째, 유럽이 적극적으로 해외 팽창을 한 것이 사실이고 최종적으로 제국주의의 지배로 이어진 것도 사실이지만, 처음부터 모든 것이 그렇게 결정적이지는 않았다는 설명이다. 유럽인들이 해외로 눈을 돌릴 무렵에는 전세계의 많은 문명권들이 모두 나름대로 팽창을 시도했다는 점, 18세기 이전에는 유럽인들이 결코 다른 대륙을 지배할 힘이 없었다는 점, 또 유럽의 우위는 우리가 통상 생각했던 것보다 훨씬 뒷시기에 가서야 이루어졌다는 점이 강조된다. 처음 아시아에 들어온 유럽인들은 기존 상업 네트워크에 어떻게 해서든 비집고 들어가서 살아남기에 급급한 수준이었으며, 중국의 일부 선진 지역의 경제 수준은 산업혁명이 진행되던 19세기 초의 영국과 유사한 수준이었다는 것이 최근 학계에서 제기되는 중요한 주장이다. 이보다 더 과격한 주장을 하는 사람은 장구한 유라시아대륙의 역사에서 서구의 지배는 19~20세기라는 비교적 단기간의 '예외적' 현상에 불과하며 21세기는 다시 중국과 인도가 세계의 무게중심을 차지하는 '정상성'을 되찾아가는 시대라고 말한다.

과연 어느 주장이 옳은 것일까. 진실은 그 중간 어딘가에 있는 듯하다. 근대 세계사의 흐름은 최종적으로 제국주의라는 무자비한 지배와 약탈의 구조로 귀결됐지만, 그것이 처음부터 초역사적으로 결정된 것은 아니었다. 그렇다면 애초에 세계의 여러 문명 간 만남이 서로에게 도움이 되고 조화로운 세계를 이루는 방향으로 나아갈 가능성은 없었을까. 혹시 장래에는 그렇게 될 수 있을까.

이런 일은 역사의 현장을 직접 찾아가서 확인해봄으로써 답을 구할 일이다. 과연 어떤 일들이 일어났는지 우리의 눈과 마음으로 확인해보기 위해 이제 먼 바닷길을 떠나보도록 하자.

| 제1부 |

아시아의 바다에서

아시아의 해양세계

19~20세기 이전에 세계의 '무게중심'은 유라시아대륙의 동쪽에 있었다. 부와 인구 면에서 세계 최대를 자랑하던 중국과 인도가 버티고 있는 아시아가 유럽을 압도했던 것은 분명하다. 지난날의 인구나 생산규모GDP에 대한 통계 연구(역사통계학)를 온전히 믿을 수야 없지만 세계사의 큰 그림을 파악하는 정도로 만족하고 이를 이용한다면 전혀 쓸모가 없지는 않을 터이다. 19세기 초만 해도 중국과 인도의 GDP 총생산을 합치면 전세계 총생산 가운데 거의 50퍼센트를 차지했다. 그러나 그 이후 경제 중심지는 유럽과 미국으로 옮겨갔다. 2001년 기준으로 세계총생산에서 각 지역이 차지하는 비율을 보면 중국 12퍼센트, 인도 5퍼센트여서 두 지역의 합(17퍼센트)이 서유럽(20퍼센트) 혹은 미국 한 나라의 비

중(22퍼센트)에도 못 미친다.

  이상의 사실들을 두 가지로 정리할 수 있다. 첫째는 현대에 들어와서 서구가 세계경제를 확실하게 지배했다는 점이고, 둘째는 그러한 서구의 경제적 지배가 생각보다 뒷 시기의 일로서 19세기 이전에는 아시아가 가장 부유한 지역이었다는 점이다. 조금 거칠게 비유하자면, 먼 과거에는 중국이 오늘날의 미국 역할을 하고, 인도가 오늘날의 유럽 역할을 했던 것이다. 마르코 폴로와 같은 유럽의 모험가·상인들이 '부가 넘쳐나는' 인도나 중국을 찾아나선 것은 근거가 전혀 없지는 않은 일이었다.

  인도양은 오랫동안 유라시아대륙의 해상 교역의 중심 무대였다. 인도와 중국, 동남아시아, 중동 지역, 아프리카가 모두 인도양을 통해 서로 소통했고, 여기에 더해서 중동 지역의 낙타대상caravan을 매개로 유럽도 간접적으로 연결되어 있었다. 이런 관점에서 볼 때 근대 이후 누가 인도양을 차지하느냐가 세계사의 큰 흐름을 결정하는 핵심 사항이었다. 결국 유럽인들이 희망봉을 돌아 인도양으로 들어와서 동남아시아 각 지역을 장악하고 인도를 식민지화한 다음 이를 기반으로 중국을 비롯한 아시아의 거의 모든 지역을 지배한 것이 우리가 알고 있는 근대 세계사이다.

  그러나 그 이전에는 어떠했을까.

  사실 바다를 특정 세력이 '지배'한다는 것부터가 공격적인 해외 팽창을 시도하던 근대 유럽에서 만들어진 개념이다. 대부분의 문명권에서 일반적인 인식은 육지와는 달리 바다는 통치의 대상이기보다는 그저 텅 빈 공간 혹은 누구나 왕래할 수 있는 공로公路라는 것이었다. 아프리카 동해안으로부터 일본에 이르는 광활한 아시아의 바다는 바로 그런 인식 그대로 누구나 왕래하며 교역을 수행하는 장소였다. 해적과 같은 방해 요소가 없지 않았지만, 전반적으로 아시아의 바다는 자유로운 상업 무대였다. 상업활동 중심지인 항구 도시들은 대부분 이방인 상인들의 진입과 활동을 막지 않았다. 후일 유럽 상인들이 비교적 쉽게 아시아의 교역 네트워크에 참여할 수 있었던 것도 원래 이 지역에서 이방인 상인들을 용인하는 특성 때문이었다. 아랍 지역의 다우dhow, 동남아시아의 종jong, 중국의 정크junk 같은 배들이 이 바다를 누비고 다니면서 직물, 후추, 도자기와 같은 대중 소비품으로부터 진주, 향, 바다제비집 같은 고급 사치품에 이르기까지 온갖 상품들을 거래했다.

한 역사가는 이러한 인도양 세계를 두고 '만국보편의ecumenical' 세계라고 칭했다. 'ecumenical'이라는 말은 '집'을 뜻하는 그리스어 oikumene에서 유래한 것으로, 지금은 주로 기독교계에서 온 세계가 하나의 집처럼 통합된 세계교회를 이루자는 운동을 가리키는 데에 쓰이지만, 여기에서의 의미는 인도양 주변의 각 지역이 서로 알고 서로 소통하여 마치 하나의 큰 집처럼 통합된 세계를 이루고 있었다는 것이다.

15세기까지 아시아 해상 교역의 특징은 서쪽의 홍해부터 동쪽의 일본에까지 교역망이 연이어져서 동서 간으로 대단히 긴 활 모양의 해상루트를 형성했다는 점이다. 주요 간선도로 가운데에서도 최장 루트는 아라비아반도 남쪽 연안에 위치한 아덴Aden에서부터 남중국의 광둥廣東까지 연결된 항로였다. 이 뱃길을 타고 아랍 상인들이 중국에 대거 들어와서 중국의 츠퉁刺桐(오늘날의 푸젠성福建省 취안저우泉州) 같은 곳에는 수만 명의 외국인이 거주하는 구역이 형성됐

1519년 포르투갈에서 출판된 지도에 묘사된 인도양.

고, 반대 방향으로 중국 상인들이 '서양西洋(원래 의미는 중국 황제를 기준으로 볼 때 말라카해협 너머 서쪽으로 가는 해로, 혹은 그 너머의 지역을 가리켰다)'으로 진출해나갔다. 그 중간에 위치한 페르시아, 인도, 동남아시아 지역의 상인집단들도 인도양의 상업 네트워크에 활발하게 참여하고 있었다.

광범위한 영역 안의 요소요소에는 중요한 교역 연결점들이 발전해서 광대한 인도양 세계 전체가 활기를 띨 수 있었다. 대표적인 곳이 말라카였다.* 이 나라는 14세기 말에 자바 동부에 있는 마자파

---

* 흔히 영어식 표기인 말라카Malacca를 많이 쓰지만 현지어로는 멜라카Melaka이다. 말레이반도 남쪽, 말라카해협 안에 위치해 있다. 몰루카제도와 혼동하기 쉬운데, 몰루카Molucca 혹은 말루쿠Maluku제도는 인도네시아 동쪽에 위치한 여러 개의 섬으로서 정향을 비롯한 향신료가 많이 생산되어 향신료제도Spice Islands로도 불렸다.

고지도에 그려진 말라카.

히트 왕국의 왕자인 파라메스바라가 팔렘방에서 반란을 일으켰다가 실패하고 탈출하여 만든 작은 국가로서, 주변 지역의 교역활동을 중개하면서 번영을 누렸다. 2대 국왕이 이슬람으로 개종하면서 말라카는 동쪽으로 이슬람교를 전파시키는 중요한 거점이 됐다. 그런데 교역의 관점에서 보면 이슬람교를 받아들인 것은 한편으로 많은 무슬림 상인들의 방문으로 유리한 점도 있었지만, 동남아시아의 힌두교도 및 불교도와 갈등을 불러일으킬 소지가 있어서 불리한 점도 있었다.

그런데 말라카는 종교와 정치 및 경제를 분리하여 적절한 조화를 찾은 것으로 보인다. 우선 국왕이 중국 궁정에 직접 찾아가서 조공 국가가 되어 중국의 정치적 후견을 얻었으며 동남아시아의 강대 세력인 샴(태국)과도 현명하게 갈등을 피했다. 그리고 적극적으로 아시아 각국의 상인들을 유치했다. 이런 정책이 성공을 거두어 말라카는 아시아의 거의 모든 상업 세력들이 찾는 국제 교역 중심지가 됐다. 요즘 잘 쓰는 표현으로 인도양의 허브hub가 된 것이다. 후일 말라카를 방문하고 여행기를 쓴 포르투갈인 토메 피레스에 의하면 이 도시의 거리에서는 84개 언어가 통용되고 있었다고 한다. 아시아 해양세계는 우리가 보통 생각하는 것보다 훨씬 더 '국제적' 성격이 강했다.

 대체로 이런 식으로 발전해오던 인도양 세계에 15세기부터 큰 변화가 연이어 일어났다. 이전의 초장거리 항해 루트가 점차 권역별로 나누어져서, 아라비아해, 벵골만, 남중국해 등이 각자 어느 정도 독립적인 세계가 됐다. 이런 구조적인 변화와 동시에 중국의 해외활동에도 큰 변화가 일어났다. 잘 알려진 대로 명나라의 환관 정화鄭和는 사상 최대의 선단을 지휘하여 아프리카 동해안까지 순항하여 인도양 세계 전체에 위세를 떨쳤다. 이대로 간다면 아시아 해상세계는 중국의 지배 아래 들어갈 공산이 컸다.

 그런데 중국이 힘을 앞세워 인도양 세계를 휩쓸고 다닌 것도 놀랍지만 그보다 더 놀라운 일은 그렇게 강대한 해양력sea power(한 국가가 바다를 이용하고 또 통제할 수 있는 힘)을 보유했던 중국이 갑자기 해상 진출을 포기하고 자신의 내륙 지방으로 후퇴하고는 문을 닫아걸었다는 점이다. 중국은 송대宋代와 원대元代까지 활기 넘치는 해상 세력이었고, 명대明代 초에는 아시아의 바다를 지배할 가능성을 구체적으로 보여주었다. 그런데 마치 불꽃이 맹렬하게 피어났다가 급작스럽게 스러지듯이 중국은 15세기 초에 전력을 다해 아시아 해양세계를 누비고 다니다가 갑자기 스스로 물러난 것이다.

 도대체 왜 그랬을까. 이 미스터리에 대해서는 다시 살펴볼 일이지만, 우선 지적할 점은 결정적인 순간에 결정적인 무대를 외부 세력에 내어줌으로써 중국 그리고 더 나아가서 아시아는 종래 서구에 밀리게 됐다는 사실이다.

 중국의 '해상 후퇴'와 곧바로 이어진 유럽의 '해상 팽창'은 세계사의 큰 흐름을 갈라놓은 중요한 분기점이다.

『제번지』

인도양을 둘러싼 각 지역 간에 많은 정보와 지식이 소통되고 있었다는 점을 증언하는 한 가지 자료로는 13세기 초에 송나라의 조여괄趙如适이 지은 『제번지諸蕃誌』를 들 수 있다. 이 책에는 동남아시아, 서남아시아, 인도를 비롯해서 아프리카 지역, 심지어 지중해 지역의 풍토와 교역, 풍습 등을 기록하고, 또 중요한 산물들에 대한 정보도 기록하고 있다. 두 가지 예를 보자.

아라비아大食

타시大食(아라비아)는 취안저우에서 북서쪽으로 아주 먼 곳에 위치해 있으며, 그래서 외국행 선박들番舶은 이곳에 직항하는 것을 어렵게 생각한다. 배가 취안저우를 떠난 후 40일 만에 란리藍里에 도착하여 이곳에서 거래를 한다. 다음해에 다시 바다로 나가 순풍을 타면 60일 걸려 타시에 도착한다.

사람들 거주지는 중국과 비슷하지만 다만 타일 대신 얇은 슬레이트를 쓰는 것이 다를 뿐이다. 음식은 쌀을 비롯한 각종 곡물로 되어 있다. 얇은 밀가루 반죽이 곁들인 양고기 스튜를 맛 좋은 음식으로 치지만 가난한 사람들은 생선, 야채, 과일만 먹고 산다. 이곳에서는 신 음식보다는 단 음식을 더 좋아한다.

시장은 아주 시끄럽고 소란스러운데, 금사와 은사를 섞은 다마스크 직물, 광포 같은 직물들이 많다. 직인들의 솜씨는 대단히 훌륭하다. 왕과, 관리, 일반인들 모두 하늘을 공경한다. 그리고 '마히아우麻霞勿(마호메트?)'라 불리는 일종의 신상이 있다. 7일마다 그들은 머리를 깎고 손톱을 다듬는다. 신년에는 한 달 동안 금식하고 기도를 한다. 또 매일 다섯 번씩 하늘에 기도를 올린다.

이 나라의 산물로는 진주, 상아, 코뿔소 뿔, 유향, 용연향, 정향, 육두구, 안

식향, 알로에, 몰약, 기린갈, 고무 수액asafoetida, 붕사, 투명 혹은 반투명 유리, 산호, 묘안석, 장미수, 낙타털 직물, 다양한 면직물, 새틴 등이 있다.

정향丁香(clove)

정향은 타시大食와 쇼포闍婆(자바)에서 난다. 생긴 모양이 고무래 정丁자와 비슷하게 생겼기 때문에 이런 이름이 붙여졌다. 정향은 입의 악취를 제거하는 성질이 있기 때문에, 궁중의 고위 관료들이 황제와 의논할 일이 있을 때 입에 정향을 물고 말을 하게 되어 있다.

정향.

참고로 우리나라(신라로 표기되어 있다)에 대한 기록을 보자.

신라

이 나라에는 두 개의 큰 씨족이 있으니 하나는 김씨金氏이고 다른 하나는 박씨朴氏이다. ……이 나라 사람들은 정직하고 법도가 엄격해서 길거리에 물건이 떨어져 있어도 주워가지 않는다. ……이 나라의 토양은 벼를 재배하는 데에 알맞으며, 낙타나 물소는 없다. 이 나라 사람들은 화폐를 쓰지 않고 쌀로 매매를 한다. 그릇과 다른 도구들은 모두 구리로 만든다. 이 나라 음악에는 두 종류가 있는데 하나는 '쿠庫樂'이고 다른 하나는 '향鄕樂'이다.

_『제번지』, 1911, 페테르부르크에서 출판된 영역본에서.

정화(鄭和)의 원정(1405~33)

중국, 오토만제국, 무굴제국 등 아시아의 여러 제국帝國에 대한 최근 연구들은 이 나라들이 전적으로 자신의 영토 안에만 갇혀 있었던 것이 아니라 상당한 정도의 해상 팽창 능력을 갖추고 있었음을 강조하는 경향이 있다. 그 가운데에서도 가장 극적인 사례로 드는 것이 중국의 명나라 초기에 있었던 정화의 대원정이다. 무슬림 가문 출신의 환관 정화*는 황제의 명령을 받아 1405년부터 1433년까지 일곱 차례에 걸쳐 인도양 세계를 탐험했다. 8천 톤 급의 대선박이 중심이 되어 60여 척의 대형 함선과 100척 정도

---

* 정화의 원래 성은 마馬 씨였는데, 이는 '마호메트'를 가리킨다. 그가 정鄭 씨가 된 것은 큰 공을 세운 데 대해 황제가 성을 하사했기 때문이다.

중국 송나라 때의 등대는 중국이 결코 내륙에 갇힌 국가가 아니었음을 말해준다.

의 소선에다가 2만~3만 명의 인원을 통솔하여 18만 5천 킬로미터의 거리를 항해한 이 원정은 세계사에서 유례를 찾기 힘든 대규모 해상사업이었다. 어느 날 갑자기 이런 대선단이 나타나면 사람들은 명제국의 위력이 어느 정도인지 확실하게 인식했을 것이다.

특히 함대의 중심을 이루는 기함旗艦은 보선寶船, 서양보선西洋寶船, 혹은 서양취보선西洋取寶船이라고 하는데, 각지의 지배자에게 전하는 황제의 하사물과 반대로 그들이 황제에게 헌상하는 예물, 즉 '보물을 운반하는 배'라는 뜻이다. 최대의 보선은 길이 150미터, 폭이 60미터로서 현재의 기준으로 보면 그리 놀라울 정도는 아니라고 할지 모르지만 15세기 당시로서는 세계 최대의 규모였을 뿐 아니라, 1800년대 이전 영국 해군의 가장 큰 배보다 3배 이상 큰 배였다.

정화의 선단은 인도양 연안의 30개국을 방문했으며, 멀리 동아프리카 해안까지 왕래했다. 아랍어 통역으로 정화를 동행했던 마환

유럽의 선박들보다 커서 더 많은 화물을 실을 수 있었던 중국의 정크선.

은 여행하면서 본 여러 지역의 사람, 기후, 지리가 다양한 것을 두고 "이 세상은 어쩌면 이다지도 다르단 말인가" 하며 놀라움을 감추지 못했다. 정화는 '모게독스木骨都束'까지 도달한 것으로 기록되어 있는데, 이곳이 정확히 어디인지는 알 수 없으나(마다가스카르일까?), 아프리카 동해안인 것은 분명하다. 동아프리카의 킬와Kilwa에서 발굴 조사를 한 결과 대모스크의 돔 안쪽에 명나라의 도자기들이 많이 발견됐는데, 이는 중국과의 교역이 상당히 활발했음을 말해준다. 정화 원정 중 가장 규모가 컸던 일곱 번째 마지막 원정은 여행 거리가 2만 킬로미터에 달했으며, 호르무즈에서 말라카까지 5천 킬로미터를 44일에 주파하는 식으로 당시에는 상상하기 힘들 정도로 빠른 속도로 항해를 했다.

지금까지 알려진 정화의 원정사업만 해도 대단한 위업이라 하지 않을 수 없는데, 여기에 더해서 최근에 개빈 멘지스라는 전직 영국 잠수함 선장이자 아마추어 역사가가 놀라운 내용을 담은 책을 출판했다. 그 내용은 정화가 1421년에 아메리카대륙을 비롯한 세계 각 지역에 갔고, 오스트레일리아, 뉴질랜드, 캘리포니아 등지에 식민지를 건설했으며, 마야 문명을 탐험하고 아마존 지역에서 다이아몬드 거래를 했다는 것이다. 2년 반 정도의 기간에 북극권과 태평양을 포함하여 수만 킬로미터를 항해하면서 그런 엄청난 일을 이루었다는 멘지스의 소위 '1421년 가설'에 대해서는, 자기네 나라 역사의 영광에 도움이 된다고 여기는 중국 학자들 중에는 사실로 받아들이는 사람들이 있으나 나머지 세계의 학자들은 거의 받아들이지 않는다는 점만 이야기하기로 하자. 나 개인적으로는 그의 주장이 지나치게 간접적인 추론에 의지할 뿐 직접 증거가 부족하기 때문에 유보적인 입장을 취하고자 한다. 물론 이 설을 입증하는 결정적인 증거가 어느 날 갑자기 발견될지도 모르는 일이기는 하지만…….

정화 선단의 보선.

정화의 원정에 대해서 늘 제기되는 문제는 명 왕조가 도대체 왜 그런 엄청난 규모의 해상 탐사를 시도했는가, 그 목적이 무엇인가 하는 것이다.

공식적으로 내세운 목적이 없지는 않다. 이는 명대 초기에 황제 권력을 놓고 황족 간에 벌어졌던 골육상잔과 관계가 있다. 제3대 황제인 영락제는 3년에 걸친 치열한 내전 끝에 조카인 전 황제를 제거하고 제위를 차지한 인물이었다. 특히 난징南京에서 벌어진 변란에서는 궁전들이 모두 불에 타버릴 정도로 격렬한 전투가 벌어졌다. 이때 전 황제인 건문제가 자살한 것으로 되어 있는데, 그의 시신이 발견되지 않은 것이 문제가 됐다. 이 때문에 그가 해외로 도주

했다는 각종 유언비어가 퍼졌다. 정화가 해외 원정을 할 때 내걸었던 이유 중의 하나가 바로 건문제의 행방을 찾는다는 것이었다.

중국사 연구의 대가인 조지프 니덤은 행방불명된 전 황제를 찾는다는 목적 외에 다음 여섯 가지를 정화 원정의 이유로 들었다. 첫째, 인도양의 여러 지역 지배자들에게 중국의 위엄을 과시한다. 둘째, 각국이 중국의 지배권을 인정하고 조공을 바치게 만든다. 셋째, 중국의 해상 교역을 장려한다. 넷째, 이상한 동물을 비롯하여 진기한 대상물을 찾아온다. 다섯째, 해도와 연안 방위 등의 사항을 조사한다. 여섯째, 이 지역 국가들의 세력을 조사한다.

그러나 사실 중국과 인도양 세계 사이에는 이미 상품 교환이 잘 이루어지고 있었기 때문에 새삼스럽게 교역 장려가 목적이라고 하기에는 무리이다. 흔히 박물학적 목적을 강조하지만, 과연 얼룩말, 타조, 기린 같은 이국적인 동물을 가지고 와서 황제의 동물원에 바치기 위해 그와 같은 대항해를 했는지 역시 의심스럽다. 그러므로 정화 원정의 목적이 정확히 무엇인지는 여전히 불가사의한 채 남아 있다. 이렇게 불명확한 점이 많은 이유는 후일 명나라가 쇄국정책으로 돌아선 후 조정에서 정화 원정에 관한 기록들을 의도적으로 없애버렸기 때문이다.

그런데 우리가 여기에서 생각해볼 사항은 정화 원정의 성격 문제이다. 니덤도 마찬가지이지만 일반적으로 중국 역사가들은 중국의 해외 팽창이 평화적이었다고 주장한다. 후대 유럽인들의 해외 팽창에서 보이는 극도의 잔인성과 폭력성, 기독교 전도의 배타성과 대조적으로 중국의 팽창은 무력 지배와 수탈이 없었고 상대방 문화를 포용했다는 점을 강조한다. 정화 일행이 원한 것은 다만 중국 황제의 위용을 만방에 알린다는 점뿐이었다는 것이다. 최근에 중국이 정화 원정을 비롯한 해외 팽창의 역사적 사례들을 자주 강조하고 있고(2008년 북경 올림픽 입장식 행사의 주요 테마가 정화의 범선과 중국 문물의 세계 전파였다는 점을 생각해보라), 또 그것이 평화적이었다는 점을 극구 강조하는 것은 오늘날 중국의 세계 진출 의도와 직접 관련이 있다.

물론 정화의 원정에서 평화와 관용의 측면을 찾을 수 있는 것은 사실이다. 이 점을 보여주는 대표적인 증거물이 1409년에 정화가 실론의 갈레에 세운 비석이다. 정화

실론의 갈레에 세운 비석. 정화가 세운 이 비석은 오랫동안 잊혀져 있다가 20세기에 들어와서 발견됐다.

는 평온한 항해에 감사하는 뜻으로 불사를 개최하고 기념 비석을 세웠다. 비문은 한자, 타밀어, 페르시아어로 새겨져 있는데, 한문으로는 정화가 항해인들이 기원하던 사원에서 공양을 했다는 사실을 기록했고, 타밀어로는 중국 황제가 시바의 화신 가운데 하나인 테나바라이 나야나르 신을 찬양했으며, 페르시아어로는 알라와 이슬람 성인의 영광을 찬양하고 있다. 그리고 부처, 비슈누, 알라에게 각각 금 1천 냥과 은 5천 냥, 비단 100필을 비롯해서 많은 공물을 바쳤다는 점을 기록했다. 하나의 비석에 세 가지 문자로 세 가지 종교의 신 모두를 찬양하다니, 이것을 어떻게 해석해야 할까. 어느 신이든 하나는 맞을지 모른다는 의미로 보험을 든 것일까. 이유야 어쨌든 이로 판단해보건대 중국 쪽은 자국의 종교나 이데올로기를 다

른 아시아세계에 강요하려는 의도는 없었으며, 종교적 관용과 실용적 정신이 돋보인다고 볼 수도 있다.

그러나 정화 선단이 전적으로 비폭력적·평화적이라고만 할 수는 없다. 2차 원정 때에는 해적선 10척을 격침시켰고, 수마트라三佛齊國에서 해적 대장 천추이陳祖義를 잡아서 중국으로 압송하여 참수했으며, 현지에서는 수천 명을 살해했다. 특히 3차 원정 당시 실론에서 있었던 무력 갈등의 사례가 주목할 만하다. 실론의 왕 알라가코나라Alagakkonara가 무력 도발을 해오자 정화는 반격을 가하여 왕과 조신들을 붙잡아 중국으로 압송해왔다. 그러나 조정에서는 이들을 잘 대접하고 친척 중 한 명에게 왕위를 양위하도록 만든 다음 고향으로 돌려보냈다. 이 점에 대해서도 니덤은 중국 쪽의 평화적인 대응을 강조했지만, 그것은 다음번 항해의 안전을 도모하고 이 지역에서 중국의 영향력을 강화하기 위한 고도의 외교술의 일환으로 해석해야지 순진한 평화주의라고 보기는 힘들다. 오히려 2천 명의 군인들이 왕궁으로 쳐들어가서 국왕과 조신들을 나포해오는 과정을 보면 정화 선단이 대단히 강력한 무장 세력이었음을 알 수 있다.

그렇다면 정화의 원정을 평화적 친교나 중국 황제의 위엄의 과시라는 식으로 너무 단순하게만 볼 것이 아니라 어떤 실제적인 목적을 위한 것으로 생각해볼 수 있다. 원정 결과 동남아시아 여러 국가들이 중국의 조공국이 됐고 이때까지 해상 강국이었던 자바 동부의 마자파히트 왕조는 지역 맹주의 지위를 중국에게 박탈당했다. 중국은 그 대신 말라카를 새로운 파트너로 삼았다. 말라카는 팔렘방이나 브루나이와 마찬가지로 지금까지 자바에 조공을 드리던 국가였는데 이제 중국을 등에 업고 이 지역의 강자로 급부상했다. 말라카를 누르고 중국의 해상 접근을 은근히 견제하려던 시암은 정화의 능숙한 정책으로 인해 힘을 잃고 감히 말라카를 공격할 생각도 하지 못하게 됐다. 이런 것들은 강대국이 특정 국가들을 후견하면서 세력 관계를 재편함으로써 지역질서를 통제하는 고전적인 방식이 아니던가. 이런 점들을 두고 일부 연구자들은 이 시대에 중국이 이미 '해양 제국주의' 세력이었다고 주장한다.

그러나 중국은 곧 해양 방면을 포기하고 내륙으로 방향을 선회했다. 무엇보다도 북방 내륙 지방에서 이민족들의 위협이 계속되는데다가 내부적으로도 농민 봉기가 일어나서 다시 엄청난 비용을 들여가며 남해 원정을 할 여유가 없었다. 국가 전체의 무게중심이 북쪽으로 이동했다는 것은 북경 천도에서 명백히 드러난다. 지금까지 해상 팽창을 주도했던 환관 세력은 유교 이데올로기를 확고한 기반으로 삼은 관료들 앞에서 몰락했다.

그 결과는 사상 유례없이 강력한 해금海禁정책으로 나타났다. 보선은 뜯어서 연료로 쓰고, 선원들은 건축 노동자나 일반 군인으로 만들었다. 심지어는 정화 원정의 기록마저 없애려고 했는데, 이는 정화를 아예 중국의 역사에서 추방해버리려는 의도로 보인다. 중국은 철저한 고립주의를 표방했으니, 외국에 굳이 눈 돌릴 필요 없이 국내에서 농업을 탄탄히 키우고, 유교를 정신적 지주로 하여 안정된 국가체제를 이루면 된다는 것이다. 중국은 지대물박地大物博(중국의 땅은 거대하고 물자가 풍부하다는 뜻)하여 그 안에서 모든 것이 충족되므로 바깥에서 구해올 것은 하나도 없다는 것이다. 이러한 태도가 결국 중국이 세계사의 큰 흐름에 뒤처지게 된 결과를 초래했다.

초식 호랑이가 등장하고 황하 물이 맑아지다

아프리카에서 중국으로 건너온 기린.

1414년 벵골에서 명 황제에게 기린을 공물로 보냈다. 그런데 마침 그 생긴 모양이나 이름이 중국인들이 생각하는 전설상의 동물인 기린麒麟과 비슷했다(기린은 우리말의 '길다'와는 아무 관련이 없으며 원래 아프리카에서 부르던 이름이다). 기린은 사슴의 몸과 황소의 꼬리를 가지고 약초만을 먹고 사는 신령스러운 동물인데, 이 동물이 나타나는 것은 하늘의 은총이며 황제의 지대한 덕망을 나타낸다고 한다. 벵골에 문의한 결과 기린이 아프리카의 말린디에서 왔다는 것을 확인한 명 왕실은 말린디에 사신을 보내서 중국의 진공국進貢國이 되라고 했다.

말린디는 다음해에 기린 한 마리를 또 보냈다. 기린의 등장은 중국 궁정에 크나큰 사건이었다. 정화 원정대가 후기에 아프리카 동해안 심층부까지 간 것은 노예나 금을 찾아간 것이 아니고—금 같으면 차라리 주려고 했다—기린 때문이었다고 해도 과언이 아니다. 이제 궁정의 군상들은 이 기회를 이용해서 황제에게 극진한 아첨을 하려고 했다. 그들은 기린의 등장이 천자의 고매한 덕 때문이라고 우겼고 천자는 겸손한 태도로 부인하면서 자기 아버지의 덕과 신하들의 헌신을 입증하는 것이라고 말했다. 기린이 도착할 때에는 천자가 성장을 하고 성문까지 나가서 맞이했으며, 많은 사람들이 축하문을 써서 올렸다.

폐하의 덕행이 온 세상에 미치셔서, 세 개의 천체로 하여금 그들의 규칙적인 진로를 따르게 하고, 모든 살아 있는 인간들로 하여금 그들의 의무를 다하게 하셨습니다. 그 결과 초식 호랑이가 나타나고 신기한 곡물이 싹이 트고 감미로운 이슬이 내리고 황하의 물줄기가 맑아지고 향기 넘치는 봄이 찾아왔습니다. 벵골에서 기린이 정식 공물로서 궁정에 상납됐는 바, 대신들과 만백성들이 그것을 보았고 그들의 기쁨은 그칠 줄을 몰랐습니다. 폐하의 종인 저는 현인이 최고로 인자한 덕을 가지고 암흑을 비출 때에 기린이 나타난다는 말을 들었습니다. 이것은 폐하의 덕이 하늘의 그것과 같음을 뜻하는 것입니다.

맨지스의 1421년 가설

1459년에 제작된 프라 마우로의 평면 구형도에는 희망봉이 제대로 그려져 있으며 정화의 정크선들이 정확하게 묘사되어 있다. 그리고 유럽인으로는 처음으로 디아스와 다 가마가 희망봉에 가기 수십 년 전에 이미 남부 아프리카에만 서식하는 새가 묘사되어 있다. 이에 대해 한 가지 의문이 바로 떠오른다. 그렇다면 프라 마우로는 도대체 이런 사실들을 어떻게 알았을까. 어떻게 정크선의 모양을 알았으며 희망봉이 삼각형이라는 것을 알았을까. 나는 포르투갈인들이 기니Guinea를 정복하던 때의 얘기가 실려 있는, 또 다른 15세기 문서를 통해 부분적인 해답을 얻을 수 있었다. 그 문서를 보면 프라 마우로는 어떤 '믿을 만한 사람'과 얘기를 나누었는데, 그 사람은 자신이 인도를 출발하여 소팔라를 거쳐 아프리카 서부 해안의 중간쯤에 있는 가빈Garbin이라는 곳까지 갔다는 얘기를 했다는 일화가 나온다. 가빈이 정확히 어디를 말하는지에 대한 실마리는 없다.……

나중에 조사해보니 교토에 있는 류코쿠龍谷대학에 이른바 「강리도疆理圖」라고 알려져 있는 지도의 조선판 사본이 있었다. 이 훌륭한 세계지도는 1403년 영락제가 황제에 즉위한 직후 조선의 사신이 영락제에게 바쳤던 것이다. 그러나 이 지도의 원본은 유실됐고 류코쿠에 소장된 「강리도」는 1420년 이후에 대대적인 수정이 가해진 사본이다. 지도는 거의 정사각형이며 가로와 세로는 각각 1.7미터, 1.6미터이다. 비단 위에 그려진 이 지도는 보관 상태가 아주 양호하다. 그리고 그 오랜 세월을 거치면서도 색감이 거의 바래지 않았다. 그 지도는 구성이 뛰어나며 경탄할 만한 작품이다. 그것을 보면 문밖으로 나가보지 않고도 세계를 파악할 수 있다는 사실을 알 수 있다.

「강리도」는 15세기 초에 본 세계를 한눈에 웅장하게 펼쳐놓은 것으로, 여

프라 마우로의 1459년 지도.

러 자료를 종합하여 만들었다. 유럽의 지명들은 아랍어로 된 지명을 한역했고 중앙아시아 지명은 몽골어를 한역했으며 중국과 동남아시아 지명은 중국의 옛 지도에서 따온 것이다. 유럽은 저 멀리 독일 북쪽 지역까지 이름이 적혀 있다.……

「강리도」를 보면서 내가 가장 흥미로워했던 부분은 바로 아프리카였다. 「강리도」에 아프리카의 동부, 서부, 남부 해안이 정확하게 그려져 있는 것을 볼 때, 희망봉을 돌아서 항해했던 누군가가 지도를 남겼다는 것은 의심의 여지가 없었다. 유럽인들이 남부 아프리카에 도달한 것은 그로부터 60년이나 뒤의 일이었다. 아프리카 서부 해안 쪽에 있던 아랍인들은 8천 킬로미터나 떨어진, 오늘날의 모로코에 있는 아가디르 남쪽으로 항해를 해본 적이 없으며 몽골인들은 아프리카에 가본 적도 없다. 「강리도」에 정확하게 묘사된 아프리카를 보면서 나는 마우로와 다 콘티의 묘사가 전혀 황당한 것이 아님을 알았다. 어느 중국의 항해가가 가빈에 가본 뒤 「강리도」를 그렸을 수도 있다. 아직도 가빈의 정확한 위치를 알 수는 없지만 「강리도」에 그려진 해안선의 모양을 보건대 그곳은 나이지리아 서부 해안에 있는 비아프라만 근방으로 추정된다.

_ 개빈 멘지스, 조행복 옮김, 『1421 중국, 세계를 발견하다』,
사계절, 2004, pp.125, 131~132.

아프리카대륙 남부를 어떤 모양으로 파악하고 있는지는 지리 지식이 어느 정도 정확한지 판가름하는 중요한 기준점이 된다. 15세기 초까지도 유럽인들은 아프리카 남쪽 부분이 동쪽으로 길게 뻗어서 인도대륙과 연결되어 있거나 혹은 남극에 거대한 대륙이 있어서 그곳과 연결되어 있다고 생각했다. 실제 희망봉을 돌아 아프리카 남쪽이 삼각형 모양이라는 것을 확인한 것은 유명한 바르톨로뮤 디아스의 항해 이후의 일이다. 그런데 맨지스는 그 이전에 그려진 프라 마우로의 지도와 조선의 지도에 희망봉이 정확하게 그려져 있는 점을 주목하고 있다. 여기에서 그는 다소 지나치게 과감한 추론을 하고 있다. 정화 선단이 희망봉을 돌아 항해하면서 아프리카의 윤곽을 정확하게 파악했고, 앞에서 말한 두 지도는 이 정보를 이용해서 그렸다는 것이다. 그러나 직접 증거가 없는 상태에서 이런 추론을 감행하는 것은 너무 위험한 일이다.

화교 공동체의 발전과 핍박

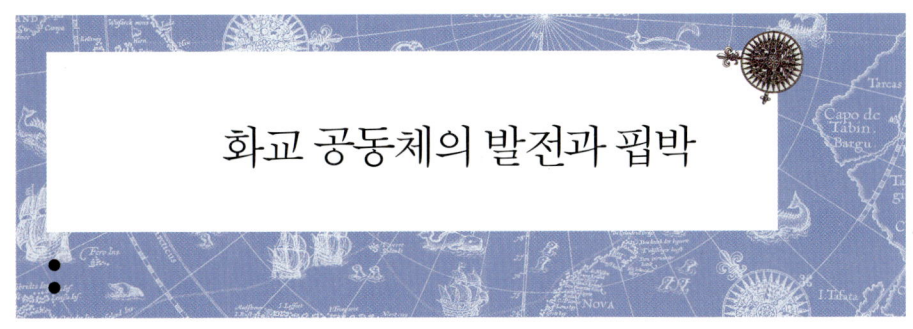

1960년대만 해도 중국 화교가 살던 집을 사서 집수리를 하려고 담벼락을 부수다보면 벽 사이에서 금덩어리들이 쏟아져나왔다는 전설 같은 이야기들이 떠돌곤 했다. 사연인즉 원래 집주인인 중국 사람이 열심히 모은 돈으로 금을 사서 가족도 모르게 벽 속에 감추어두었는데, 늘그막에 병이 들어 자기 가족들에게도 미처 그 사실을 알려주지 못하고 죽었다는 것이다. 워낙 핍박을 많이 받은 화교들로서는 믿을 건 금밖에 없다는 생각을 가졌을 법하다. 우리나라에서도 화교들이 꽤 심한 압박을 받아서 기를 못 펴고 살았다고 알려져 있고, 동남아시아 여러 지역에서는 최근까지도 종종 화교에 대한 약탈과 학살이 벌어지곤 했다. 아시아 여러 지역에 화교 공동체들이 많이 발전하면서도 동시에 심한 핍박

필리핀에 최초로 도착한 유럽인인 마젤란이 지휘하는 빅토리아호.

을 받게 된 역사적 계기는 무엇일까.

명대 이전에 중국은 대단히 활기찬 해상 교류를 하고 있었다. 특히 중국 남부의 연안 지역 주민들은 아시아 각지로 퍼져갔다가 때로 자신들이 살던 곳에 눌러 앉아서 화교 사회를 이루기도 했다. 그러나 15세기 초반 정화鄭和의 남해 원정 이후 중국 정부는 해상 교류를 철저히 금지하고 국가 전체를 아예 바다와 절연시키는 강력한 해금海禁정책을 폈다. 이렇게 해서 본국과 관계가 단절된 해외의 화교 공동체들은 끈 떨어진 연처럼 외로운 신세가 되고 만 것이다.

해금정책은 실로 가혹한 것이어서 허가 없이 바다로 나갔다가 발각되면 사형을 면하지 못한다고 되어 있지만, 그렇다고 해서 중국인들이 정말로 해상활동을 전혀 하지 않은 것은 아니다. 연안 지역

주민들은 기회만 닿으면 해외로 눈을 돌렸고, 또 해외 거주 화교들과 비밀리에 교역을 계속했던 것으로 보인다. 그 결과 중앙 정부의 금지에도 불구하고 해외에 새로운 소규모 화교 공동체들이 만들어졌다. 다만 억압된 상황에서 비밀리에 교역활동을 수행했기 때문에 실체를 명확하게 보여줄 문서 자료가 부족하다는 점이 역사가들에게는 큰 문제이다.

16~17세기에 예외적으로 큰 화교 공동체가 형성된 곳으로는 마닐라를 들 수 있다. 이곳의 역사는 아시아의 바다에서 중국 세력과 유럽 세력 간에 어떤 일들이 일어났는지를 보여주는 중요한 사례이다.

필리핀Philippine이라는 이름 자체가 에스파냐 왕자인 펠리페Felipe(후일의 국왕 펠리페 2세)의 이름을 따서 지어진 데에서 알 수 있듯이, 에스파냐인들은 필리핀을 아시아 식민화의 전초 기지로 삼고자 했다. 중국과 거래하기 위해 안전하고 편리한 거점을 찾던 에스파냐인들은 필리핀의 루손섬에 번영하는 술탄국이 존재한다는 사실을 알고 1570년에 군사를 몰고 와서 공격을 감행했다. 그리고 다음 해에 이 지역을 점령해서 거류지를 건설한 다음 이곳을 거점 삼아 중국과 교역하려고 했다. 그러기 위해서는 중국인 상인과 선박이 필요했으므로 적극적으로 중국인들을 마닐라로 불러들였다. 정부의 눈을 피해 해외 교역을 하려고 했던 연안 지역 주민들의 이해 관계와도 맞아떨어져서 30년 정도의 짧은 기간 안에 마닐라에는 수많은 중국인들이 몰려들었고, 이 당시 가장 큰 화교 공동체가 형성됐다. 그러나 중국 정부는 이와 같은 자국민의 해외 거류에 대해 아무런 관심을 보이지 않았다.

중국 정부가 어떤 태도를 취했는지는 왜구에 대한 정책을 보면 알 수 있다.

일반적으로 왜구는 활동 시기로 구분해서 14~15세기를 전기 왜구, 16세기를 후기 왜구라 한다. 14~15세기에 일본에서는 거듭된 전란과 일기불순으로 식량 부족 사태가 심각해져서 해안 지역 사람들이 도적 떼가 되어 한반도와 중국의 산둥山東반도로부터 양저우揚州 지역까지를 침탈했다. 이들은 명나라와 조선의 강경한 대응으로 종적을 감추게 됐다. 그러다가 명나라의 해금정책 이후 왜구가 다시 극성을 부

유럽에서 1605년에 제작된 지도로 중국(명), 필리핀, 한반도가 자세히 나와 있다. 우리나라가 섬이 아니라 정확하게 반도로 그려져 있는 초기 지도 중 하나이다.

렸다. 그런데 이 후기 왜구는 앞 시대와는 성격이 달랐다. 자본주의적 상업망이 동아시아 권역까지 뻗쳐왔고 중국 내부적으로도 여러 산업 분야가 발전해서 이 상업망에 참여하여 이익을 취하려는 움직임이 있었으며, 또 주변국 상인들도 마찬가지로 중국과 교역을 원하고 있었다. 그런데 중국은 철저한 해금정책과 조공무역체제만 고집했으므로 중국을 비롯해서 일본 및 주변 여러 지역 상인들이 당국의 금지를 어겨가며 접촉하고자 한 것이다. 중국 쪽은 이들 모두에 '왜구'라는 딱지를 붙였으나, 이 후기 왜구의 실상을 보면 전적

으로 일본인만도 아니고 또 100퍼센트 약탈만 한 것도 아니었다. 실제 우리나라의 기록에도 왜구를 잡고 보니 조선말을 하더라는 보고들이 있다. 특히 가장 유명한 해적 수괴인 리마홍 또는 린평林風이라 불리는 자는 중국인일 가능성이 높은데, 그는 해적 세력을 규합해서 마닐라 정복을 기도하기까지 했다.

이런 상황에서 중국 관리들이 마닐라를 방문하여 에스파냐 관리들과 해적에 대한 대응 문제를 논의했다. 이때 중국 쪽은 오직 해적 진압을 위한 공조만 논의할 뿐 화교 문제에 대해서는 전혀 관심을 표명하지 않았다. 오히려 해외 거주 중국인들이 급증하고 있으므로 에스파냐인들이 자신의 구역 안에서 중국인들을 잘 통제·관리할 것을 부탁했고, 중국 상인들을 이용해서 중국과 필리핀 사이, 혹은 필리핀과 다른 동남아시아 지역 사이의 교역에서 어떤 방식으로 수익을 올리더라도 간여치 않겠다는 메시지를 전할 뿐이었다. 이렇게 자국 정부의 보호를 전혀 기대할 수 없는 상황에서 외국 거류민들은 때로 아주 큰 위험에 내몰리기도 했다. 1580년대 이후 중국과의 비단 교역이 증가하면서 필리핀 거주 중국인 수도 크게 늘었다. 1600년경에는 중국과 마닐라 사이를 오가는 선박 수가 30척이 넘게 됐으며, 마닐라가 있는 루손섬에 거류하는 중국인 수가 2만 5천 명을 웃돌았다. 이처럼 중국인의 세가 과도하게 커지자 에스파냐인들과 갈등이 일어났고 결국 1603년에 이 지역의 중국인 거의 대부분이 학살되는 비극적 사건이 일어났다. 화교 2만 5천 명 중에 500명 정도가 살아남고 500명이 중국으로 돌아갔을 뿐 나머지는 거의 전원이 살해당한 것이다!

놀라운 일은 이 사건 이후 푸젠성 주민들이 다시 필리핀으로 향했다는 점이다. 그토록 엄청난 학살 사건이 일어난 곳으로 사람들이 또다시 몰려간 것은 정말로 알다가도 모를 일이다. 중국 상선들이 도착하고 현지에 정착하는 중국인들도 늘어서 20년이 채 안 되는 기간에 화교 수는 다시 3만 명이 됐다. 그러고는 다시 같은 일이 반복됐다. 여전히 본국 정부는 무관심했고, 화교들은 에스파냐인들의 관리와 통제를 받아들여야 했다. 양쪽 간 갈등이 다시 폭발했고 1639년에 필리핀에 거주하는 중국인 약 2만 명이 학살되는 사건이 다시 발생했다!

중국 정부는 필리핀에서 중국인들이 두 번 연속 대학살을 당하게 될 정도로 해외 거주 화교들을 방치했다. 중국 정부의 입장은 국법을 어기고 해외로 나간 자들을 지켜줄 필요가 없다는 식이었다. 이런 상황에서 해외에 거주하는 중국인들은 유럽 출신 상인·사제·군인들과 경쟁하지 못했다. 왕권의 강력한 후원을 받는 에스파냐인들, 국가와 자본의 긴밀한 결합을 통해 조직적인 활동을 펼치는 네덜란드나 영국의 동인도회사 앞에서 중국 상인들은 다만 개인적인 조심성과 노하우로 버텨야 했다. 그러나 고작 종족 간의 협력이라든지 화교 자치체의 보호망 정도로는 거대한 근대 자본주의 세계에서 제기되는 위험에 대처할 수 없었으며, 하물며 광범위한 해역을 포괄하는 상업 네트워크를 구축하기는 힘들었다. 중국 상인들 중 일부가 큰돈을 번 것은 사실이지만, 중요한 점은 그들이 주도적으로 근대적인 체제를 형성하고 운용한 게 아니라 다른 사람이 만든 체제에 참여하는 수밖에 없었다는 점이다.

근대 해외 팽창의 관건은 국가가 어떤 방식으로 어느만큼 개입하느냐에 달려 있었다. 해외 거류민을 방치한 중국이 아니라 국가 권력과 자본이 긴밀히 결탁한 유럽 각국이 세계의 바다를 통제하는 주체가 됐다. 역사의 교훈을 뒤늦게 깨달은 것일까, 오늘날 중국 정부는 전세계의 거대한 화교 자본의 중요성을 새삼 인식하고 세계를 향한 팽창의 중요한 한 축으로 삼으려 하고 있다. 근자에 화교 역사의 재조명 작업을 활발히 하는 이유도 여기에 있다.

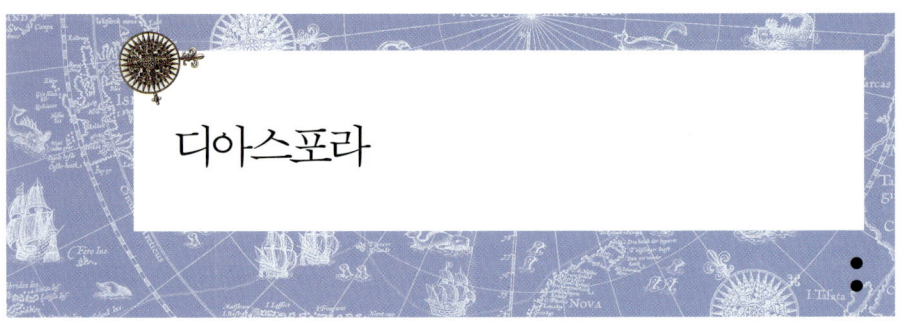

디아스포라

디아스포라Diaspora는 고대 그리스어 dia(너머)와 speiro(씨뿌리다)가 합쳐져서 만들어진 말이며, 우리말로는 대개 '이산離散'으로 번역된다. 그리스에서는 원래 주민들의 해외 팽창과 식민화를 뜻했지만, 유대인, 아프리카 흑인 노예, 팔레스타인인 등의 경우에는 외세에 의한 '강제 집단이주'를 나타낸다. 그러나 최근에는 이처럼 자국민의 해외 진출이라는 적극적 의미도 아니고 강제 이주의 정신적 상처trauma와도 거리가 있는 중립적인 용어로서, 외국에 살면서도 집단적인 정체성을 강하게 유지하는 사람들이 자신을 규정하는 말로 많이 쓰인다. 최근에는 이 말을 가지고 만든 '교역 디아스포라'라는 개념을 이용하여 해외 팽창의 역사를 많이 설명한다.

아랍의 지리학자 무하마드 알 이드리시가 그린 아라비아해 연안 지역. 요즘 지도와 반대로 위쪽이 남쪽이다.

 세계의 여러 문명권들은 아주 제한적인 교류에 그치거나 아예 단절되어 있다가 근대 이후 서로 소통하기 시작했다. 그런데 세계 각 지역이 서로 조우했다고 하지만 사실 첫 만남은 문명 간 혹은 국가 간의 대규모 교류나 전면적인 대결은 결코 아니었다. 그것은 기껏해야 몇몇 점과 같은 아주 한정된 공간에서 이루어진 일이다. 상이한 문화권에서 살아가는 낯선 사람들 사이의 교류와 교역은 결코 쉬운 일이 아니다. 이방인은 예측하기 어렵고 위험하며 신용하기 힘든 존재로 보일 수밖에 없다. 따라서 이문화異文化 간의 접촉과 교역은 양쪽이 상호 안전을 확보할 수 있는 특별한 제도적 장치를 통해 이루어졌다. 대표적인 방식은 양쪽을 중개하는 특수 집단에 교역을 맡기는 것이었다. 즉 외국 사회 속에 뚫고 들어간 사람들이 그들만의 거류지를 형성하고 이곳을 중심으로 자신의 출신 지역과 현재 거주 지역host society(즉 그들을 받아들인 사회) 사이의 교역을 담당하는 것이

디아스포라 **47**

다. 이러한 거류지들이 여러 곳에 만들어져서 네트워크를 이루면 더욱 광범위하고 효율적인 교역을 할 수 있다. 이것이 소위 '교역 디아스포라trading diaspora'이다. 근대 초에 있었던 세계 각 지역 간 접촉과 소통은 흔히 이런 작은 접점들을 통해 이루어졌다.

디아스포라는 세계적인 현상이었다. 잘 알려진 사례로는 아시아 및 세계 각지에 뿌리를 내린 중국인 화교 공동체Chinatown를 들 수 있고, 가장 넓은 지역에 걸쳐 네트워크를 구성한 사례로는 17~18세기에 이스파한의 줄파Julfa(아르메니아인 거주지역으로서 노르 주가 Nor Juga라고도 부른다)를 중심지로 서쪽으로는 암스테르담으로부터 동쪽으로는 중국에까지 이르는 믿을 수 없을 정도로 광대한 상업망을 구축한 아르메니아 상인 공동체를 들 수 있다.

사실 유럽인들이 아시아와 아메리카에 진입해들어간 것 역시 교역 디아스포라라는 개념으로 설명하는 것이 합당하다. 16세기에 에스파냐인들이 아메리카대륙을 지배했다고 할 때 우리는 통상 멕시코 전체 혹은 남아메리카 전체를 지배한 것으로 생각하기 쉽다. 그러나 고작 수천 명 정도의 인력으로 그 넓은 영토 전체를 지배한다는 것은 불가능한 일이다. 실상은 단지 중요한 거점 지역들을 장악하고 있었을 뿐이다. 영국인들의 인도 지배 역시 초기에는 몇 개의 거점을 장악하고 있는 상태였다. 몇 개의 '점'의 지배가 확대되어 광활한 영토 지배가 완수된 것은 19세기 이후의 일이다. 그러므로 근대 초의 해외 팽창을 설명하는 데에는 '제국의 팽창'보다는 '디아스포라의 확산'이 더 알맞은 개념 틀이라고 할 수 있다.

그런데 사실 이 현상은 일찍부터 아시아 해상세계에서 자주 볼 수 있던 일이었다. 서아시아와 인도로부터 중국 푸젠성에 이르기까

네덜란드의 지도제작자 빌렘 블라우가 만든 지도에 나오는 페르시아.

지 많은 상업 민족들이 해외 지역에 상업 네트워크를 형성해갔다. 그 가운데에서 아시아 역사에서 대단히 중요한 의미를 띠지만 우리에게는 다소 낯선 현상이 이란인들의 해외 팽창이다.

이란인들은 일찍이 12~13세기부터 인도 방향으로 이주해가서 데칸 지방에 강대한 술탄 국가들을 여럿 건설했다. 이와 함께 상인들이 인도 각 지역 안에 자리 잡고 활발한 교역활동을 폈다. 이들은 페르시아만을 통해 중동 지역, 동아프리카와 인도를 연결했고, 더 나아가서 동남아시아 지역으로도 팽창해갔다. 예컨대 콰자 마흐무드 가완 질라니Khwaja Mahmud Gawan Gilani라는 상인에 대한 연구 사례를 보면 그의 가족과 사촌형제들이 이집트, 메카 및 인도 여러 지역에 주재원으로 자리 잡은 다음 그들 간에 말과 무기 거래를 하고 있었다. 가족 기업 형식이지만 사업 지역의 범위가 대단히 광범위하다는 것을 알 수 있다.

이란계 상인들은 아시아 각지로 퍼져갔다. 유럽인들이 아시아에 들어와서 교역 관계를 트려고 시도할 때 자주 부딪친 인물들이 이란 상인들이었다. 유럽인들의 기록에는 "술탄 국가의 궁정을 꽉 잡고 있는 페르시아인", "다른 어느 인도 사람들보다도 오만한 인간 이란인들이 많이 묘사되어 있다. 이란 상인들은 인도의 유명한 다이아몬드 산지인 골콘다Golconda에서 궁정 세력의 비호를 받으며 다이아몬드사업을 독점했고, 미얀마와 아유타야(태국)에 거류지를 형성하고는 이란과 이 지역 사이의 교역을 확대시켰다. 태국에서는 이들이 주석 생산과 수출을 담당했는데, 이들의 영향력이 어찌나 큰지 불교 국가인 이 나라의 국왕이 이슬람 사원을 지어주면서까지 이란 상인들을 불러들이려고 했다.

이란인들의 팽창은 단지 교역 관계에만 한정되지 않았다. 이란계 행정가, 군인, 학자, 문인들이 인도와 동남아시아 각국으로 퍼져가서 문화적으로도 큰 영향을 미쳤다. 인도 북부를 장악한 무굴제국에서는 페르시아어가 궁정과 지배층의 문화언어가 됐고 페르시아 미술과 문학이 고급문화로서 자리 잡았다. 따라서 15~18세기 동안 대규모로 지속됐던 이란인들의 이주는 아시아의 역사에서 실로 중요한 의미를 띠는 현상이다. 우리가 주목해야 할 점은 이 시기가 아시아 여러 국가들의 형성기이자 동시에 해외 교역이 크게 팽창했던 시기라는 점이다. 지금까지 역사가들은 흔히 국가 건설은 무력에 의해 이루어졌고 내륙 지향적이며, 상업활동과는 무관하다고 보았다. 그러나 최근 연구는 이와는 다른 해석을 하고 있다. 예컨대 무굴제국도 상업에 눈을 감고 있었던 것이 아니어서, 자국 상인들이 해외로 많이 진출해갔을 뿐 아니라 제국 정부도 재원 마련을 위해 국제 교역에 활발히 참여하고 있었다는 점을 밝히고 있다.

이란인들의 사례는 상업과 정치, 군사, 문화 등의 여러 부문이 서로 긴밀하게 얽혀 있다는 점을 보여준다. 디아스포라는 아시아 각 지역이 총체적으로 영향을 주고받는 중요한 창구였다. 후일 유럽인들이 아시아의 기존 교역망에 끼어들어가서 거점을 확보하고 이곳을 중심으로 점차 정치적·군사적·문화적 지배력을 확대해간 것은 사실 기존의 방식을 그대로 차용한 것에 불과하다.

🌿 아르메니아 상인 호브한네스의 여행

　상업 디아스포라와 관련된 사례 중에 가장 특이한 것은 아르메니아 상인 호브한네스('사제 다비드의 아들 호브한네스')의 여행을 들 수 있다. 그의 상업여행 장부가 포르투갈의 국립도서관 필사본 보관소 Manuscript Dept. of the National Book Depository에서 발견됐다. 44장짜리 책자인 이 장부는 1681년 12월 19일부터 1693년 12월 6일까지 11년 동안의 활동 기록을 담고 있다. 이 자료를 통해 연구자들은 아르메니아 상인들의 활동과 네트워크에 대한 귀중한 정보를 얻을 수 있었다.

　그는 다른 상인들과 파트너십을 맺고 인도 방면으로 사업 여행을 떠났다. 호자스 자카르와 엠브롬마가르라는 두 사람이 전주錢主로서 250 토만toman(화폐 단위)의 자본을 대고 호브한네스가 이 돈으로 실제 영업을 하는 방식이다. 이윤은 그가 4분의 1, 전주가 4분의 3의 비율로 나누어 갖기로 합의했다. 그의 여행은 사업활동이라기보다 차라리 모험에 가까웠으며, 상상하기 힘들 정도로 광대한 지역들을 포괄했다. 그는 이스파한의 줄파를 떠나서 반다르 압바스로 갔다가 이스파한을 거쳐서 마헤르, 예자데카스, 쉬라즈, 라르를 지나 반다르 압바스로 돌아왔다. 그리고 다시 수라트, 아우랑가바드, 시론, 카슈가르, 아가르 등등 아시아 각지를 돌아다니다가 1686년에 티베트의 라사에 도착했다. 그는 이곳에서 6년 간 머물렀다가 다시 인도로 들어가서 최종적으로 고향으로 돌아왔다.

　이 여행을 하는 동안 그는 곳곳에서 아르메니아 상인 공동체를 찾아가 그곳에서 상품 매매를 해서 이윤을 얻고 그것으로 다음 행선지까지 여행을 했다. 그가 거래한 상품들은 대단히 다양했다. 쌀Brindz, 차chai,

중동 지역을 여행하는 카라반.

도자기chini, 영국제 스파이 망원경Durbin inglisi, 종이kaghat, 담배Tambaku 같은 이채로운 상품들이 많고 무엇보다도 수없이 많은 종류의 옷감들을 볼 수 있다. 그 중간 중간에 어음 거래도 계속했다. 그가 이런 사업 여행을 할 수 있었던 데에는 아르메니아 상인 네트워크가 광범위하게 펼쳐 있었기 때문이다. 근대 초 아시아는 통상 우리가 생각하는 것보다 훨씬 촘촘하게 상업망이 얽혀 있었다.

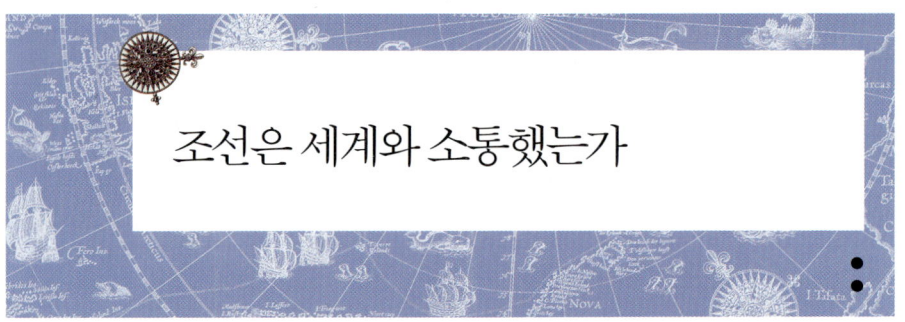

조선은 세계와 소통했는가

세계의 바닷길이 촘촘하게 연결되어 대륙 간에 사람과 물자가 오가고 정보와 지식이 교환되던 시대에 조선은 과연 세계와 어느 정도로 소통했을까. 조선 시대에 대해 생각하면 우리는 일단 쇄국의 이미지를 떠올린다. 세상이 어떻게 돌아가든 문 닫아걸고 고립된 채 살아갔다는 것이다. 그러나 분명 일본이나 청나라와 교역을 했고 유럽 출신 상인과 선원들이 심심찮게 들어왔다는 점을 볼 때 조선이 문자 그대로 완벽한 쇄국 상태는 아니었다.

조선 시대에 세계의 모습을 어떻게 이해했는지 알 수 있는 자료로는 우선 지도를 들 수 있다. 세계지도는 곧 그 사회가 세계에 대한 지식을 어느 정도 가지고 있는지 실물로 보여주는 뚜렷한 증거이다. 그런데 다소 놀라운 일로 보일지 모르겠지만, 조선 초만 해도

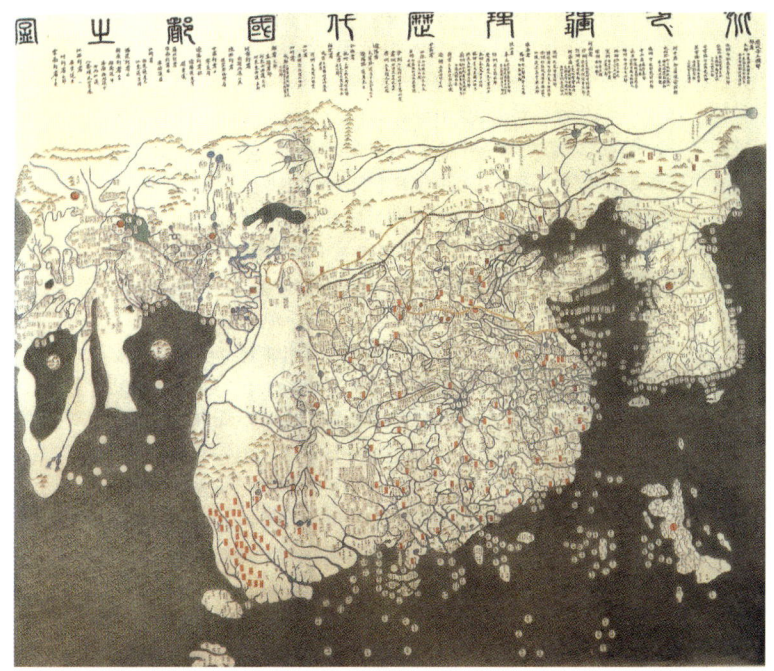

「혼일강리역대국도지도」, 규장각에 모사본이 있다.

우리가 만든 세계지도는 분명 세계 최고 수준에 도달해 있었다. 앞서 언급했듯이, 태종대인 1402년에 제작된 것으로 추정되는 「혼일강리역대국도지도混一疆理歷代國都之圖」는 그 당시 조선의 지리 지식이 결코 만만치 않은 수준이었음을 증명한다. 이 지도는 조선과 중국이 실제보다 훨씬 크게 그려져 있고 일본은 아주 작은 규모로 조선의 정남방에 그려져 있다는 점, 벵골만이 없어서 인도가 거의 중국에 붙어 있는 것처럼 그려진 점 등을 단점으로 들 수 있지만, 아프리카와 유럽, 아라비아 지역까지 비교적 정확하게 모양과 위치를 표시했다. 그 당시에 세계의 전반적인 모습을 이런 정도로 그려냈다는 것은 기적에 가까운 일이다. 같은 시대 유럽의 지도에는 아프리카 남단이 동쪽으로 길게 뻗어서 인도 남쪽과 연결되어 있고, 인도양은 육지에 둘러싸인 거대한 호수로 그려졌다. 이에 비하면 조선의 지도는 상대적으로 정확한 세계상을 제시하고 있다.

지도 자료는 조선의 조정이나 일부 지식인들이 세계의 모습을 비교적 잘 파악하고 있었음을 보여주지만, 문제는 더 일반적으로 조선 시대 사람들이 세계의 정세를 과연 잘 알고 있었느냐 하는 점이다. 앞으로 더 많은 연구가 진척되면 이 문제에 대해서도 소상히 알게 되겠지만, 우선 참고할 만한 자료로는

『하멜 표류기』의 여러 판본 중에는 조선과는 관련 없는 도판들이 사용되기도 했다. 조선에 있는 코끼리!

우리나라에 입국한 외국인들의 기록들이다. 그 가운데 가장 널리 알려진 것은 소위 『하멜 표류기』이다.

하멜 일행은 1653년 7월 말에 대만에서 나가사키를 향해 항해하다가 8월 중순에 태풍을 만나 전체 선원 64명 중 36명만 살아남아 제주도에 표류했다. 이들은 차례로 지방 현감과 제주 목사 앞에 끌려가서 조사를 받았는데, 당연히 서로 말이 통하지 않아서 의사소통이 불가능했다. 하멜 일행은 자신들이 네덜란드 출신이며 일본으로 가는 도중에 사고를 당했다고 열심히 설명했으나 우리 쪽은 끝내 이런 사실을 알아채지 못한 것 같다. 그런데 며칠 후 놀랍게도 동향인이 나타나서 네덜란드어로 말을 걸어오는 것이 아닌가. 그는 약 20년 전에 조선에 표류해왔다가 눌러앉아 살게 된 벨테브레(한

국 이름으로는 박연)로서, 한양에서 지내다가 하멜 일행을 조사하는 일로 파견되어왔던 것이다.

이들은 한양으로 압송되어서 조정에서 다시 조사를 받았는데, 결국 출국 허가를 받지 못하고 훈련도감에 배속되어 일을 하게 됐다. 당시 조선은 국내 사정이 외국에 알려지는 것을 꺼려서 이들의 귀국을 허락하지 않았던 것으로 보인다. 그러나 이들은 여러 차례 탈주 시도를 했다. 청나라 사신들 행렬에 갑자기 달려들어서 자신들이 억류됐다는 사실을 알리려고 하기도 했다. 그러나 이 때문에 오히려 시골로 유배를 가서 곤궁한 생활을 하게 됐다. 하멜의 경우를 보면 1657년에 강진의 병영으로 보내져서 잡역을 해야 했고 그 후에 순천과 남원 등지를 전전했는데, 국가에서 식량과 의복을 충분히 제공하지 않았기 때문에 구걸을 하거나 나무를 해서 내다 팔며 생계를 이어갔다. 결국 그의 동료 중 11명은 굶주림과 병으로 죽었고, 다른 동료들도 전라도 몇몇 지역에 분산 수용되어 힘들고 고달픈 생활을 영위했다.

정상적인 방식으로는 귀국할 희망이 없고 힘겨운 삶을 계속 살게 되리라는 생각에 하멜은 일본으로의 탈출을 생각하게 됐다. 1666년, 그는 어렵게 모은 돈으로 돛단배를 한 척 사서 일곱 명의 동료와 함께 일본으로 탈출하는 데에 성공했다. 그 후 나가사키 소재 네덜란드 상관은 아직 조선에 남아 있는 네덜란드인들의 송환을 위해 일본 정부에 압력을 가했고, 일본 정부가 외교적 압박을 해오자 조선 조정은 마지막 생존자들인 일곱 명을 모아 일본으로 보냈다.

이들이 14년 간 조선에 머무는 동안 조선은 그들이 가진 지식이나 기술을 전혀 얻어내지 못했다. 물론 무식한 하급 선원들에게서

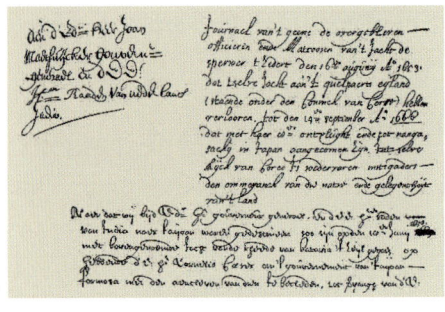

하멜의 오리지널 원고.

무슨 대단한 성과를 얻어내리라고 기대하기는 어려운 것이 사실이다. 그러나 그보다 100년 전에 다네가시마種子島에 도착한 포르투갈 선원들에게서 얻은 지식으로 일본이 유럽식 총기를 제작하게 된 사례도 있지 않은가. 우리는 단지 이들이 외국으로 나가지 못하도록 막는 데에만 급급했던 것으로 보인다. 사실 이들이 14년 동안 국내에 머물렀지만 과연 이들이 정확히 세계 어느 곳에서 왔는지조차 제대로 파악하지 못한 것은 아닌지 의문이 든다. 하멜의 기록을 보면 조선 사람들은 대체로 태국 너머의 지역을 잘 모른다고 말하는 내용이 나온다.

하멜이 일본으로 탈출한 이후 일어난 일을 보면 양국 간의 차이가 뚜렷하게 드러난다. 이들은 고토섬五島에 도착했는데 주민들과 관리들은 엄중한 감시를 하면서도 온갖 호의를 베풀어주었고, 하멜 일행이 고마움을 표시하기 위해 가지고 있던 쌀을 주려고 했으나 한사코 사양했다. 그들은 나가사키로 인도된 후 그곳 지사의 심문을 받았는데, 나가사키 지사는 아주 체계적으로 54가지의 질문을 던져서 가능한 모든 정보를 얻어냈다. "어느 나라 사람이며 어디에서 오는 길인가"에서부터 시작해서 난파된 지점, 배의 대포 수, 배의 적하물, 서울로 압송된 연유 등 기본적인 사항들에 대해 묻고, 더 나아가서 조선의 산물, 군사장비, 군함, 종교, 인삼 등 세세한 정보들까지 두루 수집했다. 조선 쪽이 14년 동안 함께 지내면서도 결국 알아내지 못한 것들을 단 하루 만에 모조리 파악해내는 일본 관

고지도에 나타난 조선과 일본.

리의 능력이 실로 인상적이다. 사실 이것은 어느 관리 한 사람의 능력 문제가 아니라 그 국가와 사회의 '시스템'의 문제이다. 17세기에 일본은 이미 유럽 국가들과 통상을 했고 동남아시아 여러 지역과는 상시적으로 선박들이 오가고 있었으며 당시 신생 대학으로서 새로운 학문의 요람으로서 한참 발전하고 있던 네덜란드의 레이덴 대학에도 일본인들이 찾아갔다. 이런 것들이 모두 하멜이 우리나라에 들어왔던 당시의 일이다.

조선이 완전히 문을 닫고 산 것은 아니며 세상 돌아가는 데 대해 전혀 캄캄했다고 할 수는 없지만, 체계적이고 세련된 접근 방식으로 세상을 이해하고 세계와 호흡하는 능력이 부족했던 것은 분명해 보인다.

『하멜표류기』

1668년도판 『하멜 표류기』

이 나라 사람들은 세상에 12개의 나라밖에 없다고 생각한다. 그리고 이 나라들이 모두 한때 중국 황제의 속국으로서 조공을 바쳐야 했다고 말한다.

그렇지만 이 나라들은 그 후 독립을 얻었고, 타타르인들은 중국을 지배하기까지 했다. 이 나라 사람들은 타타르를 오랑캐라고 부른다. 또 우리나라를 '남판국Nampancoeck(南蠻國)'이라고 부르는데 이는 원래 일본인들이 포르투갈을 부르는 이름이다.

우리 홀란드에 대해서는 아는 게 하나도 없다. '남판쿡'이라는 이름은 일본인에게서 배운 것이다. 이 이름이 널리 알려지게 된 것은 담배 때문이다. 5~6년 전만 해도 그들은 담배를 전혀 모르고 지냈는데, 일본인들이 담배 재배법과 담배 피우는 법을 가르쳐주었다. 일본인들에 의하면 담배 씨앗이 '남판쿡'에서 전해졌으며 그 때문에 아직도 이것을 '남판코이Nampancoii'라고 부른다. 현재 담배는 아주 광범위하게 퍼져서 4~5살 된 아이들도 피우고 남자만이 아니라 여자들도 핀다. 이제 담배를 전혀 피지 않는 사람은 드물다. 처음 담배가 전해졌을 때에는 파이프 하나 당 은 1냥(4그램)을 지불해야 했다. 그래서 '남판쿡'은 가장 좋은 나라 중 하나로 여겨지고 있다.

이 나라의 고서에는 세상에 8만 4천 개의 나라가 있다고 되어 있으나 이 사람들은 이것이 꾸며낸 얘기이거나 섬, 절벽, 바위까지 포함한 것이라고 생각한다. 하루에 태양이 그 많은 나라들을 다 비칠 수 없다는 것이다. 우리가 여러 나라를 언급하면 이 나라 사람들은 비웃으며 그것은 도시나 마을 이름들이라고 말한다. 그들의 지도에는 시암 이상이 나와 있지 않기 때문이다.

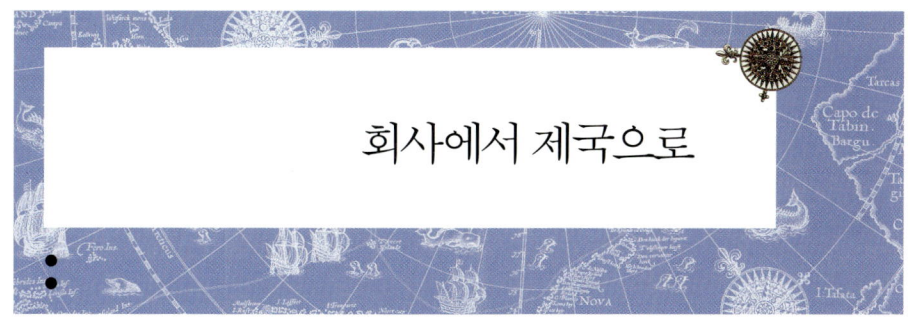

회사에서 제국으로

유럽인들은 아시아에 진입해들어오면서 특이하게도 '회사'라는 방식을 취했다. 아메리카에서 에스파냐가 아스텍과 잉카 같은 제국을 무력으로 무너뜨리고 곧바로 자신의 지배체제를 구축한 것과 비교하면 아시아에 들어온 네덜란드나 영국, 프랑스 같은 나라가 동인도회사를 통해 식민 지배체제의 기반을 만들어간 것은 특기할 만하다. 사실 중국이나 인도, 혹은 아랍 지역이나 일본 등지에는 강력한 정치체가 확고하게 유지되고 있어서 이를 쉽게 무너뜨리고 지배할 수 있는 상태가 아니었다. 따라서 우선 상업 거점들을 확보하고 이곳을 중심으로 교역을 확대해나가는 것이 현실적인 방안이었다.

그런데 이 회사들은 오늘날의 회사와는 성격이 많이 달랐다. 단

VOC 자가 겹쳐 있는 네덜란드 동인도회사 문양이 그려져 있는 접시(Vereenigde Costindiche Compagnie, '통합동인도회사'의 약어).

적으로 이야기해서 동인도회사는 민간 자본이 주축이 되어 있되 국가가 적극적으로 개입하고 지원을 해서 거의 준準국가기구의 특징을 띠고 있었다. 이 점은 이런 회사들이 전쟁 선언과 평화조약 체결, 군대 유지와 요새 건설 등의 특권을 인정받았다는 데에서 알 수 있다(오늘날 우리나라 대기업들이 아무리 강력하다고 해도 정부의 의뢰로 군대를 훈련시키고 정부 대신 외교 조약을 체결하는 일은 없지 않은가). 이를 보면 동인도회사는 단순한 회사라기보다는 자본과 국가권력의 결합체에 가까웠다. 아마도 이런 형태가 당시로서는 가장 효율적으로 힘을 집중시킬 수 있는 방식이었을 것이다.

1602년에 설립된 네덜란드 동인도회사는 약 2세기 동안 세계 최대 기업으로서, 아시아와 유럽 간 교역에서 핵심적인 역할을 했다. 반면, 네덜란드 동인도회사보다 2년 앞선 1600년에 엘리자베스 1세에게서 특허장을 받은 영국 동인도회사는 세계 최초의 동인도회사라는 명예는 얻었으나 첫 출발 때에는 네덜란드 동인도회사에 비해 모든 면에서 열세를 면치 못했다. 이 두 회사는 그들 간에 서로 경쟁하는 동시에, 이미 그들보다 100년 전에 아시아에 진입해들어와서 왕실 독점 형태로 아시아 교역을 장악하고 있던 포르투갈 세력을 잠식해들어갔다.

초기에 더 큰 성공을 거둔 것은 네덜란드 동인도회사였다. 이 회사는 17세기 중엽에 이르면 일본(데지마), 대만, 시암, 수마트라, 말라카, 인도(풀리캇, 수라트 등), 아라비아(모카) 등 20여 곳에 상관商館을 설치하고 그곳들을 연결하는 해상 네트워크를 구축했다. 이 네트워크를 이용해서 '아시아와 유럽 간' 수출입을 수행하는 동시에, '아시아 안의 여러 지역 간' 재화와 화폐 및 귀금속을 교환하는 소위 '현지무역country trade'을 수행했다.

'현지무역'이란 대체로 다음과 같은 방식으로 이루어졌다. 우선 말루쿠제도의 향신료를 페르시아와 인도에 팔고 그 대금으로 인도의 면직물을 구매한 다음 인도네시아에 판매한다. 인도네시아에서는 후추를 사서 중국에 팔고 그 대신 중국의 비단을 사서—여기에 더해서 페르시아와 베트남의 비단도 포함해서—일본에 판매한다. 일본에서는 은과 구리를 사서 중국, 인도, 동남아시아 등지에 공급한다. 이역만리 낯선 지역에서

네덜란드 동인도회사가 주조한 화폐.

이런 방대하고 정교한 무역체제를 운영한다는 것은 극히 힘든 일이며, 이를 잘 수행하기 위해서는 상업 기술만이 아니라 무력이 필수적이었다. 머나먼 외국 바다에서 치열한 경쟁을 이겨내고 살아남으려면 단순한 상인이 아니라 '칼을 움켜쥔 상인'이 되어야만 한다. 그래야만 자신의 신변도 보호하고 또 유리한 거래를 할 수 있었다.

영국 동인도회사는 초반에 네덜란드 동인도회사에 밀려 고전을 면치 못했지만 점차 자신의 영역을 확장해나갔다. 그러다 보니 두 회사의 충돌은 불가피했다. 네덜란드 동인도회사의 총독 쿤J. P. Coen은 영국 세력이 더 자라나기 전에 미리 싹을 없애야 한다고 생각했다. 그래서 영국보다 먼저 선제공격을 하기로 작정했으니, 이 것이 소위 암본 학살 사건이다. 1623년, 인도네시아 말루쿠제도의 주요 상업거점인 암본의 상관장商館長이었던 헤르만 판 스필트의

인도 코로만델 연안 지역에서 생산된 면직물(왼쪽)과 인도의 면직물로 만든 치마의 일부(오른쪽).

명령으로 이 섬에 와 있던 영국 상인들 11명과 용병으로 고용됐던 일본인 사무라이 10명, 그리고 한 명의 포르투갈인이 참수됐다.

이 사건의 진짜 원인이 무엇인지는 역사가들 사이에 아직도 명백한 결론이 내려지지는 않았지만, 어쨌든 이 사건은 아시아 안의 양국 간 상업 관계에서 결정적인 전환점이 됐다. 네덜란드에 밀려 인도네시아에서 입지가 약해진 영국인들은 할 수 없이 인도로 관심을 돌렸다. 당시에는 후추를 비롯한 향신료 시장을 장악하는 것이 최고 목표였으므로 여기에서 밀려난다는 것은 심각한 타격으로 받아들여졌으나, 장기적인 관점에서 보면 인도를 더 빨리, 더 집중해서 공략함으로써 오히려 영국이 식민 경쟁에서 유리한 고지를 점하게 됐으니 진정 역사의 아이러니라 하지 않을 수 없다.

영국 동인도회사가 인도 면직물을 유럽으로 수입하자 그야말로 '대박'을 터뜨렸다. 이때까지 유럽인들은 면사를 들여와서 아마와 대마 같은 다른 재료와 섞어 혼방 직물을 생산하기는 했지만 순면 제품은 거의 모르고 지냈다. 세계의 나머지 모든 곳에서 유용하게 사용하고 있던 면직물을 유독 유럽만 모르고 있었다는 것은 실로 기이한 일이었다. 그러다가 뒤늦게 값싸고 품질 좋은 인도의 캘리

영국의 면직물 공장. 여성 노동과 아동 노동이 시작됐다.

코 직물이 들어오자 일대 광풍狂風이 몰아쳤다. 한 역사가의 표현대로 이는 "유럽인들의 겉껍데기를 홀랑 바꿔놓았다." 그러자 모직물, 견직물, 특히 린넨 산업이 큰 타격을 입었고, 실업 위기에 몰린 직공들의 저항이 거세게 터져나왔다. 장기적으로 보면 이런 국내 산업의 위기를 타개하기 위해 기계를 도입한 산업혁명이 일어났고, 그 결과 영국 공산품이 인도 직물업에 심대한 타격을 입혔으니 이 또한 역사의 아이러니였다.

18세기가 되자 네덜란드는 경쟁에서 밀려나고 프랑스가 후발 주자로서 영국과 패권을 다투었다. 이 단계에 이르면 이제 영국과 프랑스의 대결은 '회사'들 간의 경쟁 수준을 훨씬 넘어섰다. 양국은 상업 경쟁이 아니라 치열한 정치·군사 투쟁을 벌였다. 이때까지 인도에 무굴제국이 존립하긴 했으나 그것은 허울뿐이고 지방 세력이 무굴제국의 이름을 빌려 통치하고 있었다. 이런 유동적인 상황에서 유럽 회사들은 병사들을 모집하여 서로 충돌했고, 군사적 지배 다음에는 지방 권력자들을 통제해서 협력하게 만들었다. 프랑스와의 전투에서 승리를 거둔 후 영국 동인도회사는 무굴제국을 대신하여 징세·행정권을 행사했다. 일개 외국계 회사가 거대한 영토를 실질적으로 통치하는 기현상이 벌어진 것이다.

19세기가 되면 회사에 의한 식민 지배는 한계에 이르렀다. 사업은 부진하고 직원들은 부패하기 짝이 없었다. 식민 지배를 회사 방식으로 수행하기에는 무리라고 판단한 영국 정부는 동인도회사를 해체하고 인도를 영국 정부의 직접 지배 아래에 두었다. 산업혁명의 결과 생겨난 엄청난 경제력과 무자비한 기계적 군사력을 바탕으로 이제 대영제국이라는 초유의 광대한 지배체제가 탄생했다. 유럽인들은 처음 몇 개의 점들로 시작해서 쐐기처럼 내륙으로 파고들어가 결국 대륙을 통째로 삼켜버렸다.

'해가 지지 않는 제국'의 밑에 깔린 나라들에는 좀처럼 해가 뜨지 않고 밤처럼 어두운 그림자가 짙게 드리워졌다. 이제 맨체스터의 기계 공장이 인도의 70만 개 마을을 억누르는 시대가 도래한 것이다.

| 제 2 부 |

폭력이 넘쳐나는 세계

유럽 팽창은 마음속에서부터 자라나다

많은 문명권이 원양항해의 잠재력을 가지고 있었던 것은 분명하지만, 실제로 세계의 바다를 연결한 것은 유럽인들이었다. 어떻게 유럽인이 최초로 전지구적 해상 네트워크를 만들어내는 데에 성공했을까를 설명하기는 쉬운 일이 아니다. 거기에는 분명 여러 요소들이 복합적으로 작용했을 테지만, 유럽 문명 내면의 특이한 집단심성과 관련이 있지는 않을까 생각하게 된다. 꿈, 열망, 신념 혹은 그 무엇이라고 부르든지, 사람 마음속 깊이 자리 잡고 있는 어떤 정신적 요소가 그들의 행동을 부추기지는 않았을까.

이와 관련해서 특기할 점이 중세 유럽 문명 안에 깊이 각인되어 있던 '지상낙원paradise'의 개념이다.

오늘날에는 낙원이라고 하면 아예 그 존재를 부정하든지, 혹은

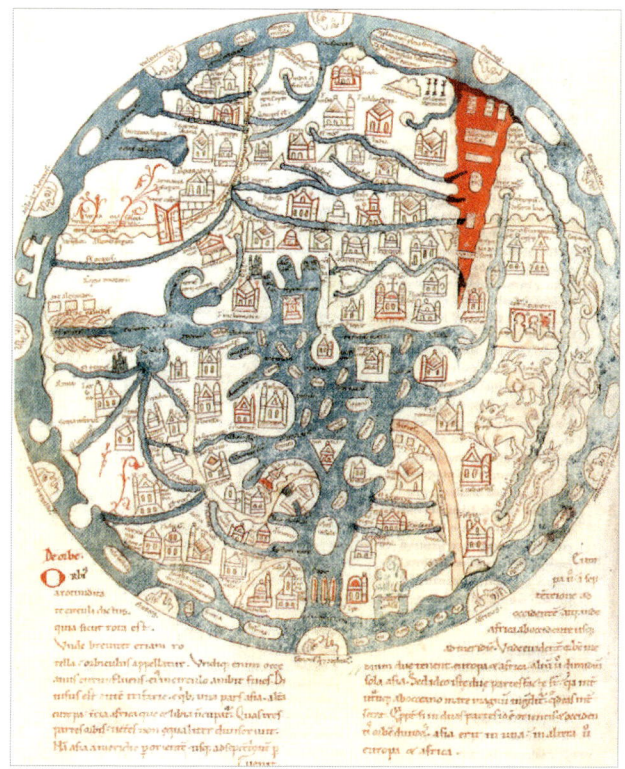

11세기에 유럽에서 만든 세계지도로 위부터 아시아·유럽(아래 왼쪽)·아프리카(아래 오른쪽)를 나타낸다. 오늘날의 지도와 달리 위쪽이 동쪽인데, 제일 위쪽, 즉 아시아의 동쪽 끝에 지상낙원이 그려져 있다.

이 세상이 아니라 사후死後에 가게 되는 또 다른 차원의 장소, 차라리 어떤 '상태'를 가리키는 경향이 있다. 그러나 중세 유럽에서 '낙원'은 곧 '지상낙원'을 가리켰다. 그것은 아담과 이브가 살았던 에덴동산을 말한다. 『성경』의 「창세기」에 아주 구체적으로 지리적 설명이 제시되기 때문에 성경의 내용을 있는 그대로 받아들였던 중세 유럽인들은 지구상 어딘가에 에덴동산이 실재한다고 믿었다. 그렇다면 그 지상낙원은 구체적으로 어디에 있는가.

중세 유럽의 구전 전통에 의하면, 노아는 죽을 때 이 세상을 크게 셋으로 나누어서 셈, 함, 야펫 세 아들에게 나누어주었다. 아시아는 셈에게, 아프리카는 함에게, 또 유럽은 야펫에게 돌아갔는데, 그중 셈이 차지한 아시아가 가장 좋은 곳이었다. 이곳의 북쪽 경계는 티나강Tina(돈강), 남쪽 경계는 기혼강Guihon(나일강)이며, 동쪽 끝에 에덴동산이 있고 중간에 시온산이, 그리고 남쪽에 시나이산이 있는 것으로 되어 있다. 이 전승에 의하면 지상낙원은 한마디로 말해서 아시아의 동쪽 끝에 위치해 있다!

유럽 문명의 기저에는 원죄의식이 있다. 인간의 죄에 대한 신의 분노로 인해 에덴동산에서 쫓겨난 이후 인간은 낙원의 기쁨 대신 지옥의 공포를 안고 살게 됐다. 하느님과 함께 지극한 행복을 누리며 살았던 지나간 황금시대에 대한 후회가 유럽인들을 강하게 사로잡았다. 이러한 죄의식은 어떻게 해서든 지상낙원으로 되돌아가야 한다는 강박증으로 귀결됐다. 중세 시대에 유럽인들이 아시아를 향해 품고 있던 크나큰 동경의 이면에는 이와 같은 지상낙원에 대한 향수가 깔려 있었던 것이다.

중세 유럽인들의 세계관은 아시아의 여러 지역을 직접 보고 왔다는 각종 '여행기'들에 의해 확인되고 더 강화됐다. 마르코 폴로의 『동방견문록』이 대표적인데, 이는 실제 그가 본 내용뿐 아니라 그가 들었던 소문, 더 나아가서 그가 믿고 염원하는 것, 상상하는 것까지 뒤섞여 있었다. 그가 그리는 아시아의 모습이 대개 엄청난 과장으로 부풀려져 있는 것도 이 때문이다. 예컨대 중국의 항저우杭州에는 모두 1만 2천 개의 돌다리가 있고, 게다가 이 다리의 아치가 얼마나 높은지 그 아래로 배들이 돛대를 접지 않고도 쉽게 지나다닐 수 있다. 지팡구(일본)는 "헤아릴 수도 없이 많은 금이 나는 곳"으로서 궁궐의 "보도들 역시 순금으로 되어 있고 두께는 두 손가락 정도나 된다."

중세 말부터 근대 초까지 최고의 베스트셀러였던 『맨드빌 여행기』는 더 환상적이다. 단 한번도 유럽 땅을 떠나본 적이 없는 이 작가는 기존의 여러 여행기들의 내용을 짜깁기해서 아시아를 몽환적으로 그렸다. 아시아 각지에는 두루미와 싸우는 피그미족, 개대가리를 가진 사람, 머리는 없고 배에 눈이 달린 사람, 엄청나게 큰 발 하나만 가지고 있어서 이것을 양산처럼 사용하여 햇빛을 가리는 사람들이 살고 있다. 타프로반Taprobane(실론)에는 개만한 식인 개미들이 황금을 지키고 있다. 아시아는 놀라운 일로 가득 찬 곳이며, 최대의 부, 지극한 아름다움과 동시에 각종 위험이 도사리고 있는 곳으로 소개되어 있다.

과연 이런 내용의 '여행기'들을 당시 사람들은 어떻게 받아들였을까.

놀랍게도 대다수 사람들은 이런 내용을 문자 그대로 받아들였다. 수백 번 판을 거듭하여 출판된 이 책들은 실제 여행안내서 역할을 했다. 콜럼버스도 마르코 폴로와 맨드빌의 여행기를 소유하고 있었는데, 특히 마르코 폴로의 『동방

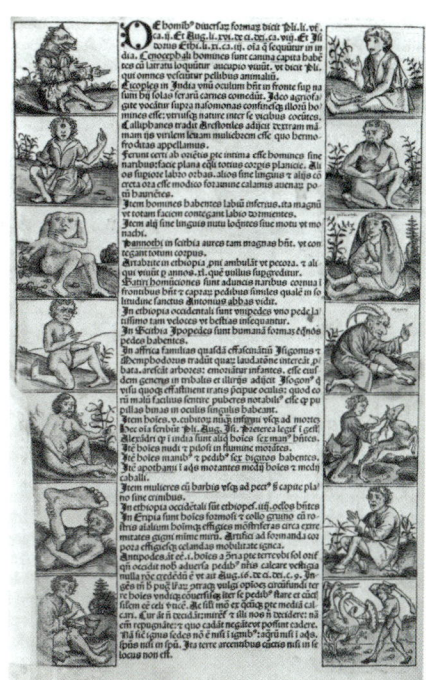

위의 그림은 자기 동족을 잡아먹는 것으로 알려져 있는 견두인이고, 아래는 유럽인들이 상상한 세계의 '괴물' 종족들이다.

견문록』의 여백에는 그가 꼼꼼하게 주석을 달아놓은 것을 볼 수 있다. 콜럼버스는 중세적인 세계관을 그대로 믿고 항해를 떠난 것이다.

맨드빌의 여정을 참고하여 유럽인이 상상한 세계의 모습을 정리하면 이렇게 된다. 유럽에서 곧바로 동쪽으로 떠나면 예루살렘이 나온다. 그 다음에 인도의 여러 지역들을 거치게 되고 그 끝 부분에 전설의 기독교 왕국인 사제 요한 왕국이 나온다. 이 너머에 암흑의 땅이 있고 바로 그 다음에 아담과 이브가 살았던 지상낙원이 있다. 그러나 그곳은 인간의 접근이 허용되지 않으며, 따라서 맨드빌도 그곳만은 가지 못했다고 기술한다. "그 어떤 살아 있는 사람도 낙원에 도달할 수 없다. 황야에 사나운 짐승들이 있고 아무도 넘을 수 없는 산과 바위가 있기 때문이다. 바다를 통해 그곳에 가는 것도 불가능하다. 파도가 너무나 험하기 때문이다."

그런데 맨드빌은 이 부분에서 아주 중요한 꼬리표를 달았다. "하느님의 특별한 은총을 입지 않는 한 누구도 그곳에 도달할 수는 없다." 다시 말해서 지상낙원으로 항해해가는 것이 지극히 어려운 일이기는 하지만 전혀 불가능하지는 않다는 이야기가 된다. 콜럼버스가 바다를 통해 아시아의 동쪽 끝으로 직접 가겠다고 한 것도 분명 이 구절과 무관치 않다.

그는 아메리카대륙에 도착한 뒤에도 자신이 인도 혹은 일본 근처의 어느 섬에 도착한 것으로 생각했다. 그리고 마지막 목적지인 지상낙원으로 들어가는 입구를 계속 찾아헤맸다. 3차 여행에서 남아메리카의 오리노코강 어귀에 이르러 거대한 민물의 흐름을 발견하자 그는 이것이 지상낙원에서 흘러나오는 거대한 강물이라고 생각했다(성경에는 에덴동산에서 티그리스·유프라테스·비손·기혼의 네 개 강이 발원하여 이 세상으로 흘러나온다고 되어 있다). 그가 지상낙원에 이르는 길을 발견했으니 이제 인류가 다시 아담과 이브가 살던 지상낙원으로 돌아갈 때가 됐으며, 그러한 신의 뜻을 구현할 신성 로마제국의 황제는 이슬람교도들을 전멸시키고 옛날 로마제국을 계승한 세계 제국을 건설하게 될 것이라고 믿기에 이르렀다.

 이렇듯 유럽의 팽창은 중세적 꿈에서 동력을 길어왔다. 그것은 곧 이윤과 권력의 확보라는 세속적 성격으로 급격하게 변했지만, 그럼에도 그들의 지배와 정복이 곧 신의 뜻이며 따라서 절대적으로 옳다는 종교적 색채는 끝내 지워지지 않았다.

마르코 폴로의 『동방견문록』

마르코 폴로.

마르코 폴로가 과연 아시아에 정말로 가보았느냐 하는 것이 한때 논란의 대상이 됐다. 중국에 갔더라면 누구든지 언급했을 사항들, 예컨대 만리장성이나 전족 풍습, 젓가락, 한자, 목판 인쇄 등에 대한 언급이 없다는 것이 논거였다. 이런 주장을 하는 사람들은 마르코 폴로가 여러 기록들, 심지어 항간에 떠도는 이야기들을 가지고 꾸며댄 것은 아닌지 의심한다. 그러나 현재 대부분의 학자들은 마르코 폴로의 아시아 여행 자체는 의심의 여지가 없이 명백한 사실이라고 본다(중국에 가지 않고 그토록 많은 정보들을 꾸며낸다는 것이 오히려 훨씬 더 어려운 일이라는 흥미로운 지적도 있다). 다만 그의 책 내용 중에는 실제 본 것과 함께 각종 풍문이나 상상의 내용들이 뒤섞여 있어서 아시아의 모습이 지극히 과장되게 그려져 있다. 중국의 도시 킨사이 Quinsai(오늘날의 항저우)에 대한 서술이 한 예이다.

이곳에는 1만 2천 개의 다리가 있고, 이 다리들 모두 아니 대부분의 경우 아치 아래로 배들이 쉽게 통과할 수 있도록 되어 있고, 나머지 다리들도 작은 배들은 지나다닐 수 있다. 주요 운하와 주요 도로 위에 세워진 다리들의 아치가 얼마나 높고 또 얼마나 기술적으로 잘 만들어져 있는지 그 아래로 배가 돛대를 접지 않고도 지날 수 있고, 그러면서 그 위로도 수레와 말들이 다닐 수 있으며, 거리의 높이도 다리의 높이에 맞추어져 있을 정도로 잘 지어져 있다.……

　광장으로는 10개의 중요한 것들이 있고, 그외 각 지구마다 그런 것들이 수없이 많이 있다. 방형 모양의 광장은 한 면의 길이가 반 마일 정도이다. 그 전면을 따라서 40보 정도 넓이의 간선도로가 도시의 한쪽 끝에서 다른쪽 끝까지 직선으로 달리고 있고, 그 길에는 쉽게 건널 수 있는 평평한 다리들이 있다. 이처럼 둘레가 2마일 정도인 광장들은 4마일마다 하나씩 나온다. ……이 모든 광장에는 일주일에 사흘씩 4만~5만 명의 사람들이 몰려드는데, 그들은 온갖 종류의 식량을 갖고 시장을 보기 위해 오는 것이다. 따라서 언제나 식량은 충분히 공급된다. ……이 도시에서 소비되는 후추의 양을 보면 모든 사람의 수요를 충당하기 위해 이곳에서 얼마나 많은 식량과 고기와 술과 향료가 공급되는지를 알 수 있을 것이다. 마르코 님은 대카안의 관세국에서 일하는 어떤 사람이 계산한 것을 보았는데, 조사 결과 킨사이에서 후추의 하루 소비량은 43대의 수레에 실을 정도인데, 수레 한 대에는 223파운드를 실을 수 있다.

　　_ 마르코 폴로, 김호동 역주, 『동방견문록』, 사계절, 2000, pp.375~377, 393.

/ 맨드빌 여행기

맨드빌은 아시아 각 지역에 대해 온갖 황당한 이야기를 펼쳤지만, 아시아 끝에 위치한 지상천국에 대해서는 직접 그곳에 가보지는 못했노라고 양심적으로(!) 고백한다. 다만 들은 바가 있노라며 이렇게 이야기한다.

낙원에 가본 적이 없기 때문에 아쉽지만 그곳에 대해서는 정확하게 말할 수 없다. 그렇지만 그 나라의 현자들과 믿을 만한 사람들에게 들은 내용을 이야기하도록 하겠다. 지상낙원은 세상에서 가장 높은 곳이다. 이곳은 달의 궤도에 닿을 정도로 높다. 그래서 노아의 홍수 때 나머지 모든 곳이 홍수에 잠겼지만 이곳만은 물이 닿지 않았다. 이 낙원에는 벽이 둘러 있는데, 그것이 무엇으로 만들어졌는지는 아무도 모른다. 벽은 이끼와 덤불로 덮여 있으므로 돌이든 다른 무엇이든 전혀 보이지 않는다. 지상낙원의 벽은 남쪽에서 북쪽으로 이어져 있다. 항상 타오르는 불 때문에 이 벽을 뚫을 수는 없다. 하느님이 아무도 그곳에 들어가지 못하도록 입구 앞에 불칼을 두셨던 것이다.……

살아 있는 사람 중에 그 누구도 지상낙원에 들어갈 수 없다는 것을 알아야 한다. 황야에 있는 짐승들, 누구도 넘을 수 없는 산과 바위 때문에 육로로 그곳에 도달할 길이 없다. 또 너무나도 강한 급류와 어떤 배도 항해하지 못할 정도로 높은 격랑과 파도 때문에 수로로도 그곳에 갈 수 없다. 또한 물소리가 어찌나 큰지 아무리 크게 말한다 해도 서로 말을 들을 수 없다. 많은 귀족 영주들이 강을 이용해 낙원에 가려고 했지만 성공하지 못했다. 어떤 사람은 노를 젓다가 탈진하고 과로에 지쳐서 죽었고, 어떤 사람은 물소리 때문에 장님 귀머거리가 됐으며, 또 어떤 사람은 파도에 휩쓸려 익사했다. 그러므로 하느님의 특별한 은총을 입지 않는 한 누구도 그곳에 도달할 수는 없다.

_『맨드빌 여행기』, 펭귄클래식 총서, 1984, pp.184~185.

아울러 지상천국 근처에 있는 나라의 풍습에 대한 설명도 들어보자. 이것은 아마도 티베트 등지에서 행해지는 조장鳥葬(sky burial. 티베트어로는 '자토르'라 하는데 '새들에게 보시하다'의 뜻이다) 풍습에 대해 전해들은 내용을 옮겼을 것이다.

이 나라에서는 아버지가 돌아가시면 친족들을 모아 산으로 시체를 가지고 가서 시체를 조각내서 새에게 먹이로 준다. 새가 많이 몰려올수록 더 큰 영광이라고 생각한다. 다만 이 나라 사제는 시체에서 머리를 잘라 은이나 금으로 된 쟁반에 담아 아들에게 준다. 아들은 장례식에 참석한 사람들과 함께 집으로 가서 잔치를 벌이는데, 손님들은 산에 얼마나 많은 새가 왔었는지 이야기한다. 아들은 아버지의 머리를 삶는다. 그리고 특히 친한 친구들에게 여기에서 나오는 고기를 소량씩 주는데 이것을 별미로 친다. 그 후 아들은 아버지의 두개골로 컵을 만들고, 평생 동안 아버지를 기리며 이것으로 물을 마신다.

_pp.186~187.

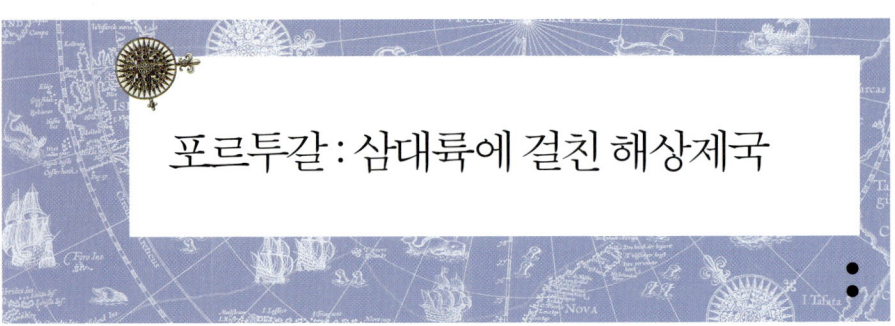

포르투갈 : 삼대륙에 걸친 해상제국

포르투갈은 세계의 해상 팽창의 뇌관 역할을 했다. 이 나라는 일찍이 1415년에 지브롤터해협을 넘어 북아프리카 이슬람권의 중요한 교역 도시인 세우타를 점령했는데, 이곳은 유럽이 처음으로 자기 대륙 바깥에 건설한 '해외' 팽창의 교두보였다. 이는 1492년에 콜럼버스가 아메리카대륙에 도착하기 70여 년 전 일이다. 그 후 포르투갈은 아프리카 해안 지역을 따라 남하하며 곳곳에 거점들을 만들어갔다. 그리고 희망봉을 돌아 아시아의 바다에 들어가서 광범위한 지역에 걸쳐 해상 교역 네트워크를 만들었고, 동시에 남아메리카의 브라질을 식민화해나갔다. 이 작은 나라가 유럽의 해상 팽창의 전위 역할을 하면서 아프리카, 아시아, 남아메리카 세 대륙에 걸친 해상제국으로 발전한 것이다. 국토 면적 9만

제곱킬로미터에 인구는 1백만 명에 불과했던 소국이 어떻게 해서 단기간에 그와 같이 광대한 교역망을 건설할 수 있었을까.

흔히 역사가들은 이 점을 두고 '미스터리' 혹은 '기적'이라고 불렀다. 설명하기 힘들다고 해서 그런 표현을 남용하는 것이 별로 좋은 것은 아니지만, 이 나라의 급격한 팽창에는 분명히 특기할 만한 측면이 있는 것이 사실이다.

칼과 십자가를 들고 싸우는 이시도르 성인.

작은 나라가 세계로 뻗어나가기 위해서는 우선 많은 인구 유출이 불가피했다. 16세기에 해외로 나간 포르투갈인들은 대략 10만 명으로 추산되는데 이는 전체 인구의 10퍼센트에 해당하는 것이며, 남자 인구로만 본다면 35퍼센트의 비중이었다. 또 외국에 나간 사람들 가운데 다수가 사망했는데, 인구 대비 비율을 계산해보면 각 세대마다 남자 인구의 7~10퍼센트가 희생된 셈이다. 포르투갈의 '기적'은 이런 엄청난 희생을 대가로 얻어낸 것이었다.

포르투갈의 해외 팽창의 성격을 이해하기 위해서는 역사적 발전 과정을 살펴보아야 한다.

8세기부터 이베리아반도가 북부 아프리카에서 넘어온 이슬람 세력의 지배 아래에 들어갔다가 점차 기독교권 기사들이 이슬람 세력을 축출하고 영토를 되찾았다(이를 '영토 재정복 운동', 그들 말로는 레콩키스타Reconquista라고 부른다). 이와 같은 투쟁 과정에서 형성된 국가인 포르투갈과 에스파냐에는 '십자군', 즉 기독교 신앙을 위해 기

엔리케 기념조각상.

꺼이 칼을 휘두르려는 사람들이 즐비했다. 사실 이런 위험한 '칼잡이'들은 국내에 남겨두기보다는 해외로 내보내는 것이 여러 면에서 좋은 일이었다. 반쯤 몰락한 귀족들은 국내에서 상실한 지위를 회복하기 위해 기꺼이 해외 모험에 참여했으며, 그래서 요새를 건설하고 그곳을 지휘하는 인력을 제공했다. 포르투갈의 초기 해외 팽창에서 유독 폭력 행사가 잦았던 이유는 이처럼 레콩키스타 정신을 간직한 기사계급이 많이 참여했기 때문이다.

그러나 포르투갈의 해외 팽창사업을 전적으로 기사계급이 주도한 것은 아니다. 14세기에 리스본에서 일종의 '부르주아혁명'이 일어나서 아비스 왕조가 들어섰는데, 이때 상인층이 사회의 전면에 등장했다. 이들이 포르투갈의 해외 팽창사업에서 또 하나의 축을 이루었다. 이와 같이 부르주아와 귀족이 섞여 있다는 것이 이 나라의 해외 팽창사업의 성격과 방향에 적지 않은 영향을 미쳤다. 칼을 휘두르며 돈벌이를 한다는 특이한 사업 방식이 분명 이와 무관치 않다.

'해상왕자' 엔리케의 초상화.

포르투갈의 해외 팽창에 대한 전통적인 설명 중의 하나는 '항해왕자 the Navigator'라는 별명으로 불리는 엔리케 Henrique를 영웅화하는 것이다. 대체로 제2차 세계대전 이후에 시작되어 1960년대에 정점을 이루었지만 오늘날까지도 상당한 영향력을 미치고 있는 이 설명 방식은 포르투갈의 해외 팽창을 엔리케의 주도적인 노력과 결부시키는 것이다. 그는 사그레스반도에 일종의 해양연구소를 세우고 다방면의 전문가들을 초빙하여 포르투갈의 해상 팽창을 크게 진작시킨 것으로 알려져 있다. 이런 관점에서 엔리케를 '귀족적이고 고매한 인품의 영웅'이자 '르네상스적 발견을 대변하는 인물'로 그리곤 했다. 그러나 최근의 연구 경향은 이처럼 한 인물을 강조하기보다는 포르투갈 사회 전체의 발전을 강조한다.

포르투갈 사회의 특징은 '경계' 혹은 '변경'이라는 말로 표현할 수 있을 듯하다.

이 나라는 우선 기독교권과 이슬람권의 경계에 위치해 있었다. 그래서 이슬람 세력의 지배로부터 벗어나 영토 회복을 완수한다는

아프리카인들이 상아로 조각한 포르투갈 상인. 목에는 십자가, 손에는 칼과 창이 있고 얼굴 표정에서는 오만과 탐욕을 읽을 수 있다.

강력한 종교·군사적 이데올로기를 견지하면서도 다른 한편으로는 북아프리카의 이슬람권으로부터 금이나 향신료 같은 상품을 수입했고, 또 이슬람권의 발달된 문화도 흡수했다. 이슬람권에 대한 공격이 국가의 기본 이데올로기라고 하면서도 놀랍게도 리스본 시내에는 이전부터 내려오던 이슬람 구역도 존재했다. 이처럼 편협성과 관용이 기묘하게 공존하는 상태가 나중에 아시아의 고아Goa나 말라카에서 한편으로 지배와 정복을 추구하면서 다른 한편으로 교역과 전도에 주력하는 모순적인 태도로 나타났다고 할 수 있다.

포르투갈은 또 대서양 세계와 지중해 세계의 경계에 있었다. 이 나라의 해외 팽창은 지중해권의 지원을 받아 대서양으로 발전해나간 것이라고 정리할 수 있다. 원래 중세 유럽에서 가장 부유한 지역은 지중해권이었으며 유럽의 경제적 무게중심은 오랫동안 이탈리아에 있었다. 유럽에서 가장 큰 부의 원천 중 하나는 이탈리아 상인들이 주도한 레반트(동부 지중해 지역) 교역이었다. 그런데 15세기부터 터키의 힘이 강대해지면서 동지중해 사업이 쇠퇴해갔고 그 결과 이탈리아의 대상인들은 지중해 서쪽으로 눈을 돌렸다. 제노바를 비롯한 이탈리아 상업 도시들의 자본과 인력이 이베리아반도로 많이 유입됐다. 원래 제노바의 직물업 가문 출신으로서 포르투갈과 에스파냐에서 자기 능력을 펼칠 기회를 찾던 콜럼버스가 대표적인 사례이다. 이런 여러 사정으로 보건대 포르투갈의 해외 팽창은 매우 특이해 보이긴 하지만 사실은 중세 이래 유럽 전반적으로 준비되어왔던 결과라 할 수 있다.

　이탈리아나 프랑스 혹은 남부 독일과 같은 기성 세력이 먼저 해외 팽창에 나서지 않았던 이유도 여기에서 찾을 수 있다. 사실 해외 팽창은 모험 성격이 큰 사업이다. 이미 다른 분야에서 튼튼한 사업 기반을 갖추고 있는 상인들로는 성공 여부가 불투명하고 위험하기 짝이 없는 해외 탐험을 먼저 나서서 할 이유가 없었다. 포르투갈이나 에스파냐와 같은 주변부 국가들이 힘들고 위험한 사업에 달려들어서 한참 진행해본 결과 어느 정도 사업이 안정되고 이윤 가능성도 커 보이자 영국이나 네덜란드, 프랑스 같은 중심부 국가들이 본격적으로 달려들었던 것이다.

　근대 초의 과감한 해외 팽창사업처럼 시대의 한계를 돌파하는 원동력은 대개 중심권보다는 변경에서 나오는 것이 아닐까.

엔리케 : 근대문화의 선구자인가 중세적 인물인가

엔리케 왕자에 대한 공식 전기를 쓴 사람은 아주라라Azurara라는 인물이다. 그의 신원에 대해서는 별반 알려진 것이 없지만, 아마도 15세기 초에 태어나서 두아르테 왕 재임 중에(1433~38) 왕립도서관에서 일한 것으로 보인다. 그는 왕실 안의 자료와 정보를 이용해서 1449년에 『세우타 정복 연대기』를 저술했으며 다시 1452년에 국왕의 요청으로 『기니 발견과 정복 연대기』를 쓴 것으로 알려졌다.

이 연대기의 제7장에서는 엔리케 왕자가 해외 팽창을 시도한 동기에 대해 설명하고 있다. 그런데 이 부분을 보면 엔리케 왕자는 교과서에서 이야기하는 식의 근대를 연 개척자, 근대과학의 총아와는 거리가 멀며 오히려 점성술에 깊이 빠져 있는 중세적 인물임을 알 수 있다. 과거 역사 서술에서는 엔리케를 유럽의 해외 팽창을 이끌었던 선구자이며 고귀한 품성을 지닌 영웅, 혹은 르네상스 시대를 대변하는 새로운 인간형으로 서술해왔으나 이는 과도한 해석으로 보인다. 그는 차라리 중세와 근대 사이에 걸쳐 있는 과도기적 인물로 보는 것이 합당해 보인다.

세우타 점령 이후 그는 이교도에 대항하기 위해 늘 선박들의 무장을 잘 챙기고 있었는데, 그 이유는 우선 전쟁에 대비한 것이기도 하지만 동시에 카나리아제도와 보자도르곶 너머의 땅에 대한 지식을 얻고 싶어했기 때문이다. ……만일 누군가가 이 지식을 얻기 위해 노력하지 않는다면 선원이나 상인들은 아무도 그곳에 가려고 시도하지 않기 때문이다. 그들은 확실하고 명백한 이익 가능성이 없는 곳으로는 가지 않을 것이 분명하다. 그런데 왕족 중 누구도 이것을 시도하지 않으므로 왕자(엔리케)께서는 자신의 배를 보내기로 작정했다. 이는 하느님을 위한, 또 그의 형이자 국왕이신 에두아르드를 위한 봉사의 열정에 따른 결과이기도 하다. 이것이 첫 번째 이유이다.

두 번째 이유는 그곳에 기독교도가 있든지 혹은 안전하게 항해해갈 수 있는 항구들이 있다면, 그곳에서 나는 상품들을 이곳에 가져와서 팔 수 있고, 또 이곳 상품을 그곳에 가져가서 팔아서 큰 이익을 낼 수 있기 때문이다.

세 번째 이유는 그곳의 무어인 세력이 생각보다 훨씬 강력한 반면 그들 중에 기독교도는 없기 때문에, 적의 힘이 과연 어느 정도인지 알고 싶어하기 때문이다.

네 번째 이유는 그가 무어인과 31년 동안 전쟁을 하면서 예수님의 사랑을 위해 전쟁에서 그를 도울 기독교 왕과 영주를 한 명도 발견하지 못했으므로, 그 너머의 땅에 기독교 군주들이 있는지 알고 싶어했기 때문이다.

다섯 번째 이유는 예수님에 대한 신앙을 널리 전하고 구할 수 있는 모든 영혼을 구하고 싶어했기 때문이다.

그러나 이상의 다섯 가지 이유를 넘어서 그 모든 것들의 뿌리가 되는 여섯 번째 이유가 있으니 그것은 우주의 수레바퀴의 성향이다. 그의 성위星位(즉 운세)는 백양궁白羊宮인데, 이는 화성의 집이고 태양의 광휘가 차는 곳이다. 화성이 보병궁寶甁宮(물병자리)에 들었는데 이는 토성의 집이요 희망의 수宿이므로, 이것이 뜻하는 바는 그가 드높고 힘센 정복에 힘써야 한다는 것이며, 특히 토성의 기운에 따라 다른 사람에게는 가려진 비밀의 사물들을 찾아야 한다는 것이다. 그리고 그가 태양과 함께 하는데 이 태양이 목성의 집에 있으므로 그의 항해와 정복이 잘 진행되어서 국왕의 큰 즐거움이 될 운세이다.

_아주라라, 『기니 발견과 정복 연대기』 중에서.

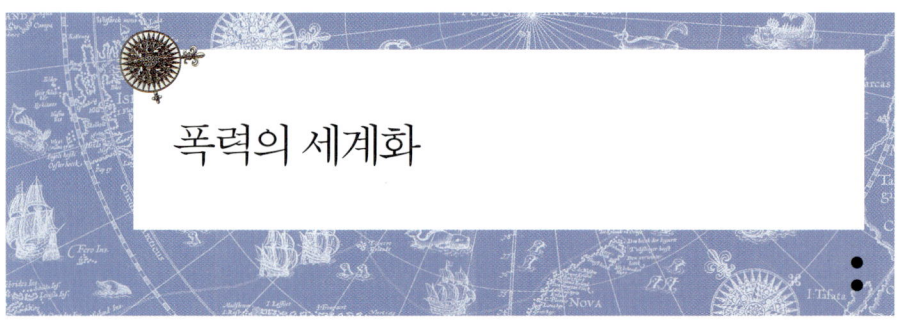

폭력의 세계화

유럽인들이 아시아대륙, 아프리카대륙, 아메리카대륙으로 항해해간 것은 세계사의 불균형의 첫 출발점이라 할 만하다. 장기적으로는 유럽의 힘이 전세계에 미치게 되는 과정이 여기에서 시작됐다고 할 수 있다. 그러나 출발점에서 보면 유럽이 중국이나 이슬람권과 같은 다른 문명권보다 더 부유하지는 않았다. 유럽은 힘이 넘쳐서가 아니라 자신들에게 부족한 것을 찾아서 해외로 나간 것이다. 세계는 유럽을 필요로 하지 않았지만 유럽은 세계를 필요로 했다. 다소 과장인지 모르겠으나, 프랑스 역사가 페르낭 브로델의 표현에 따르면 이때 유럽은 '프롤레타리아 대륙'이었던 것이다. 그렇다면 그들은 어떻게 해서 아시아를 비롯하여 세계 각 문명권 속으로 뚫고 들어갈 수 있었을까. 물론 여러 요소들이 작용했겠지만, 그중에서도 핵심적인 요소는 유럽인들의 가공할 폭력이었다.

　세계 여러 문명 간의 만남은 대개 평화적이기보다는 폭력적이기 십상이었으며, 따라서 이질적인 문명권 안으로 뚫고 들어가기 위해서는 무엇보다도 강한 무력이 필요했다. 그중에서도 유럽의 팽창은 특히 폭력성이 강했다. 예컨대 1498년에 처음으로 인도 항해에 성공한 바스코 다 가마는 오랜 항해 끝에 기진맥진한 상태에서 기를 펴지 못했으나 1502년에 두 번째로 다시 인도에 도착했을 때에는 상상하기 힘들 정도의 폭압적인 행태를 보였다. 20척에 불과했던 그의 선단은 우세한 화력을 이용해서 수는 7~8배 많으나 무장이 약했던 무슬림 선단을 깨뜨리고는 적 800명의 귀와 코, 손을 잘라서 이 지역 지배자에게 보내면서 카레라이스를 해먹으라고 말했다. 포르투갈의 초대 인도 총독 알메이다는 신원 보장을 받고 찾아온 사자도 태도가 의심스럽다는 이유로 눈을 도려냈고, 2대 총독인 알부케르크 역시 아라비아 해안 지역 사람들을 진압하기 위하여 여자들의 코를 자르고 남자들의 손목을 잘랐다. 처음 이국 항구에 들어간 포르투갈인들은 흔히 그곳 주민들을 붙잡아서 활대 끝에 매달아서 겁을 준 다음 교역을 강요하곤 했다.

　유럽인들이 해외에서 강력한 무력을 행사할 수 있었던 데에는 대포가 아주 중요한 역할을 했다. 윌리엄 맥닐 같은 연구자는 다른 지역보다도 먼저 유럽에서 선박과 대포가 성공적으로 결합한 것이 세계사의 흐름에서 결정적 요소 중의 하나라고 강조한 바 있다. 이를 가장 분명하게 정식화한 것이 미국의 전략가 앨프레드 머핸Alfred Mahan(1840~1914)이 이야기한 "바다를 지배하는 자가 세계를 지배

폭력의 세계화　87

한다"는 말이다.*

역설적인 것은 총포와 화약이 제일 먼저 개발된 곳은 중국이었으나 오히려 유럽에서 더욱 효과적으로 개발해서 아시아의 식민 정복에 쓰이게 됐다는 점이다. 중국에서는 총포와 화약이 일찍 개발됐지만 군사용으로 사용하지 않고 단지 불꽃놀이용으로만 사용했다는 이야기가 널리 인구에 회자되고 있으나 이는 신화에 불과하다. 여러 문헌자료와 실물 증거로 볼 때 중국에서 세계 최초로 총포를 개발했고 또 이를 실전에서 널리 사용했던 것은 분명한 사실이다. 화약에 대한 최초의 기록은 9세기 중엽에 나온 도교 문헌인『진원묘도요략眞元妙道要略』에서 찾을 수 있다. 또 총기의 실재를 확인할 수 있는 최초의 증거물은 12세기 전반으로 거슬러 올라간다. 쓰촨성四川省의 한 불교 동굴사원에 무기를 들고 있는 조각상들이 있는데 이 가운데 하나가 총을 들고 있는 모습을 하고 있다.

조각품이나 그림이 아니라 실물로 확인된 최초의 총기는 1970년에 만주에서 고고학자가 발굴한 청동 총기이다. 이 유적지는 화약과 총포가 사용된 것으로 알려진 1287~88년의 전투가 일어난 곳 근처에 위치해 있다. 이런 여러 정황으로 보건대 늦어도 1288년 이전에 중국에서 총포가 실전에 사용된 것은 분명하다. 이는 유럽 최초의 총포 관련 증거가 알려진 해보다 40년 앞선 시점이다.

특히 원대 말과 명대 초에 벌어진 여러 공성전에서 총포가 많이

---

* 프랑스의 프랑수아 미테랑 대통령은 "하늘을 지배하는 자가 세계를 지배한다"고 말한 적이 있다. 해양의 시대가 지나고 우주의 시대가 왔다는 의미였을까. 과연 앨프레드 머핸의 시대는 지나간 것일까. 그러나 아직도 물동량의 대부분을 선박이 책임지고 있고, 군사적으로 원양함대와 탄도 핵미사일을 탑재한 잠수함이 세계 군사 전략의 핵심적인 위치에 있는 한 당분간은 여전히 머핸의 격언이 맞는 것으로 생각된다.

사용됐다. 일례로 명 건국 과정에서 가장 중요한 전투 중 하나인 1363년의 포양호鄱陽湖 전투에서 주원장朱元璋(후일의 명 태조)은 군 지휘관에게 이런 명령을 내렸다. "적선에 접근하면 우선 총을 쏘고 다음에 활을 쏴라. 다음에 적선과 닿으면 적선에 뛰어들어 접전을 벌이도록 하라." 육상이 아니라 해상에서 총포를 사용하는 것 역시 중국이 앞서 있었다. 선상에서 총포를 사용한 최초의 기록은 쿠빌라이의 제2차 일본 원정에서 찾을 수 있다.

그렇다면 중국은 왜 총포를 포기했을까. 아마도 그 이유는 중국이 직면한 중요한 적들이 북쪽의 기마민족들이었기 때문일 것이다. 기동성이 뛰어난 기마민족과의 전투에서는 초기의 저급한 총포는 거의 아무런 효과를 얻을 수 없었으며, 창이나 칼, 활과 같은 기존의 무기가 오히려 더 효율적이었다. 유럽의 전쟁사에서도 확인되듯이 총포가 큰 성과를 거두는 것은 주로 공성전일 때이다. 계속 움직이는 병사들보다 목표물이 고정되어 있는 성채를 공격할 때 포의 위력이 발휘됐던 것이다. 중국에서도 총포가 많이 사용된 때는 북방 이민족과의 전투가 아니라 중국 안에서 공성전을 벌였을 때이다. 근대 초 서유럽에서 일어난 일이 다름 아닌 공성전이었으며, 이때 총포가 발달하여 이것이 해군에까지 확대됐다고 말할 수 있다.

그러므로 중요한 것은 누가 최초로 총포를 사용했느냐가 아니라 누가 그것을 더 유효하게 사용했느냐이다. 사실 중국 정부는 1550년대에 이르면 왜구를 막는 데에 총포가 효율적이지 않다고 단정하고 칼이나 창 같은 전통적인 무기로 방향을 바꾸었다. 장기적으로 중국이 서양의 무력 앞에 무릎을 꿇게 된 계기가 여기에서 비롯됐다고 할 수 있다. 이와 달리 유럽에서는 선상에서 대포를 사용하는

폭력의 세계화 89

선박 안에서 포를 쏠 때 사용하는 발사대

방식이 크게 발달했다. 유럽 해군이 터키 해군을 격파한 레판토 해전(1571)이나 영국 해군이 에스파냐의 무적함대를 격파한 해전(1588)에서는 함포가 승패를 결정지었다(무적함대Invincible Armada라고 불리던 에스파냐의 함대는 이때까지도 적의 배로 병사들이 뛰어들어가 백병전을 벌이는 지중해식 전투를 하다가 영국군의 포격에 큰 타격을 입고 패배했으니, 결코 '무적'이 아니었던 것이다).

사실 배에 포를 장착하는 것은 해결하기가 결코 쉽지 않은 난제였다. 갑판 위에 대포를 올려놓고 쏘면 되지 않느냐고 생각할지 모르지만, 그렇게 하면 배의 균형이 깨져서 자칫하면 전복될 위험이 있다. 이런 일을 방지하기 위해서는 대포를 흘수선吃水線(선체가 물에 잠기는 부분과 물 위에 뜨는 부분 사이의 경계선)에 두어야 한다. 그렇다면 선체 내부에서 포를 발사해야 하는데 이렇게 하려면 선체의 양면에 방수 처리를 한 포문을 내야 한다. 또 하나의 문제점은 선박 안에서 대포를 발사하면 포탄이 발사되는 것과 같은 크기의 엄청난 반동력이 일어나는데, 이 힘을 잘 처리하지 못할 경우 몇 번 포를 쏘면 배가 깨지게 된다는 점이다. 이 문제를 해결한 것이 바퀴를 이용하여 충격을 완화시키는 장치인 발사대truck carriage이다. 이런 일련의 발전 끝에 유럽 배와 다른 지역의 배 사이에는 무장 면에서 현격한 차이가 생겨났다.

강력한 대포로 무장한 채 세계의 바다를 휘젓고 다니는 유럽 선박은 '떠돌아다니는 폭력' 그 자체였다. 다른 지역의 배들은 유럽에서 들어온 이 가공할 무력 집단 앞에서 전전긍긍했다. 비교적 평화로운 '자유교역권'이었던 인도양에서는 배를 단단하게 지을 필요가 없어서 선체가 약했기 때문에 대포를 설치하기도 힘들고, 또 상대의 포 공격에 매우 취약했다. 그래서 유럽 선박들은 인도양에 들어온 후 조만간 무력의 우위를 차지할 수 있었다. 이 점은 포르투갈 선박이 인도양에 가서 처음 벌인 해전에서부터 뚜렷하게 드러났다. 1509년 디우Diu 전투에서 알부케르크가 지휘하는 포르투갈 선단은 이집트와 인도 구자라트 지방 연합 해군을 격파함으로써 인도항로를 확보했다. 이후 인도양의 배들은 포르투갈의 통제를 이리저리 피해다녀야 했다. 조선과 일본, 그리고 중국 해안 지역의 일부 세력들처럼 강력한 해군력을 보유한 지역이 없지 않지만, 전반적으로 유럽 해상 세력은 아메리카, 아프리카, 동남아시아의 여러 곳에서 제해권을 잡았다.

여기에서 한 가지 지적할 점은 유럽 세력은 강력한 해군력을 보유했을 뿐 광활한 내륙 지역을 장악할 만한 힘을 가지지는 못했다는 점이다. 따라서 그들이 할 수 있었던 것은 여러 거점들을 지배하고 그 다음에 그 거점들 간의 해로를 확실하게 지배하는 것이다. 이렇게 네트워크를 구축하고 이를 이용해 상업활동을 한 이 체제를 소위 '상업거점제국Trading-Post Empire'이라고 부른다. 포르투갈이나 네덜란드, 영국의 아시아 교역은 모두 기본적으로 이런 방식으로 시작됐다. 네덜란드 동인도회사의 임원이었던 뵈이제로C. Buysero는 1616년에 이렇게 이야기했다. "아시아에서 우리에게 안전을 보장해주는 것은 요새가 아니라 바다에서의 힘이다. 하느님이 보우하사

네덜란드 선박(가운데)을 공격하는 포르투갈 선박들.

그 점에서 우리는 언제나 지배자였다."

유럽인들은 한편으로 현지 상인들과 거래를 하지만 동시에 무력을 통한 약탈도 서슴지 않았다. 현재의 관점으로는 이상하게 보일지 모르지만 이 시대에 상업과 약탈은 구분이 없었다고 해도 과언이 아니다. 오늘날에는 비즈니스맨이 총을 꺼내들고 위협해서 다른 사업가의 돈을 뺏는 일은 상상하기 힘들다. 그러나 지난 시대에는 자체 무장을 갖춘 상선들이 항해 도중에 무장이 약해 보이는 다른 선박을 만나면 서슴없이 해적 행위를 함으로써 적지 않은 수익을 올렸다. 그러나 시간이 지나면서 노골적인 약탈 대신 조금 더 세련되고 체계적인 방식이 발전해나갔다. 포르투갈 상인들의 소위 카르타스Cartaz(통행증)제도가 그것이다. 그들은 해상 항로의 길목을 지키고 있다가 현지 상인들에게 돈을 받고 특정 항로를 안전하게 항해할 수 있는 통행증을 발행했다.

포르투갈 상인들이라고 해서 모두 약탈만 한다는 의미는 아니지만 그들의 활동에는 무력과 상업 활동이 반반 섞여 있다고 말해도 좋을 것이다. 약탈까지는 아니라고 해도 거래를 하다가 조건이 맞지 않으면 무력으로 위협을 해서 자신들에게 유리한 조건을 밀어붙이는 것 역시 따지고 보면 같은 성격의 일이다. 말하자면 칼을 손에 쥐고 장사를 하는 격이다. 이를 두고 여러 학자들은 전산업화 시대에 유럽인들이 전세계에 수출한 것은 다름 아닌 폭력이었다고 주장한다.

세계의 다른 지역 사람들이라고 모두 평화적인 활동만 한 것은 아니지만, 유럽인들이 대포의 힘을 앞세워 팽창해나가면서 이전보다 더 강력하고 더 체계적인 폭력이 벌어졌고, 그 폭력의 범위가 세계적인 차원으로 확산됐다. 근대의 세계화는 '폭력의 세계화'였다.

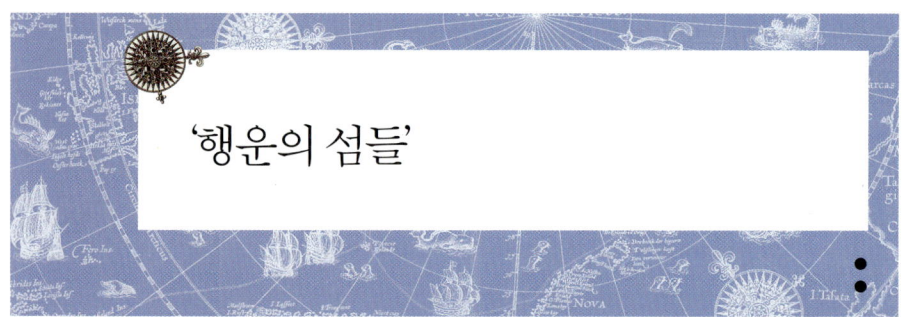

'행운의 섬들'

유럽에서 해외로 나가는 대서양 항로상에는 아조레스, 카나리아, 마데이라 등의 제도諸島가 있다. 이 섬들은 고대 로마 시대에는 잘 알려져 있었지만, 중세에 들어오면 해상 연결이 끊어졌고, 다만 전설 속에 희미하게 등장할 뿐이었다. 사람들은 서쪽 먼 바다 끝에 영원한 행복의 섬이 있는데 이곳에는 생전에 정의로운 일을 한 고결한 사람들이 죽은 다음에 가게 된다고 믿었다. 이것을 '행운의 섬Fortunate Isles, Isles of the Blessed'이라 불렀는데, 아마도 이는 대서양에 있는 섬들 중 하나로 추측된다. 유럽인 항해사들이 이 섬들을 재발견한 것은 14세기에 들어와서의 일이다. 곧 유럽인들이 몰려와서 15세기까지는 이 섬들의 정복이 완료됐다. 현지 주민들은 노예로 끌려가거나 절멸됐고, 자연 환경은 피폐해졌다.

중세 전설의 섬인 '행운의 섬'을 묘사한 그림.

이중 특히 주목해볼 만한 곳이 카나리아제도이다.

테네리페, 그란 카나리아를 비롯한 일곱 개 섬으로 구성된 카나리아제도는 대서양의 다른 제도에 비해 상대적으로 면적이 넓고 생물학적으로도 가장 복잡한 체계를 이루고 있다. 그리고 무엇보다도 이곳에만 유럽인 도착 이전에 사람들이 살고 있었다. 이곳 주민을 관체족the Guanches이라고 부른다.

관체족은 북아프리카의 베르베르인과 인종적으로 가까운 사람들로 보이는데, 기원전 500년경에 북아프리카에서 이곳으로 항해해 온 것 같다. 문제는 이들이 도착 후에 항해 기술을 잊어먹어서 거의 완전한 고립 상태에서 살게 됐다는 점이다. 처음 관체족이 카나리아제도에 도착했을 때 가지고 왔던 개, 돼지, 양, 염소 같은 가축과 보리, 밀, 콩, 완두 같은 곡식을 중심으로 이 사람들의 생활이 구성

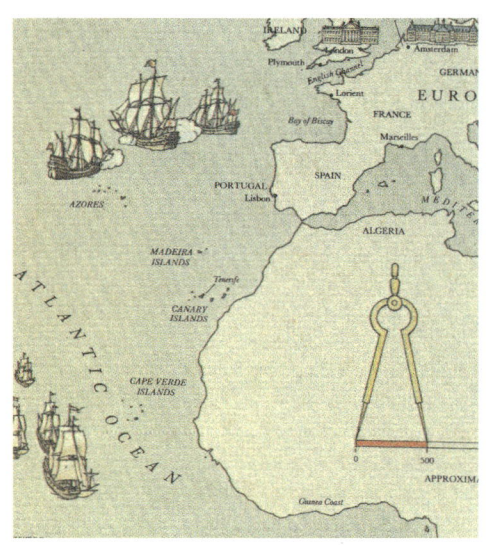
대서양에 위치한 카나리아제도.

됐다. 이들의 문화는 말하자면 거의 신석기 시대 수준에서 크게 진척되지 못하고 고착된 것으로 보인다. 이들의 큰 약점 중 하나는 금속 제련술을 모른다는 것이다. 어쩌면 그들이 처음 섬에 왔을 때에는 금속을 다루는 기술을 가지고 있었을지 모르나, 이 섬에는 금속 광상鑛床이 전혀 없기 때문에 결국 그 기술을 잊어버릴 수밖에 없었을 것이다. 유럽인들에 맞서 싸울 때 금속 무기가 없다는 것은 분명 치명적인 약점이었다.

유럽인들은 1402년부터 본격적으로 이 지역의 식민화를 시도했다. 프랑스인, 포르투갈인, 에스파냐인들 원정대가 연이어 도착해서 섬 주민들을 공격했고, 때로는 이 과정에서 유럽인들 간에 치열한 경쟁이 벌어졌다. 최종적으로 이 섬을 정복한 것은 1478년의 에스파냐 원정대였다. 이들은 말과 대포를 동원하여 주민들을 공격해서 저지대를 점령했고, 현지 주민들은 모두 고지대로 쫓겨났다. 이런 상태에서 5년 동안이나 전쟁이 계속됐다. 1483년에 마지막까지 저항하던 사람들이 항복함으로써 카나리아제도는 유럽인들의 지배 아래에 들어갔다.

왜 관체족이 졌을까.

그들은 분명 용맹한 전사들이었고 전투 기술도 상당히 뛰어났다.

관체족의 정복 장면.

당대 유럽인들의 기록에 의하면 관체족 사람들은 손가락을 이용해서 소리를 내는데 이것이 거의 언어 수준이라 할 정도로 정교하게 발달해 있으며(!), 이를 이용해서 사람들을 금세 소집한다고 한다. 그리고 아주 뛰어난 돌팔매질과 궁술로 유럽인 병사들을 괴롭혔다. 유럽인들이 아무리 우수한 무기를 가지고 싸운다 해도 이런 식으로 게릴라전을 펼치는 상대를 쉽게 눌러 이길 수는 없는 일이다.

그러나 관체족은 우선 그들 간에 단합이 안 되어 있는 것이 큰 약점이었다. 배가 없으므로 일곱 개 섬들이 서로 연결되어 있지 않았다. 고립되어 살았기 때문에 아마 섬들마다 언어도 다르게 변화해 간 듯하다. 게다가 한 섬 안에 있는 사람들 사이에도 협동하여 저항하지 못했다. 유럽인들에게 사면의 바다를 제압당해 있고, 금속 무기와 총포가 없으므로 어떻게 보면 유럽 세력에게 정복당하는 것은 시간 문제였을 수 있다. 그리고 말을 처음 보았던 이 사람들은 말

'행운의 섬들' 97

탄 기병을 보고 혼비백산했다. 말의 엄청난 군사적 위력은 나중에 아메리카대륙에서 인디언들과 맞부딪쳤을 때에도 재현된다.

관체족은 정신적으로도 이미 유럽 문화에 침식당하고 있었다. 이를 보여주는 작은 사례가 있다. 칸델라리아라는 마을에 1400년경부터 성모 그림 한 장이 보관되어 있었는데, 이는 아마도 이전에 이곳을 찾은 선원이 전해준 그림일 가능성이 크다. 그런데 이 그림이 기적을 행한다는 소문이 돌아서 사람들은 이 그림이 정확히 무엇을 나타내는지도 모르는 채 큰 존경심을 품게 됐다. 그러다가 얼마 후 에스파냐에 사로잡혀갔던 안톤이라는 인물이 돌아왔다. 그는 노예로 에스파냐에 끌려갔다가 그곳 언어를 배우고 기독교로 개종한 인물이었다. 에스파냐 쪽에서는 카나리아제도에 복음을 전하겠다는 의도로 그를 고향으로 돌려보낸 것이다. 사람들이 그에게 성모 그림을 보여주며 이것이 무슨 의미냐고 묻자 안톤은 감격하여 무릎을 꿇고 기도한 후 이 그림은 관체의 하늘과 태양신인 과야케락스와 아카만의 어머니라고 설명해주었다. 작은 에피소드이지만, 관체족은 유럽인과 전쟁을 하기 전부터 이미 강력한 유럽 문화의 공격 앞에 서서히 힘을 잃어가고 있었던 것이다.

또 한 가지 고려할 점은 유럽인들이 자신도 모르게 들여온 병균이었다. 전혀 저항력을 갖추지 못한 유럽의 낯선 병원균 앞에서 많은 사람들은 속수무책이었다. 병원균과 그에 대한 면역체계가 서로 다르게 진화한 사람들이 갑자기 만났을 때 급격한 병세의 전염병이 돌아서 사람들이 몰살당하는 일은 역사상 자주 있는 일이다. 관체족 사람들이 걸렸던 병은 모도라modora라는 모호한 이름으로 불렸는데, 의학사가들은 이 병이 아마도 티푸스가 아닐까 추정하고 있다. 저지

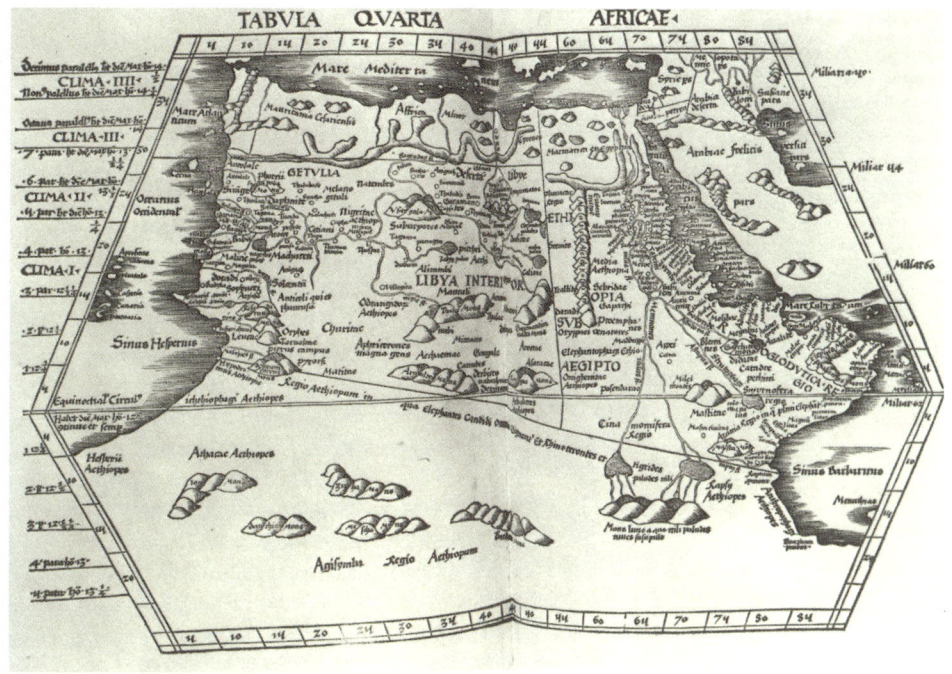

아프리카 지도.

대에서 진을 치고 있던 에스파냐 병사들은 고지대의 관체족 주민들에게 무슨 일이 일어났는지 모르다가 뒤늦게 전염병이 돌았다는 것을 알고 산으로 올라가보았다. 그곳에는 수많은 시체들이 널려 있어서 개들이 뜯어먹고 있었다. 자신들과 맞서 싸우는 상대방이 갑자기 병으로 쓰러져 죽는 것을 본 유럽인들은 흔히 이것을 하느님의 섭리로 돌리곤 했다. "신이 그들에게 역병을 보내어 며칠 만에 주민의 4분의 3을 몰살했다." 만일 전염병이 퍼지지 않았더라면 전쟁이 훨씬 더 장기간 지속됐을 것이다.

살아남은 사람들은 모두 노예로 끌려갔다. 저항하는 사람이 사라진 이 지역에서는 곧 '유럽화'가 진행됐다. 토끼, 낙타, 나귀 같은 가축들이 들어왔다가 일부는 야생 상태로 돌아갔다. 카나리아제도

'행운의 섬들' 99

만이 아니라 아조레스와 마데이라 역시 마찬가지이지만, 이 섬들이 유럽과 다른 대륙을 잇는 항로상의 중간 기착지였으므로 보급품을 준비하는 기지로 발전했고, 최종적으로는 유럽에서 수요가 늘어나고 있던 설탕 생산지로 변했다.

군사 공격, 전염병의 확산, 주민의 노예화 혹은 전멸, 자원 약탈, 유럽의 가축과 작물 도입, 특히 사탕수수 재배의 확산, 이런 것들은 조만간 유럽인들이 해외 지역에 가서 반복하여 행하게 될 일들이다. 대서양의 섬들은 말하자면 유럽 식민주의의 데뷔 무대이자 실험실 역할을 했다. 관체족은 그와 같은 유럽의 팽창 과정에서 전멸당한 첫 번째 사례이다. 카나리아 정복에 대한 거의 유일한 기록자인 알론소 데 에스피노사는 이런 평가를 내렸다.

> 신적인 권리에서든 인간적인 권리에서든 에스파냐인이 이 섬의 주민을 상대로 일으킨 전쟁은 지구 서쪽 지역에서 인디언들에게 일으킨 전쟁만큼이나 정의롭지 못한 것이며, 이를 옹호할 어떤 명분도 없다. 이곳 주민들은 기독교도의 땅을 빼앗은 것도 아니고 자신들의 국경을 넘어 이웃을 괴롭히거나 침략하지도 않았다. 에스파냐인들은 복음을 가져왔다고 주장하지만 그것은 마땅히 군대의 북과 깃발이 아니라 권고와 설교에 의한 전도여야 한다.

그나마 이렇게 양심적인 비판의 소리를 내는 사람이 없지 않았다는 점이 오히려 기특할 뿐이다.

결국 전설 속의 '행운의 섬'은 형언할 수 없는 고통을 당한 '불운의 섬'이 되고 말았다.

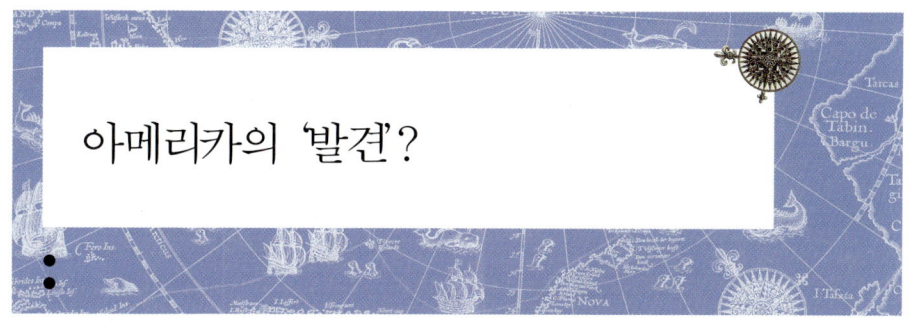

아메리카의 '발견'?

1492년 10월 12일 콜럼버스 일행이 바하마제도의 한 섬에 도착했다. 현지 주민들이 과나하니라 부르던 이곳을 콜럼버스는 산살바도르San Salvador('구세주'의 뜻)라 명명했다. 이렇게 해서 아메리카가 '발견'됐다. 그런데 이미 1만 년 전부터 사람들이 잘 살고 있던 곳에 어느 날 외지인들이 찾아와서 생뚱맞은 이름들을 붙이고 '새로운 대륙을 발견'했다고 말하는 것이 과연 옳은 일일까. 하여튼 이날 이후로 세계 역사의 흐름이 바뀐 것은 분명하다. 그렇다면 그것은 어떤 방향의 변화이며 어떤 의미를 띨까.

유럽의 해외 팽창의 선두 국가로는 에스파냐와 포르투갈을 들 수 있으나, 양국의 팽창 과정은 성격이 다소 달랐다. 포르투갈이 상대적으로 더 '상업'지향적인 반면 에스파냐는 '정복'에 더 큰 무게가

콜럼버스의 초상화. 콜럼버스의 초상화는 수십 종이 있으나 실제 모습을 담은 초상화는 없으며, 따라서 모두 후대에 상상한 모습을 그린 것이다.

실렸다. 사실 포르투갈이 진출해들어간 아시아에서는 중국의 명제국, 인도의 무굴제국, 페르시아와 일본, 그리고 조선 등 강한 정치·군사 세력들이 탄탄하게 자리 잡고 있어서 소수의 모험가 수준으로 정복을 시도할 여건이 못 됐다.

반면 아메리카대륙의 소위 인디언들은 상대적으로 약한 정치체를 이루고 있어서 정복하기가 훨씬 용이했다. 에스파냐인들의 성향이 상대적으로 더 군사적·폭력적이었을 가능성도 있다. 이베리아반도는 8세기에 아프리카 북부에서 건너온 이슬람 세력의 지배 아래에 들어갔다가 그 이후 기독교 세력이 이슬람 세력을 차차 몰아내면서 영토를 회복하는 소위 레콩키스타 운동의 무대였다. 이 과정에서 여러 정치체들이 형성됐는데, 포르투갈은 일찍이 영토를 회복하고 먼저 국가 건설을 완수했으나, 나머지 지역에서는 이슬람권과의 전쟁이 더 오랫동안 지속됐고 따라서 폭력적인 성격도 더 강화됐다.

1492년이라는 해는 한편으로 콜럼버스의 항해의 해이지만 동시에 이베리아반도에서 이슬람 세력의 최후 거점인 그라나다가 정복됨으로써 레콩키스타가 완수된 해이며, 또 이렇게 형성된 기독교 왕국에서 유대인을 축출함으로써 종교적 배타주의가 강화된 해이기도 하다. 가톨릭 종교성이 국가 정체성의 핵심 요소 중 하나였던 에스파냐로서는 국가의 기틀을 확고히 하는 방편으로서 기독교를 철저히 수호한다는 각종 종교정책들을 시행했다. 이단을 잡아서 처형한다는 종교재판소가 강력한 힘을 발휘하고 기독교도로 위장한 이슬람교도나 유대인들을 색출하여 추방 혹은 처형하곤 했다.*

이처럼 에스파냐인들에게 이방인 혹은 이교도와의 접촉은 대부분 불구대천의 원수들과 전쟁을 벌이는 식의 경험이었다. 이런 과정에서

에스파냐의 팔로스항에서 출항하는 콜럼버스.

힘을 얻은 중·하급 전사 귀족들이 해외 식민사업에서 중요한 역할을 했다. 역사학자 데이비드 랜디즈의 표현을 따르면, "말과 칼, 살인의 스릴과 약탈의 즐거움을 맛본 이 '귀족 훌리건'들은 무장해제가 쉽지 않은 형편이고 중앙 정부가 쉽게 통제할 수도 없는" 곤란한 인간들이었다. 이 문제를 해결하는 한 방법은 차라리 이들을 국

---

* 기독교도로 위장한 가짜 유대인들을 마라노marrano라고 불렀는데 그 어원은 '돼지'라고 한다. 유대인들이 돼지고기를 먹지 않는 데에서 유래한 것 같다. 이베리아반도에 거주하는 유대인들은 세파르디Sephardi라고 하는데, 강력한 군주국으로 확립된 1492년에 에스파냐는 이들을 추방하는 명령을 내렸다. 이들은 외국으로 나갈 수는 있지만 단 재산을 가지고 나갈 수 없게 만들었기 때문에 부가적으로 국왕의 수입이 늘어나는 효과도 있었다. 이를 두고 "콜럼버스는 아메리카를 발견하고 에스파냐 국왕은 유대인을 발견했다"고 표현하기도 한다. 세파르디 유대인들은 네덜란드로 많이 이주해갔다.

아메리카의 '발견'?

외로 내보내는 것이었다. 이들은 아메리카에서 현지인들을 정복하고 약탈을 통해 부를 얻었다. 이를 위해 그들은 일단의 병사들을 데리고 갔는데 이 병사들을 콘키스타도르conquistador(정복자)라 한다. 이들은 대개 에스트레마두라Extre-madura라는 척박하고 황량한 내륙 지역 출신이었다. 이 사람들은 무력을 통해 부를 얻기 위해 세계 어느 곳이라도 갈 준비가 되어 있었다. 아메리카에 도착해서 이방인을 만났을 때 에스파냐인들이 대뜸 칼부림부터 시작한 데에는 이런 요인들이 배경에 놓여 있다.

에스파냐와 포르투갈을 주로 언급했지만 어쩌면 근대 초에 유럽인들은 전반적으로 타자를 만나는 데에 지장을 가진 상태라고 할 수도 있다. 당시 사람들은 터키인들을 피에 굶주린 뱀파이어처럼 보았고, 유대인들은 어린아이를 잡아먹는다고 생각했으며, 사회 안에 마녀가 숨어 있어서 사악한 마술로 사람들에게 해를 끼친다고 믿었다. 또 종교개혁과 그에 대한 대응으로 가톨릭 종교개혁이 일어나서 양쪽 간에 갈등이 극에 이른 시기이기도 했다. 격렬한 감정상의 혼란과 고뇌에 휩싸인 채로 외지에 나간 유럽인들이 극히 공격적인 태도를 보인 것은 능히 짐작할 수 있는 일이다.

아메리카대륙에서 에스파냐인들이 벌인 사업은 초기부터 탐험, 정복, 상업이 혼재된 양상을 보였으며, 대단히 폭력적이었다. 그들이 처음 도착한 카리브해의 섬들에서부터 무식하고 절제력 없는 선원들은 주저하지 않고 살인과 약탈을 자행했다. 이 당시의 사정이 얼마나 참혹한지는 이를 직접 경험하고 기록을 남긴 라스카사스 신부의 증언에서 알 수 있다. 예컨대 그는 이스파뇰라섬에서 있었던 일들을 이렇게 적고 있다.

기독교도들은 마을을 공격하면서 어린이, 노인, 임산부, 혹은 출산 중인 여인까지 한 명도 살려두지 않았다. 그들은 칼로 찌르거나 팔다리를 자르는 정도에 그치지 않고 마치 도살장에서 양을 잡는 것처럼 갈가리 찢었다. 그들은 한칼에 사람을 벨 수 있는가, 머리를 단번에 잘라낼 수 있는가, 혹은 칼이나 창을 한번 휘둘러서 내장을 쏟아낼 수 있는가에 대해 서로 내기를 걸었다. 어머니의 품안에 있는 아이를 낚아채서 바위에 집어던져 머리를 부딪히게 하든가 강물에 집어던지고는 웃음을 터뜨리며 이렇게 말했다. "악마의 자식들아, 그곳에서 펄펄 끓어라." ……그들은 키가 낮은 교수대를 만들어서 발이 겨우 땅에 닿을까 말까 할 정도의 높이로 사람을 매달아놓았다. 구세주 예수와 12제자를 기념한다면서 13명을 이렇게 매단 다음 불타는 장작을 발치에 두어서 산 채로 태웠다.

쿠바에서는 에스파냐인들에 대한 두려움 때문에 추장 하투에이가 계속 도망다니다가 붙잡혔다. 그리고 단지 그렇게 도망갔다는 이유로 사형에 처해졌다. 말뚝에 묶인 추장에게 프란체스코파 수사가 와서 기독교 교리에 대해 마지막으로 강론을 폈다.

추장은 만일 기독교 신앙을 갖지 않고 죽으면 지옥에 가서 영원한 고통을 당하게 된다는 말을 들었다. 그는 기독교도들은 모두 천국으로 가느냐고 물었다. 그렇다고 답하자 추장은 그렇다면 자기는 차라리 지옥으로 가겠다고 말했다.

이런 식으로 희생당한 사람의 수가 1,500만 명에 가깝다고 주장

흑색 전설. 라스카사스의 책에 나오는 삽화이다.

하는 라스카사스의 기록이 사실일까. 이에 대해서 후대 역사학자들 간에 열띤 논쟁이 벌어졌다. 아무래도 이것이 사실일 리는 없을 것이며, 라스카사스의 수치는 극도로 과장됐으리라는 주장이 제기됐고 심지어 그가 정신병자라는 말도 나왔다. 이런 점을 감안하여 프랑수아-마리 볼테르는 이 주장이 과장됐겠지만, 설사 10배로 과장했다고 하더라도 10분의 1로 이미 충분히 공포스럽다고 말했다. 이처럼 아메리카 주민들의 엄청난 희생을 주장하는 견해를 '흑색 전설Black Legend'이라고 부르는데, 현재는 라스카사스의 주장이 결코 과장이 아니라는 것이 정설이다. 유럽인들의 가혹한 학대와 중노동, 그리고 여기에 더해서 유럽인들이 들여온 질병의 악영향으로 아메리카대륙의 인구는 문자 그대로 괴멸됐다.

콜럼버스의 아메리카 '발견'은 어떤 의미일까.

유럽인으로 보면 신천지가 안전眼前에 전개되는 새로운 약동의 역사의 시작이겠으나, 원래 그곳에 살던 땅주인의 관점에서는 최악의 비극의 시작일 터이다. 어느 쪽에 중점을 둘 것인가. 많은 미국인들은 10월 12일을 '콜럼버스의 날'로 기념하지만, 이에 따르지 않고 '원주민의 날'과 같은 다른 의미의 기념일로 삼는 곳들도 있다는 점을 유념해두자.

콜럼버스의 날

이스파뇰라섬에 도착하는 콜럼버스.

콜럼버스가 아메리카대륙에 첫발을 디딘 10월 12일은 미국 대부분의 지역에서 '콜럼버스의 날Columbus Day'로 기념한다. 콜럼버스의 도래 300주년이었던 1792년에 뉴욕에서 처음 콜럼버스의 날을 기념하기로 결정했고, 400주년인 1892년에 당시 미국 대통령인 벤저민 해리슨이 미국민 전체에게 이날을 기념하자고 호소했다. 그러나 아메리카의 다른 나라들은 이와는 다른 이름으로, 곧 다른 의미의 날로 기념한다. 멕시코에서는 10월 12일이 '인종의 날Día de la Raza'로 불리는데 이는 에스파냐, 인디언, 아프리카 흑인들의 피가 합쳐져 하나의 인종이 됐다는 의미이다. 아르헨티나, 베네수엘라, 칠레 역시 마찬가지이다. 2002년에는 볼리비아가 10월 12일을 '원주민 저항의 날Día de la Resistencia Indígena'로 개명했다. 미국에서도 버클리처럼 진보적 성격이 강한 시에서는 콜럼버스의 날 대신에 '원주민의 날Indigenous People's Day'로 개명하여 기념식을 가진다. 우루과이의 인디언들은 하루 전인 10월 11일을 '마지막 자유의 날'로 기념한다.

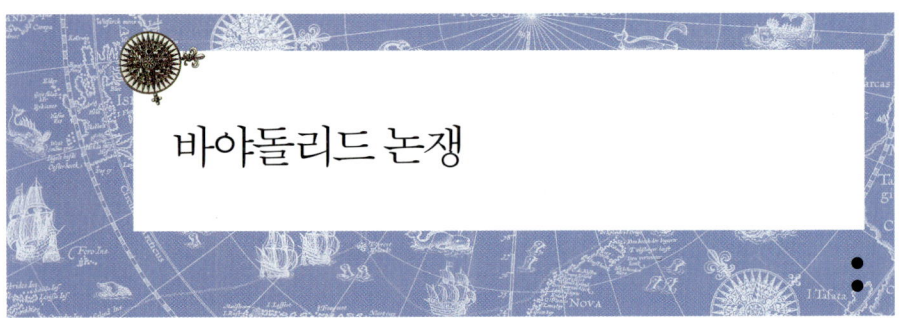

바야돌리드 논쟁

나는 황야에서 홀로 외치는 목소리입니다. 이 무고한 사람들에게 잔혹 행위를 저지른 당신들은 모두 하느님께 죄를 지은 겁니다. 이 사람들은 인간이 아닙니까. 그들 역시 이성적인 영혼을 가지지 않았습니까. 당신들은 도대체 무슨 권리로 이 사람들을 가혹한 노예 상태에 묶어두는 것입니까. 자기 땅에서 평화롭게 살아가던 이 사람들에게 무슨 권리로 전쟁을 벌인 것입니까.

1511년, 안토니오 데 몬테시노라는 도미니칸 신부는 에스파뇰라 섬의 지사와 관리들 앞에서 잔혹한 살상 행위를 일삼던 에스파냐인들을 비판하는 강론을 폈다. 바로 이 강론을 듣던 사람 중에 바르톨로메 데 라스카사스Bartolome de las Casas도 끼어 있었다. 그 자신이 원래 인디언을 고용해서 금을 찾는 일을 하던 라스카사스는 이날의 강론을 듣고 크게 깨우쳐서 남은 생애를 바쳐 인디언들의 해방을 위해 전력을 다했으며, 그리하여 후일 '인디언의 보호자'라고 불리게 됐다.

라스카사스는 신대륙에서 벌어지고 있던 가혹한 착취체제에 대해 끊임없이 비판하고 고발했다. 급기야 에스파냐 본국에서도 이러한 비판에 대해 무심하게 있을 수만은 없게 됐으며, 과연 그들이 신대륙 사람들을 무력으로 지배하는 것이 정당한지에 대해 논쟁이 벌어졌다. 이 논쟁의 정점은 1550~51년에 있었던 소위 바야돌리드 논쟁이다.

'인디언의 보호자'라고 불린 라스카사스.

에스파냐 국왕이면서 동시에 신성로마제국 황제의 타이틀을 보유한 카를로스는 바야돌리드에 훈타junta('심판단'의 의미)를 소집하고 식민지 지배의 정당성 여부에 대해 상반된 견해를 가진 두 사람을 불러서 의견을 청취했다. 에스파냐의 무력 지배를 옹호한 쪽의 대표는 후안 히네스 데 세풀베다Juan Gines de Sepulveda라는 학자였고, 이를 비판하는 쪽의 대표는 아메리카에서 귀국하여 에스파냐 국내에서 인디언 옹호 활동을 벌이고 있던 라스카사스였다. 논쟁이라고 하지만 두 사람이 직접 얼굴을 마주보고 토론한 것은 아니고 한 사람씩 차례로 훈타 앞에 나와서 자기의 견해를 개진하는 식이었다.

먼저 세풀베다가 나와서 세 시간에 걸쳐 자신의 주장을 펼쳤다. 그는 크게 네 가지 주장을 통해 인디언들에 대한 전쟁이 '정의로운

라스카사스가 쓴 『서인도 지역 파괴의 역사』.

전쟁just war'이라고 주장했다. 첫째, 인디언들은 우상숭배라는 중죄를 저질렀고, 둘째, 그들은 "천성적으로 조야하고 열등한 존재"라는 아리스토텔레스의 노예 개념에 들어맞는 '타고난 노예'이며, 셋째, 군사적 정복은 인디언들에게 기독교를 전도하는 가장 유효한 방식이고, 넷째, 그들을 정복함으로써 그들 중의 약자를 강자로부터 보호할 수 있다는 것이다. 이 주장에 대해 라스카사스는 무려 5일 동안에 걸쳐 자신의 주장을 펼치며 반박했다. 아메리카 인디언들은 이성을 가진 존재이므로 아리스토텔레스가 말하는 '야만인' 혹은 '타고난 노예' 개념이 적용될 수 없으며, 따라서 무력을 사용하지 않고 개종을 시도해야 한다는 것이 그의 주장의 요체였다.

오늘날 교과서적으로는 대체로 이렇게 양쪽의 주장을 요약한 다음, 세풀베다는 인종주의적 편견을 벗어나지 못한 구시대적 학자이고 라스카사스는 양심적이고 진보적인 인사로 정리한다. 그런 해석이 전혀 부당하다고 할 수는 없지만, 실상은 이보다는 훨씬 복잡하다.

우선 이 논쟁은 중세 신학과 법학이 동원된 복잡한 내용이라 그에 대한 전문적인 지식이 없으면 이해하기가 결코 쉽지 않다. 이 논쟁에서 중요한 논점은 아메리카 주민들이 '도미니움 레룸dominium rerum'을 가지고 있는가의 문제이다. 이 용어는 '소유권'이라고 번역하지만, 단순히 재산에 대한 권리만 뜻하는 게 아니라 더 넓게 자신의 '몸', '행위', '사물' 세 가지에 대한 소유권을 뜻한다. 에스파냐인들이 아메리카 주민들을 지배하는 게 정당하려면 그들이 도미니움 레룸을 가지지 못했다는 점을 밝혀야 한다. 예컨대 그들이 '천치'이거나 '죄인'이어서 자기 몸과 자신의 활동, 사물에 대해서 아무런 권리가 없다는 뜻이니, 쉽게 말하면 정상적인 인간이라고 할 수 없는 존재여야 한다. 그렇지 않다면 갑자기 들이닥친 이방인들이 현지 주민들을 무력으로 지배하는 것은 불법이고 정당하지 못한 행위가 되고 만다. 그러나 에스파냐인들 자신이 직접 확인한 바이지만 이곳 주민들은 오랫동안 도시와 국가를 유지해왔고, 결코 야만적이라고 할 수 없는 문화를 가지고 있었다. 이런 상황에서 에스파냐인들은 그들이 식인종이라거나 혹은 그들이 먼저 무력 도발을 했다는 식의 억지 논리를 들이댔다.

바야돌리드 논쟁은 이런 문제를 놓고 신학자들과 철학자들, 법학자들 간에 수십 년 간 지속됐던 논쟁의 최종 라운드쯤에 해당한다. 논쟁 후 양쪽 모두 자신들이 승리했다고 주장했고 논쟁을 주최했던 정부 당국도 공식적으로 어느 한편의 손을 들어주지는 않았다. 그러나 이때쯤이면 아메리카 원주민들은 인간 이하의 존재이므로 에스파냐의 지배·정복은 정당하다는 세풀베다 식의 무리한 주장은 거의 무너지게 됐다. 그런데 만일 그렇게 결론이 나면 에스파냐인들이 모두 아메리카에서 철수해야 마땅치 않은가. 이는 에스파냐 쪽으로서는 받아들이기 힘든 일이다. 이 딜레마에서 구해준 것은 역설적이게도 라스카사스의 논리였다. 인디언들을 강제로 지배할 것이 아니라 최선을 다해 도와주고 기독교 전도를 함으로써 그들이

에스파냐인들이 아메리카에서 행한 잔혹 행위들.

'자발적으로(!)' 에스파냐 국왕의 신하가 되고 더 나아가서 그것을 영광으로 여기도록 만들어야 한다는 것이다. 결과적으로는 라스카사스가 인디언의 보호자이기는커녕 오히려 식민 지배를 정당한 것이 되도록 합리화해주었다고도 할 수 있다.

실상 라스카사스의 가장 큰 모순은 인디언을 보호하기 위해서 흑인 노예를 도입해야 한다고 주장한 것이다. 그의 생각에 인디언은 분명 인간이지만 흑인 노예는 아예 인간으로 보이지 않았던 것 같다. 다만 그는 나중에 이 주장의 모순을 깨닫고 흑인 노예 도입 주장을 철회했다고 하는데, 이는 그가 말로 했던 내용을 누군가가 전달한 것일 뿐 직접 글로 남긴 바는 없다.

이 논쟁을 보다보면 이런 생각이 들 수 있다. 식민 지배를 하면서 왜 구태여 그런 정당화가 필요했을까. 그냥 힘이 강한 자가 지배하는 것이 자연스러운 일이라고 하면 그만 아닐까.

그렇지는 않다. 무슨 일을 하든지 다른 이들이 보기에 올바른 일이어야 할 뿐 아니라, 우선 자기 스스로 정의로운 일을 하고 있다는 확신을 가져야 한다. 개인적 차원의 문제가 아니라 제국 차원에서는 더욱 그러하다. 당시 합스부르크 가문은 에스파냐의 국왕일 뿐 아니라 신성로마제국 황제의 자격으로 독일과 오스트리아를 비롯해서 동부 유럽의 광대한 지역, 오늘날의 네덜란드와 벨기에 지역, 이탈리아의 일부 지역을 지배하고 있어서, 프랑스와 영국, 스칸디나비아 국가들을 빼고 거의 유럽의 절반을 소유하고 있었다고 해도 과언이 아니다. 합스부르크 황실의 꿈은 남은 국가들을 모두 눌러 이김으로써 유럽 전역을 통일하여 고대 로마와 같은 제국을 재건하는 것이었다. 더 나아가서 동쪽에서 팽창해오는 터키의 공격에 대항해서 기독교권을 수호하는 한편, 신대륙의 기독교화를 필두로 전 세계를 점차 기독교권으로 만들어서 기독교 세계 제국을 건설하겠다는 야심을 지니고 있었다. 하느님의 뜻을 세계 만방에 펴는 이 거룩한 일은 무력으로 밀어붙여서 될 일이 아니며, 종교적으로나 법률적으로나 정의로운 일이어야 한다. 이럴진대 신대륙 지배가 하느님의 섭리에 따르는 일이라는 정당성의 확보는 결코 부차적인 사안이 아니었다.

라스카사스 신부는 개인적으로 고결하고 용기 있는 사람이었지만, 큰 틀에서 보면 합스부르크제국의 팽창 이데올로기에 자신도 모르게 일조한 것이다.

정복자들의 광기 : 발보아의 사례

유럽인 가운데 태평양을 처음으로 본 것으로 알려진 사람은 바스코 눈네스 데 발보아이다. 그는 파나마 지협과 남아메리카 본토가 만나는 지역에 와서 현지 인디언들의 환심을 사기 위해 추장 코마코Comaco가 하는 전쟁을 도와주었다. 이에 대한 답례로 추장이 금을 주었는데, 이것을 놓고 에스파냐인들끼리 싸움이 벌어졌다. 이를 본 코마코의 아들이 금을 땅바닥에 던지면서 유럽인들의 탐욕을 나무라며 이렇게 말했다. "기독교를 믿는다는 당신들이 그렇게 적은 양의 금을 놓고 싸우다니 어찌된 일이오. 만일 당신네들이 그렇게도 금을 갖고 싶다면 당신네들에게 금이 많이 나는 지역을 가르쳐주겠소. 이 산맥을 넘어가면 바다가 보일 것이오. 그곳 남자들은 우리처럼 나체로 지내지만 그들은 큰 배에 돛을 달고 금광석을 싣고 바다를 항해하오." 이 말에 귀가 솔깃해진 발보아 일행이 곧 탐험에 나섰다. 1513년, 그들은 온갖 고생 끝에 산맥을 넘어서 드디어 코마코의 아들이 말한 "또 다른 바다"를 보았다. 그들이 본 바다는 태평양이었는데, 이곳의 지형 때문에 바다가 남쪽 방향으로 나 있었기 때문에 이 바다를 남해Mar del Sur라고 불렀다. 이 당시의 상황은 이렇게 기록되어 있다.

1513년 9월 25일 수요일 아침 10시, 바스코 눈네스 데 발보아 대장은 일행보다 앞서 산 정상으로 기어 올라갔다. 그리고 그곳에서 남해南海를 보았다.……

그리고 29일, 성 미카엘 축일에 바스코 눈네스는 26명을 무장시켜서 함께 떠났다. 다른 사람들은 샤페Chape라는 마을에 차린 캠프에 남겨두었다. 그는 일행과 함께 산을 내려가 남해까지 갔다. 그 만을 그는 성미카엘만이라고 명명했다. 그들은 만과晚課(Vespers) 시간쯤에 해변에서 툭 튀어나오고 숲이 둘러싸고 있는 큰 내해內海를 발견했다. 해수면이 아주 낮아서 개펄이 드러나 있었으므로 그들은 바닷가에 앉아 물이 차기를 기다렸다. 곧 아주 빠르고 강하게 바닷물이 밀려왔다. 그러자 바스코 눈네스 대장은 성처녀 마리아가 우리의 구세주 예수를 안고 있고 그 밑에는 카스티야와 레옹을 나타내는 왕실 문장이 그려진 깃발을 들었다. 그리고 칼을 손에 쥐고 팔에 방패를 건 채 무릎까지 물이 차는 바닷물 속에 걸어 들어가서 앞뒤로 왔다갔다 하며 이런 말을 외워댔다. "가장 드높고 가장 힘센 군주, 카스티야와 아라곤과 레옹의 군주이신 돈 페르난도와 도냐 후아나시여, 당신들의 이름으로, 그리고 카스티야의 왕관을 위하여, 이제 나는 이 남방의 바다, 땅, 해안, 항구, 섬, 그리고 거기에 딸렸거나 혹은 앞으로 얻게 될 모든 영토와 왕국, 지방들을 사실적으로나 법률적으로나 소유하노라."

_ 『옥스퍼드 탐험기록선집』, 1993, pp.329~330.

그는 이렇게 상징적으로 이 바다를 점령하는 제스처를 하고 주변 지역도 에스파냐 국왕의 점령지임을 선포했다. 그러나 에스파냐어로 중얼거리는 이 선언문requerimiento을 현지 주민들은 물론 전혀 알아듣지 못했다. 아마도 그들의 눈에는 깃발과 칼을 들고 바닷물을 철렁거리며 혼자 이상한 말을 읊어대는 이 이방인이 광인으로 보이지 않았을까. 한편 발보아는 후일 조국을 배신하고 스스로 페루 황제가 되려 한다는 모함을 받고 참수형을 당했다.

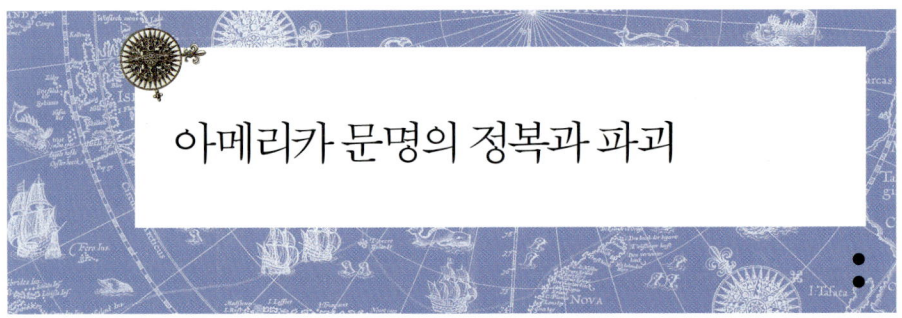

아메리카 문명의 정복과 파괴

콜럼버스가 도착하고 나서 채 수십 년이 지나지 않아 아스텍과 잉카, 마야와 같은 아메리카의 기존 문명들이 모두 붕괴됐다. 도대체 어떻게 해서 대제국들이 소수의 침입자 앞에서 단기간에 줄줄이 무너졌을까. 비록 유럽인들의 무력이 강했다고는 해도 다른 문명권들을 압도할 정도는 아니었다. 세계 여러 지역들이 유럽의 식민 지배 아래에 들어간 것은 대항해시대가 시작되고 수백 년이 경과한 이후의 일이지 유럽인들이 처음 도착하자마자 그렇게 되지는 않았다. 예컨대 아프리카만 해도 우리는 흔히 유럽 세력이 아무런 저항 없이 쉽게 정복했으리라고 생각하는 경향이 있지만, 사실 유럽인들의 지배는 오랫동안 일부 해안 지역에 국한됐을 뿐이며, 내륙까지 지배한 것은 1830년대가 되어서의 일이다. 유독 아메리카의 제국들만 그토록 허망하게 멸망한 과정을 보면 쉽게 이해가 되지 않는 측면들이 있다.

프란시스코 피사로Francisco Pizarro(1475?~1541)가 잉카제국을 지배하는 과정을 보자.

피사로는 1513년에 파나마 지협을 횡단하여 유럽인으로서는 처음 태평양을 목도한 발보아 탐사대의 일원이었다. 이후 그는 파나마를 근거지로 해서 남아메리카 탐험을 여러 차례 감

피사로.

행하다가 1532년에 드디어 잉카제국에 도달했다. 106명의 보병과 62명의 기병으로 구성된 피사로의 부대는 페루의 고지대 도시인 카하마르카에 도착해서 그 당시 잉카(황제)인 아타왈파Atahualpa (1502?~33)를 직접 만날 수 있었다. 피사로와 아타왈파가 만나는 장면에 대해서는 여러 종류의 기록이 남아 있어서 비교적 소상히 알 수 있다.

정오 무렵, 아타왈파가 신하들과 함께 이방인들이 머물고 있는 숙영지로 다가왔다. 아타왈파의 앞에는 2천 명이 앞장서서 길바닥을 쓸었고, 그 뒤로 전사들이 좌우에 늘어서서 행군해왔다. 그 뒤에는 춤추고 노래 부르는 세 무리의 사람들, 그리고 햇빛을 받아 번쩍거리는 금은 장식을 단 또 다른 무리의 사람들이 따라왔다. 잉카 자신은 왕관과 큼직한 목걸이로 화려한 장식을 한 채 가마 위에 앉아 있었다. 이 화려한 가마는 80명의 고관들이 어깨에 메고 운반했다. 광장을 가득 메운 엄청난 수의 인디언들을 보고 에스파냐 병사들은 겁에 질려 있었고 일부는 무서워서 자신도 모르게 오줌을 지렸다. 그

아타왈파.

러면서도 그들은 잉카를 기습 공격할 계획을 준비해두었다.

피사로는 데 발베르데라는 수사를 아타왈파에게 보내서 예수 그리스도의 율법에 복종하고 에스파냐 국왕의 지배를 받아들이라고 요구하면서 성경을 들이밀었다. 그러나 아타왈파는 이런 모욕적인 행동에 불쾌했는지 성경을 내던졌다. 수사가 피사로에게 돌아오면서 "개 같은 적들을 치라"고 소리 질렀고, 곧 피사로가 공격 신호를 보냈다. 에스파냐 병사들은 미리 준비한 각본대로 공격을 개시했다. 총소리와 함께 보병과 기병이 모두 숨어 있던 곳에서 뛰쳐나오면서 그들의 전투 구호인 '산티아고'를 외쳐댔다. 그들은 인디언들에게 겁을 주기 위해 나팔을 불어댔고, 말에 딸랑이를 매달아서 소리를 내게 했다. 무장하지 않았던 인디언들은 곧 에스파냐 병사들의 칼에 맞아 죽어갔고, 놀라서 도망치다가 서로 짓밟아서 죽는 사람들도 부지기수였다. 피사로 자신은 칼과 단검을 들고 진격해서 아타왈파의 가마에까지 도달했다. 가마를 멘 인디언들이 칼에 맞아 죽었지만 그때마다 다른 사람들이 그 자리에 들어와서 가마를 높이 들어올렸다. 에스파냐인들은 마침내 말을 몰고 달려들어 가마를 쓰러뜨리고 아타왈파를 생포했다.

잉카는 수백만 명의 백성들 위에 살아 있는 신으로서 절대 권력을 휘두르는 존재이며, 무엇보다도 8만 명의 대군을 거느린 황제가 아닌가. 그런데 제일 가까이에 있는 원군이라고 해야 1,600킬로미

에스파냐인들은 대규모 학살을 자행하며 잉카제국의 수도 쿠스코를 정복했다.

터나 떨어진 파나마에 있는 168명의 소규모 부대가 고작 나팔 소리와 딸랑이 소리로 음향 효과를 내면서 기습 공격을 한 끝에 7천 명을 살해하고 잉카 자신을 생포하는 놀라운 결과를 얻은 것이다. 잉카제국 사람들은 아타왈파를 문자 그대로 신으로 떠받들고 있었으므로 그가 몇 달 동안 인질로 잡혀 있는 상태에서도 그의 명령을 그대로 따랐다. 그동안 피사로 일행은 잉카제국 안을 마음대로 돌아다니고, 또 파나마에 원군을 요청할 수 있었다. 아타왈파는 두 달 안에 그가 잡혀 있는 방(가로·세로 6.7×5.2미터, 높이 2.4미터)을 자기 어깨 높이에 이르기까지 금으로 채워주겠다는, 역사상 가장 비싼 몸값을 약속했다. 그날 이후 사람들은 매일같이 잉카제국 전역에서 가지고 온 금은 제품을 방안에 쏟아부었다. 그러나 무정한

아메리카 문명의 정복과 파괴 119

에스파냐인들은 그런 엄청난 양의 몸값을 받고 나서도 아타왈파를 처형했고—'반역죄'라는 엉뚱한 죄를 뒤집어씌운 다음 피사로가 직접 아타왈파의 목을 졸라서 살해했다—조만간 잉카제국은 몰락해버렸다.

이렇게 해서 기존의 제국 질서는 붕괴됐다. 그러나 기존 문명의 파괴는 급격히 이루어졌으나, 그것을 대체하는 새로운 체제의 건설은 결코 쉬운 일이 아니었다. 교과서 상으로는 '에스파냐령 아메리카', '프랑스 식민지' 같은 용어를 사용하고 또 지도상에 광범위한 지역을 그런 식으로 표시하지만 사실 그것은 왜곡된 표현이다. 유럽인들이 실질적인 지배력을 행사하는 곳은 중부 멕시코에서 칠레에 이르는 지역, 카리브제도의 몇몇 섬들, 북아메리카의 퀘벡부터 조지아에 이르는 연안 지역, 브라질 해안 정도로서 아메리카대륙 전체에서 보면 아직 일부 지역에 불과했다. 외부인의 접촉이 거의 없는 아마존 내륙 지역에는 전통 사회가 온존했고, 북아메리카에서도 애팔래치아산맥 너머 서쪽으로는 마치 러시아인들이 팽창해들어가는 시베리아처럼 변경 지역으로 남아 있었다. 이 드넓은 지역들을 모두 포괄하는 국가의 틀이 완성된 것은 19세기 후반에 가서의 일이다.

그 이전에는 '국가'나 '제국'이 아니라 현지 지배자들이 지역 차원에서 주민과 토지에 대한 사적私的인 지배체제를 만든 것에 가깝다. 그런 점에서 보면 오히려 중세 봉건 지배로 후퇴했다고 해도 과언이 아니다. 에스파냐인 지배자들은 엔코미엔다encomienda라는 가혹한 조세·조공 체제를 만들어냈다. 여기에 모델이 된 것은 잉카제국의 미타, 혹은 아스텍제국의 라테킬처럼 에스파냐의 정복 이전에 원래 존재하던 방식이었다. 그러나 형식상 유사하다는 것은 별개의 문제이고, 실제 내용은 현지 지배자들이 자의적恣意的으로 인력과 물자를 수탈하는 것이었다. 그 명분은 에스파냐의 국왕이 너무 멀리 떨어져 있어서 직접 통치를 하지 못하므로 현지 지배자가 주민들을 '보호'하고 기독교로 인도하는 임무를 맡는 대신 그에 상응하는 조세를 받는다는 것이었다. 국왕은 선한 의도로 그러한 제도를 만들었을 수도 있겠으나 대서양 너머 먼 식민지에서 그의 의도가 생각대로 이루어지기를 바랄 수는 없었다. "신은 하늘에, 국왕은 먼 곳에 있으므로 여기에서는 내가 명령을 내린다"는 것이 아메리카 식민지 정복자들의 태도였다.

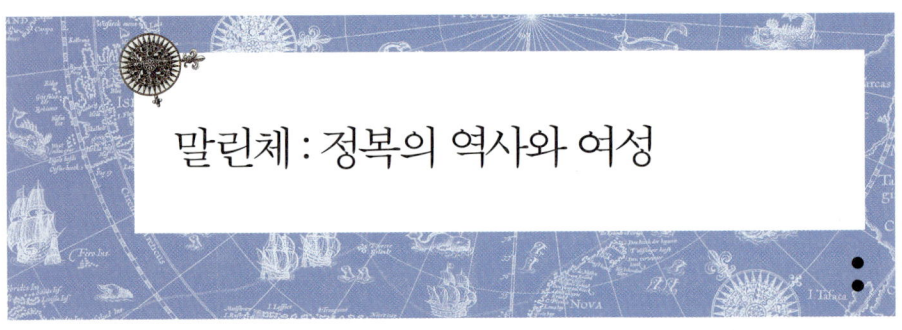

말린체 : 정복의 역사와 여성

역사는 흔히 문명 간 충돌 혹은 정복과 전쟁이라는 거대한 흐름을 조감하곤 한다. 그러나 그 역사의 물결 속에서 실제 삶을 영위한 개인들의 구체적 면모는 대개 도외시되곤 한다. 특히나 패배한 쪽 사람들, 그 가운데에서도 여성들은 그저 불행하게 살다가 죽어간 수많은 인간 가운데 하나 정도로 취급된다. 코르테스의 멕시코 정복의 역사에서 아주 뚜렷하게 모습을 드러낸 말린체Malinche 혹은 말리날리Malinalli로 알려진 여성은 그 가운데 예외적인 사례이다.

그녀의 삶은 에스파냐인 정복자들이 남긴 몇 가지 문건들에 기록되어 있다. 베르날 디아스 델 카스티요(1492?~1581?)의 『누에바 에스파냐(멕시코) 정복의 역사』(1632) 같은 책들이 대표적이다.

그녀의 어린 시절에 대해서는 정확히 알려진 바가 없지만, 아마도 1502~05년 사이에 아스텍제국과 마야 지역의 변경 지대에서 지방 귀족의 장녀로 태어난 것으로 보인다. 그녀가 어릴 때 아버지가 사망하고 어머니는 재혼했는데 여기에서 아들이 태어나자 어머니는 그녀를 노예 상인에게 팔아버렸다. 그녀는 한 차례 더 몸이 팔리는 신세가 됐다가 포톤찬이라는 곳에서 에스파냐인들을 만나게 된다.

코르테스의 초상화.

오늘날 멕시코의 타바스코주에 위치한 이 마을에 코르테스 일행이 도착한 것은 1519년 4월이었다. 멕시코 내륙 지역의 정복과 식민화의 임무를 부여받은 코르테스가 600명의 부하들을 이끌고 유카탄반도의 마야 지역에 상륙해서 전투를 벌이며 내륙 깊숙이 전진해가다가 말린체가 살고 있던 마을에 들어오게 된 것이다. 마을 주민들은 이방인 정복자들에게 말린체를 포함한 20명의 여성을 '선물'로 제공했다. 말린체는 아름다운 용모 때문에 에스파냐 병사들의 눈에 띄었고, 코르테스 일행 중 가장 신분이 높았던 푸에르토카레로라는 사람의 정부가 됐다. 그러나 그가 곧 에스파냐 본국에 밀사로 떠나게 되자 코르테스 자신이 그녀를 정부로 삼았다. 이렇게 해서 지금까지 사회 밑바닥에서 불행한 삶을 살았던 여인은 정복자의 최측근이 됐다.

말린체가 한 일은 무엇보다도 언어 소통이 힘든 두 집단 간의 통역이었다. 그녀는 자신이 자라난 유카탄 지역 마야어와 함께 중부

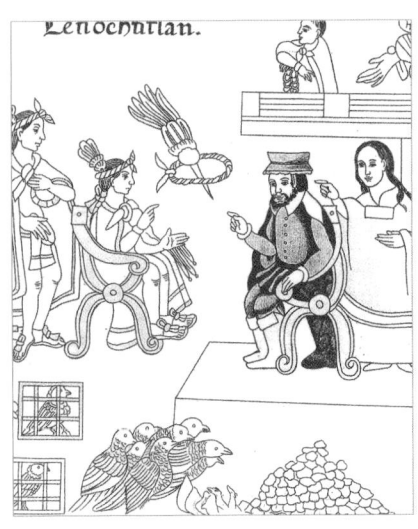

코르테스 옆에서 **통역을 해주는 말린체**.

멕시코 지역에서 널리 소통되던 나후아틀어를 알고 있었다. 마침 코르테스 일행 중에는 이전에 멕시코에 왔다가 선박 침몰 사고 때문에 마야 지역에서 포로 생활을 하면서 마야어를 익힌 헤로니모 데 아길라르라는 프란체스코파 사제가 합류해 있었다(마야인들은 그를 희생 제물로 바치기 위해 일부러 살을 찌우고 있었는데, 살해당하기 전에 가까스로 탈출에 성공했다). 그래서 코르테스가 에스파냐어로 말하면 그 내용을 아길라르가 마야어로 통역하고, 그것을 다시 말린체가 나후아틀어로 통역하는 과정을 통해 멕시코인들과 유럽인들 사이에 의사 소통이 가능하게 된 것이다.

문명 간 접촉이나 충돌 과정에서 통역의 유무는 엄청난 차이를 초래한다. 이것은 코르테스의 아스텍제국 공격 과정에서 명백하게 볼 수 있다.

말린체를 정부로 삼은 후 코르테스는 아스텍제국의 수도인 테노치티틀란으로 진격해갔다. 그들 부대 자체는 수백 명의 보병과 기병, 대포 15문 정도에 불과했지만, 그 대신 수천 명에 달하는 현지 부족 사람들이 동맹군으로 합류했다. 아스텍제국이 붕괴한 근본 원인은 여기에 있었다. 아무리 유럽 군인들이 대포와 철제 창검을 보유하고 있다고 해도 기본적으로 소수에 불과한 그들이 자신들만의 힘으로 그 엄청난 규모의 제국을 무너뜨릴 수는 없었다. 따라서 현지 사람들을 분열시켜서 일부를 동맹으로 삼고 일부를 적으로 돌려 무자비하게 격파하는 전술을 구사한 것이 승리의 결정적인 요소였다.

이것이 어떻게 가능했을까. 이는 아스텍제국의 실상을 알아야 이해가 된다. 원래 아스텍은 다른 부족들과 전투를 벌여 승

코르테스와 말린체가 아스텍 사절의 선물을 받는 모습.

리한 다음 그들을 잔인한 방식으로 지배하고 조공을 바치도록 만들면서 확대된 국가였다. 즉 아스텍 '제국'이라고 표현하지만 그것은 균질적인 단일체가 아니라 내적으로 원한이 가득한 피지배 집단들이 느슨하게 묶여 있는 상태였다. 이 때문에 코르테스 일행이 동맹을 쉽게 구할 수 있었던 것이다. 나중에 아스텍제국의 수도 테노치티틀란을 점령했을 때 이 동맹군들이 너무나도 심하게 약탈과 파괴를 자행해서, 잔인하기로 소문났던 에스파냐인들이 오히려 소름이 끼칠 정도로 놀랐던 것도 이 때문이다.

코르테스는 이런 상황을 잘 이용할 줄 알았다. 그는 아스텍제국의 제2의 도시인 촐룰라Cholula를 공격하고는 광장에 모인 수천 명의 무고한 사람들을 학살하고 도시의 절반 가량을 불태웠다. 아마도 수도를 공격하기 직전에 적에게 겁을 주는 동시에, 그의 동맹군들에게도 만일 그들이 배반하면 어떤 보복을 당하게 되는지 보여

아스텍제국의 수도 테노치티틀란에서 황제 몬테수마와 코르테스가 만나는 장면.

줌으로써 이탈을 막으려는 사전 조치였던 것으로 보인다. 아스텍 제국의 황제인 몬테수마를 만났을 때에도 처음에는 우호적인 관계를 유지하다가 결정적인 때에 포위 공격을 감행하여 제국을 무너뜨렸다(1521).

외교와 무력행사를 교묘히 섞어서 사용하는 이런 복잡한 게임에서 결정적인 공헌을 한 인물이 다름 아닌 말린체였다. 그녀가 적절히 의사소통을 해주지 않았더라면 이런 모든 일들은 불가능했을 것이다. 더 나아가서 그녀는 현지 주민들이 에스파냐 병사들을 공격하려는 음모를 여러 차례 사전에 탐지해서 코르테스에게 알려줌으로써 그의 목숨을 구했다. 코르테스 자신이 "내가 성공할 수 있었던 데에는 하느님 다음으로 말린체의 공이 크다"고 말했던 것도 이 때문이다.

그녀의 원래 이름이 무엇인지에 대해서 여러 설들이 있지만, 그녀의 이름에 존경을 뜻하는 접미사 '체che'가 붙어 있다는 것은 그녀가 강한 권력을 가지고 있었음을 증언한다. 그녀는 늘 코르테스와 동행했기 때문에 코르테스 엘 말린체Cortes El Malinche라고도 불렸고, 에스파냐인들도 존경의 뜻을 표하는 방식으로 도냐 마리나Donã Marina라고 불렀다. 말린체는 1525년에 코르테스의 아들 돈 마르틴 코르테스를 낳았고, 나중에 다른 에스파냐 병사와 결혼해서 이 사이에서 딸을 낳았다고 알려져 있지만, 그 이후 그녀의 삶은 어둠 속에 가려져 있다.

말린체에 대한 평가는 다양하다. 외세와 결탁해서 멕시코 민족과 문명을 붕괴시킨 원흉이라고 보는 견해도 있고, 그녀 덕분에 더 심한 학살을 피할 수 있었다고 옹호하는 견해도 있으며, 인디언 문화와 유럽 문화가 합쳐진 오늘날 멕시코 문화의 시조로 표현하는 중립적인 견해도 있다. 어쨌든 그녀의 개인사를 보면 흔히 그러하듯이 그녀를 '민족의 배신자'라고 비난하는 것은 온당치 않아 보인다. 오히려 말린체는 민족에 의해 배반당하고 고난의 삶을 살았던 희생자라고 해야 하지 않을까.

|제3부|

근대세계의 이면,
선원과 해적의 세계

'사막의 배'와 바다의 배

　세계가 서로 접촉하고 교류하기 위해서는 우선 운송 수단이 발달해야 한다. 세계 시장의 형성이든 종교 전도와 문화 교류든 하여튼 서로 떨어져 있는 문명권 간의 소통은 사람과 물자가 안전하고 저렴하게 이동할 수 있어야만 가능하다. 근대에 그와 같은 교류가 본격화된 것은 육로보다는 해로를 통해서였다. 그런 점에서 보면 근대세계는 바다에서 만들어졌다고 해도 과언이 아니다.

　근대 해상 운송의 발달이 어떤 의미를 띠는지 파악하기 위해서는 장거리 육상 운송의 대표 주자로서 중동 지역의 시가詩歌에서 흔히 '사막의 배'로 표현되곤 했던 낙타와 비교해볼 필요가 있다.

　사막에서는 물 부족이라는 치명적인 조건에다가, 낮에는 찌는 듯

이집트의 낙타 카라반.

한 더위, 밤에는 얼어붙는 추위와 싸워야 한다. 게다가 끔찍한 모래바람이 몰아치면 여행자들은 땅에 엎드려서 바람이 가라앉기를 기다리는 수밖에 없다. 1862년에 아라비아를 여행하던 영국인 윌리엄 팔그레이브는 이를 두고, "지옥과 같지만 다만 영원히 계속되지는 않는 지옥"이라고 표현했다. 문명권과 문명권 사이를 가로막고 있는 이와 같은 사막과 황야를 횡단할 수 있는 거의 유일한 수단은 낙타 카라반이었다.

낙타의 조상은 지금부터 약 4천만 년 전에 북아메리카에 살았던 토끼만한 크기의 동물인 프로틸로푸스 Protylopus이다. 북아메리카에서는 이것이 낙타로 진화했고, 남아메리카로 내려가서는 야마, 알파카, 과나코, 비쿠냐 같은 동물들로 가지를 치며 진화했다. 그 후 소빙하기가 닥쳐서 해수면이 내려가고 베링해협의 바닥이 드러나서 시베리아와 북아메리카가 연결됐을 때 양 지역 간에 많은 생물

인도에서는 소 카라반이 곡물을 운송했다. 이를 담당하는 사람들이 반자라 카스트이다.

종들이 이동했는데, 이때 낙타도 유라시아로 건너가서 널리 퍼져갔다. 역설적이게도 정작 본고장인 북아메리카에서는 그 후 낙타가 멸종됐다. 유라시아로 이주해간 낙타도 생존 가능성이 그리 크지는 않았다. 낙타는 움직임이 상대적으로 둔해서 호랑이나 사자 같은 동물들에게 쉽게 잡아먹혔을 것이다. 다만 다른 육식동물이 접근하기 힘든 메마른 지역에서만 특유의 수분 저장 능력을 통해 종을 보존할 수 있었다(낙타는 한번에 물을 50갤런까지 마시고는 몇 주 동안 물 없이 지낼 수 있는데, 흔히 생각하는 것처럼 혹 속에 물을 저장하는 것이 아니라 몸 전체에 배분해서 저장한다).

원래 낙타는 모두 쌍봉낙타camel(정확하게는 Bactrian Camel이라 한다)였으나 더운 지방에서 살게 된 낙타는 표면적을 줄이기 위해 혹이 하나인 단봉낙타dromedary, Arabian camel로 진화해갔다. 게다가 단봉낙타는 다른 동물처럼 수분을 증발해서 체온을 내리는 대신 어느 정도까지는 체온이 올라가는 것을 참아서 수분 증발을 최대한 피할 수 있다. 이와 같은 진화의 결과 오늘날 단봉낙타는 아라비아와 아프리카의 더운 지역에 살고 쌍봉낙타는 아시아의 춥고 건조한 지역에 살게 됐다.

 이러한 진화에도 불구하고 낙타는 멸종 위기에 몰렸지만 인간에게 가축화되면서 살아남게 됐다. 낙타의 가축화 과정에 관한 정확한 실상은 알 수 없지만 약 5천 년 전부터 아프리카 북동부 지역(소위 '아프리카의 뿔'이라 불리는 곳)이나 그 너머 아라비아 남부 지역에서 사람들이 낙타 젖을 먹기 시작한 것으로 보인다(오늘날에도 소말리아에서는 낙타를 수송 수단으로 사용하지 않고 오직 낙타 젖을 얻기 위해 키운다). 그러다가 점차 낙타의 다른 유용한 요소들, 즉 고기와 가죽, 털, 그리고 무엇보다도 운송 수단으로서의 이용 가능성을 알게 됐다. 특히 길이 없는 장거리 운송에서는 낙타가 최적의 운송 수단이 됐다. 그러나 두 개의 흔들리는 혹 사이에 바로 짐을 싣기는 힘들기 때문에 낙타를 수송 수단으로 이용하려면 특별한 안장을 개발해야 했다. 이는 기원전 1300년부터 기원전 400년 사이의 오랜 기간에 걸쳐서 아라비아의 주민에 의해 개발되어갔다. 한편 낙타가 보급되면서 두 종류의 낙타 사이에 잡종 교배가 일어났다. 쌍봉낙타 수놈과 단봉낙타 암놈 사이에 태어난 잡종은 힘이 대단히 좋아서 비단길과 같은 장거리 수송용으로 많이 쓰였다. 이런 과정들을 거치면서 중동의 사막과 아시아 스텝 지역에서는 낙타 대상에 의한 수송혁명이 일어났다. 철도가 보급되기 이전에는 유라시아의 장거리 수송은 거의 전적으로 낙타에 의해 이루어졌다고 해도 과언이 아니다.

그렇다면 낙타의 수송 능력은 어느 정도일까. 쌍봉낙타는 200킬로그램의 짐을 지고 하루 50킬로미터까지 이동할 수 있는 반면, 단봉낙타는 최고 100킬로그램의 짐을 지고 하루 60킬로미터를 이동할 수 있다. 그러나 이는 최적의 조건일 때 이야기이고 통상적인 경우에는 이보다 효율성이 떨어져서 단봉낙타의 경우 대개 50킬로그램의 짐을 지고 하루 10시간을 걸어서 35~40킬로미터를 이동한다. 그래서 1톤의 화물을 가지고 사하라사막을 횡단하는 경우 20마리의 단봉낙타를 이용하여 8~10주간의 여행을 해야 했다. 그나마 안전한 여행이 되기 위해서는 사흘 안에 오아시스가 있어야 하는 조건을 충족시켜야 한다. 이런 점들을 보면 낙타 수송의 한계는 분명하다. 이런 수송 방식으로 근대세계의 경제를 만들어낼 수는 없는 일이다. 분명 어떤 돌파구가 필요했다. 결국 근대세계의 형성을 추동한 것은 '사막의 배'가 아니라 바다의 배였다.

사실 해양 문명들은 아주 오래 전부터 서로 연결되어 있었다. 대서양, 지중해, 홍해와 페르시아만, 인도양, 말라카해협과 남중국해에 이르기까지 유라시아대륙 영토 전체의 바닷길은 끊이지 않고 이어져 있었다. 중간에 수에즈 지협이 바닷길을 가로막고 있지만 이곳에 운하가 개통되기 이전에도 지중해와 홍해를 연결하는 여러 방안이 강구되어 있었다. 고대 이집트 시대에는 나일강 지류와 홍해를 연결하는 운하를 파기도 했고, 그 이후 이 수로가 막히자 배를 여러 조각으로 분해해서 낙타를 이용해 이 지역을 넘어가서 다시 조립하여 바다에 띄우는 극단적인 방식도 사용됐다.

그러나 각 해양 문명권 간에 경계 지역에서 서로 '접촉'했던 것은 분명하지만 그렇다고 해양 문명권이 총체적으로 교류하지는 않았

유럽의 선박 및 조선업 모습. 오늘날에 비하면 배가 그리 크지 않다.

다. 내륙의 문명권들이 자기 영역을 고수하려는 관성을 가지고 있었던 것과 마찬가지로, 해양세계에서도 문명의 경계는 오랫동안 고착되어 있었다. 일찍이 페니키아인들이 아프리카대륙을 회항하고 바이킹이 한때 아메리카대륙에 도착한 것처럼 자신의 해상 경계를 넘어가는 일이 전혀 없지는 않지만, 그것은 예외적인 일이었을 뿐 후대에까지 지속적인 영향을 미치지는 못했다. 근대에 들어와서 원양항해를 통해 세계를 연결하고 그럼으로써 새로운 시대를 연 것은 유럽인들이었다.

자신에게 익숙한 해양세계 너머로 항해하는 일이 그처럼 어려운 일이었을까.

적어도 '기술적으로는' 생각보다 어려운 일이 아니었다. 대항해시대에 원양항해를 한 배들은 지금 관점에서 보면 믿기 힘들 정도로 작은 배였다. 비유하자면 근대 초 유럽의 원양항해는 한강 유람선을 타고 인천을 떠나 인도양과 희망봉을 거쳐 유럽까지 항해하고

'사막의 배'와 바다의 배 135

돌아오는 행위에 해당한다. 흔히 교과서에서 원거리항해를 설명하면서 전제조건으로 선박과 항해술의 발달을 거론한다. 이것이 꼭 틀렸다고 할 수는 없지만, 다만 선박이 커지고 항해술이 발전하면 자연히 원양항해가 가능해지고 세계 각 지역이 서로 연결됐다는 식으로 보아서는 안 된다. 기술 발전은 중요하기는 하지만 결정적 요소는 아니었다. 그렇다면 유럽인들이 근해에만 머물지 않고 낯선 먼 바다로 나아갔고 그리하여 다른 어느 문명권보다 먼저 세계의 바다를 연결하는 데에 성공한 원인은 무엇인가.

이에 대해서는 두 가지 점을 지적해야 할 것 같다. 첫째, 세계의 풍향 시스템을 파악하는 일이다. 기선이 등장하기 이전인 범선의 시대에는 바람을 이용하는 것이 항해의 필수 요건이었다. 먼 바다로 나아가기 위해서는 그곳 바다의 풍향 시스템을 알고 있어야 한다. 간단히 요약하자면, 유럽의 항해인들은 유럽에서 가까운 북대서양의 항해 경험으로부터 북반구의 풍향 시스템에 대한 정보를 얻고 난 후, 남반구의 풍향 시스템은 대체로 북반부와 대칭되는 구조라고 추론해서 지구 전반의 풍향 시스템을 재구성했는데, 이것이 들어맞은 것이다.

둘째, 죽음을 무릅쓰고 세계를 향해 나아가려고 한 심리적 요인이다. 선원들은 대개 익숙치 않은 먼 바다로 나가는 것을 극도로 두려워하게 마련이다. 자신들에게 익숙한 바다(지중해, 발틱해, 북해, 북대서양 일부)의 한계 너머로 과감하게 나간 것은 오늘날로 치면 우주 공간으로 나가는 것과 유사한 일일진대, 유럽인들은 대담무쌍하게도 이를 감행했다. 무슨 목적으로 그랬던 것일까. 앞서 종교적 동기를 언급했지만, 여기에 세속적인 동기도 포함해야 한다. 초기에 대서양 방면으로 모험을 떠난 여러 가문들의 기록을 보면 페레르Ferrer 가문은 황금을 찾아서, 비발디Vivaldi 가문은 향신료를 찾아서, 그리고 세비야의 라스카사스 혹은 페라사Peraza 가문은 노예를 찾아서 항해했다. 이들은 일확천금을 노리든지 혹은 먼 이국에서 영주나 왕이 되기를 원했다. 실제로 카나리아제도 정복사업에 참여한 장 드 베탕쿠르Jean de Bethencourt는 세비야에서 자신을 '카나리아의 국왕'으로 선포하기도 했다. 이것은 중세 기사도적인 꿈과 자본주의적인 열망의 조합에 가깝다. 돈키호테를 따라 나선 산초 판사는 언젠가 섬 하나를 물려받아서 영주가 되겠다는 꿈을 안고 살지 않았던가. 이 소설은 이미 그런 꿈의 가능성이 사라져버린 시대에 여전히 과거의 꿈을 지니고 사는 사람에 대한 조롱이지만, 그 헛된 꿈이 한때는 수많은 사람들의 진실한 희망이었던 것이다.

세계를 향한 과감한 돌파는 기술적인 요소와 정신적인 요소가 모두 갖추어졌을 때에 가능한 일이다.

얼음 바다를 넘어 아시아로 : 북쪽 항로의 개척

유럽에서 중국으로 가려면 우선 대서양으로 나가서 남쪽으로 항해하여 희망봉을 돈 다음 아프리카 동해안을 따라 올라가다가 인도를 거쳐서 동남아시아의 바다를 지나야 한다. 이런 초장거리 항해는 너무나도 힘들고 위험하기 짝이 없다. 이보다 짧고 안전한 항로는 없을까. 대항해시대에 유럽인들은 그런 항로를 찾기 위해 전방위로 탐색했다. 그러다가 한 가지 가능한 방법으로 생각한 것이 남쪽 대신 북쪽으로 항해해보자는 것이었다.

유럽에서 북극해를 넘어 중국과 태평양으로 가겠다는 아이디어를 처음 제시한 사람은 브리스톨 상인인 로버트 손Robert Thorne으로 알려져 있다. 그렇지만 1527년에 그가 처음 이런 생각을 했을 때에는 캐나다를 관통하거나 혹은 그 위의 북쪽 바다를 넘어가는 것인

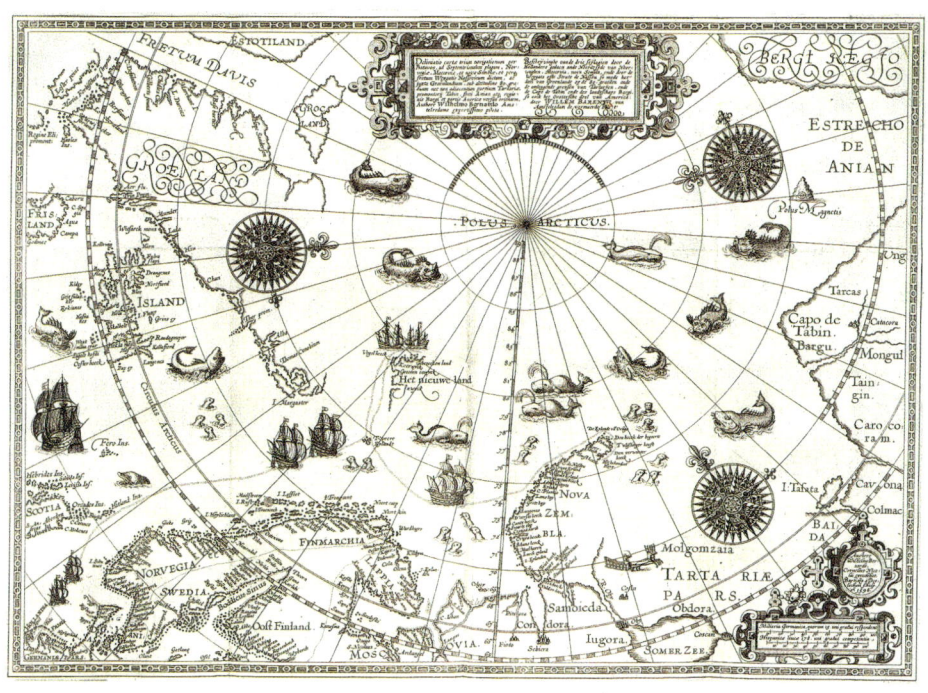

북극권.

지(북서항로) 러시아 북쪽의 바다를 넘어가는 것인지 (북동항로) 혹은 북극을 바로 넘어가는 것인지도 명확하지 않았다. 오늘날 우리는 캐나다를 관통하여 대서양에서 태평양까지 갈 수 있는 수로는 존재하지 않으며, 또 러시아 북쪽의 북극해를 항해하여 베링해협을 지나 캄차카반도를 돌아서 태평양으로 가는 것이 불가능하지는 않다 하더라도 지극히 어려운 일이라는 사실을 안다. 그러나 근대 초에 아직 세계의 모든 바닷길을 알 수 없던 상황에서는 많은 사람들이 아시아로 가는 가능한 해로 중 하나로서 이런 루트를 생각했다. 근거가 불확실하기는 하지만 북극 근해에 광활한 바다가 있다는 고대 기록도 희망을 주는 요인이었다.

영국이나 네덜란드가 북쪽 항로를 생각했던 이유는 우선 남쪽 방

난파당한 배.

향에서 신항로 독점권을 주장하며 길목을 지키고 있는 포르투갈과 에스파냐 세력을 피할 수 있고, 다음으로는 고통스럽기 그지없는 열대 바다 항해보다는 북쪽 바다를 지나는 것이 차라리 편하리라고 생각했기 때문이다. 열대 바다를 항해하여 아시아에 갔다온 포르투갈 선박들의 상태를 보면 그런 생각이 들만도 했다. 강한 햇볕을 쬐며 인도 항로를 다녀온 배들은 선재의 이음매들이 갈라져서 구멍들이 생겨나고 그 결과 배가 한쪽으로 기울어서 항해하기도 하며, 배 바닥은 벌레teredos가 먹어서 약해진 데다가 삿갓조개들이 붙어 있고 해초들이 배에 붙어서 길게 자라나는 것을 흔히 볼 수 있었다. 선원들은 뜨거운 열기 속에서 물 부족으로 고통받았고 각종 병에 시달리기 일쑤였다. 차라리 북방의 차가운 바다를 항해하면 이런 위험을 피할 수 있지 않겠는가.

그리하여 15~16세기 내내 북쪽 바다를 통해 아시아로 가려는 탐험이 여러 차례 시도됐다. 이미 일찍이 조반니 카보토Giovanni Caboto(영어식 이름은 존 캐벗John Cabot, 1450~98)가 북아메리카를 관통하여 태평양으로 가려는 시도를 한 적이 있고, 그 직후인 16세기 초에 포르투갈 왕실도 북쪽 항로를 찾기 위해 코르테레알 형제를 시켜서 그린란드로부터 북아메리카 해안을 탐험하도록 했다. 이 역시 실패로 끝났으나, 거짓 정보를 흘려서 경쟁자들을 혼란에 빠트리려는 의도로 포르투갈 당국은 북쪽 항로를 통해 한 달 만에 중국에 갔다왔다는 말을 퍼트렸다.

이와 유사한 시도는 그 후에도 계속 이어졌다. 그 가운데 특기할 만한 사례는 영국의 탐험대들이다. 1551년 런던 상인들은 북동항로를 통해 중국에 가려는 목표를 세우고 모스크바 회사를 창립했다. 그리고 2년 후인 1553년, 휴 윌러비Hugh Willoughby와 리처드 챈슬러Richard Chancellor가 세 척의 배를 지휘하여 북쪽 바다로 출항했다. 이중 윌러비 일행은 콜라반도에서 월동 중에 추위와 굶주림에 시달리다가—아마도 난방 중 일산화탄소 중독으로—모두 사망했으나, 챈슬러는 백해의 드비나강 입구에 도달한 다음 여기에서 육로로 여행을 계속하여 모스크바까지 가서 차르 이반 4세와 대면했다. 그 결과 모스크바 회사는 백해 방면에서 모피, 고래기름, 바다코끼리 상아 같은 상품을 거래할 권리를 얻게 됐다. 이에 고무된 이 회사는 1556, 1568, 1580년에도 계속해서 탐험대를 보냈으나 더 이상 동쪽으로 가는 길을 찾지는 못했다.

북쪽 항로를 찾는 모험 중 가장 기록이 잘 남아 있는 것은 빌럼 바렌츠Willem Barents의 것이다.

영국의 약진에 자극을 받은 네덜란드 상인들도 북쪽 탐험에 관심을 돌리게 됐다. 바렌츠는 세 번에 걸쳐 북쪽 항로 탐험을 했다. 만일의 경우에 대비해서 슬라브어, 라틴어, 아라비아어로 된 특허장까지 준비하고 떠난 첫 두 번의 항해(1594, 1595)에서는 그의 이름을 따서 바렌츠해로 명명된 바다를 건넜고 노바야젬랴의 일부를 지도에 표시했다. 이것은 당시 가장 높은 위도까지 항해한 신기록이었다. 이런 성과를 거두고 돌아오자 처음에는 성대한 환영 의식까지 치러졌으나 결국 아시아로 가는 항로를 발견하지 못하자 지원이 끊어져서 세 번째 항해는 국가 지원이 거의 없이 개인들의 투자로 이루어졌다. 이번에는 더 북쪽으로 항로를 잡아서 비요르노야(곰섬. 이곳에 상륙했을 때 죽은 곰을 발견해서 이렇게 이름을 지었다)를 발견하고 스핏스베르겐을 지났다. 이곳에서 회항하여 남쪽으로 오다가 선원들 간에 견해가 엇갈려서 한 척은 다시 북쪽으로 가고, 바렌츠가 지휘하는 배는 동쪽으로 방향을 잡았다. 바렌츠 일행은 노바야젬랴섬의 북쪽을 돌아서 카라해 입구에 도달했다. 이 해역에서 선원들은 이상하기 짝이 없는 일을 당한다. 바다가 얼어붙으면서 배를 죄어오더니 급기야 배가 아예 바다 밖으로 밀려나간 것이다. 한 선원의 일지에는 이렇게 기록되어 있다. "그것은 정말로 가공할 장면이었다. 얼음이 천둥소리를 내며 몰려왔다." 선원들은 스스로 '얼음 항구'라고 명명한 곳에서 겨울을 나야 했다. 이제 그들은 북극권에서 겨울을 난다는 것이 어떤 것인지 '체험학습'을 하게 됐다.

그들은 배에서 화물과 돛, 무기 등을 내렸고 배를 개조하여 월동 캠프로 만들었다. 영하 60도의 추위와 굶주림 속에서 거의 하루 종일 해가 뜨지 않는 북극의 겨울밤을 보내야 했다. 임시 가옥은 연기가 잘 빠져나가지 않아서 실내가 늘 매캐한 상태였고, 어둠 속에서 아무것도 할 수 없는 가운데 배에서 가지고 온 시계의 똑딱거리는 소리만 들려왔다. 시간을 보내는 유일한 방법은 에스파냐 역사와 중국 지리에 대한 책을 읽고 또 읽는 일이었다. 음식은 덫으로 사냥한 여우와 곰, 창으로 잡은 물개 고기였다. 비타민 부족으로 거의 모든 선원들이 괴혈병으로 고생했고 두 명은 끝내 겨울을 넘기지 못하고 죽었다.

봄이 찾아와서 지평선에 태양이 다시 뜨는 것을 본 선원들은 단지 그 사실만으로 감격에 젖었다. 5월이 되어서야 얼음이 녹기 시작했다. 선원들은 이미 손상을 입어 항해가 불가능해진 큰 배에서 목재를 뜯어 소형 보트를 만들어 탈출을 시도했다. 떠나기 전 바렌츠는 지금까지의 항해와 월동에 대한 기록을 작성하여 난로 옆에 남겨두었다. 그러나 이때 바렌츠는 이미 중병이 심각했다. 이들이 바다로 나와 항해한 지 며칠 안 되어 바렌츠는 죽었고 관례대로 수장됐다. 다른 사람들은 천천히 남쪽으로 항해해 내려오다가 러시아인들을 만나 생명을 구했고 9월이 되어 암스테르담에 귀환했다. 바렌츠의 월동 장소와 그가 남긴 기록은 1870년대에 노르웨이인들에 의해 발견되어서 당시의 처참한 사정이 소상히 알려졌다.

살아서 귀환한 사람들을 통해 북극 지방의 항해가 얼마나 힘든 일인지 알려진 후 네덜란드인들은 아시아로 가는 항로를 다시 남쪽에서 찾았다. 조만간 만들어지게 될 동인도회사는 전통적인 희망봉 항로에 주력했다. 다만 마지막 희망을 버리지 않은 홀란드주 당국이 북쪽 항로 개발에 2만 5천 길더의 상금을 내걸었다. 3세기 후에 스웨덴인 아돌프 에릭 누르덴셸드W. E. Nordenskiöld가 기선 베가Vega호를 타고 북극해를 통과하여 아시아로 가는 데에 성공해서 홀란드주에 상금을 요구했지만 거절당했다.

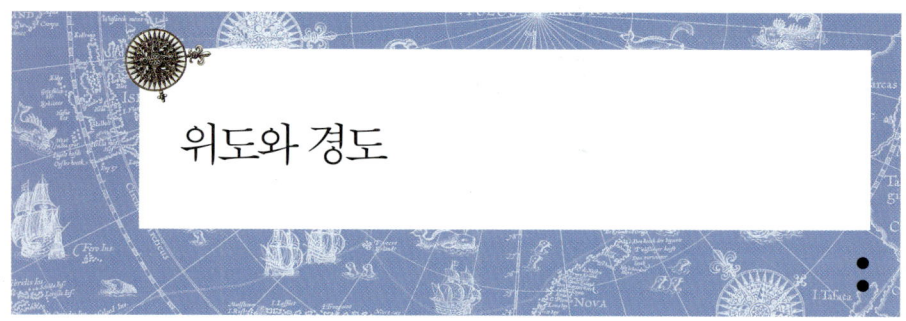

위도와 경도

대항해시대에 선박과 항해술이 발전했다고 해도 해상 위험이 줄어든 것은 결코 아니었다. 근대 초에 원양항해는 수많은 사람들의 희생을 부른 극히 위험한 모험이었다.

교과서적으로는 나침반이 보급되면서 항해의 안전성이 크게 높아진 것처럼 서술하지만 이 말이 정확히 맞는 것은 아니다. 이 점에 대해서는 조금 더 면밀한 고찰이 필요하다. 나침반은 중국에서 개발되어 유럽으로 전해졌으나 정작 아시아의 바다에서는 별자리 관측 항해가 더 일반적이었다. 별자리 관측의 대표적인 도구는 인도양의 카말kamal이다. 그림에서 보는 바와 같은 이 단순한 도구를 이용하여 별의 고도를 잼으로써 배가 어느 위도상에 있는지 파악할 수 있다. 사용법은—적어도 이론적으로는—아주 쉽다. 우선 줄의 한쪽 끝을 이로 물거나 코 끝에 대고 다른쪽을 몸에서 멀리 내민다. 다음에 카드를 줄 위로 이동시켜서 카드 아랫면이 수평선과 일치하고 카드 윗면이 북극성에 닿도록 조정한다. 이때의 각도를 가지고 위도를 계산하는데, 이것은 매듭의 숫자로 표현된다. 그리고 대개 주요 항구들의 위도가 어떤 매듭에 해당하는지 밝혀져 있으므로 현재 위도상에 어느 항구가 있는지 쉽게 알 수 있다.

이 방식은 9세기에 아랍 항해사들이 개발한 다음 인도양에서 10세기경부터 사용된 것으로 보이며, 19세기 후반까지도 사용됐다. 현재 1835년에 몰디브 선원에게서, 또 1892년에 힌두 선원에게서 구한 실물이 보존되어 있다. 이에 비해 나침반은 보조적인 도구로서, 날이 흐려서 별자리를 관찰하기 어려운 때 사용했다. 즉 카말과 같은 전통적인 방식이 우선적으로 사용되고 나침반은 보조 도구에 불과했던 것이다. 나침반이 유럽의 지중해에서 더 널리 이용됐던 이유도 지중해가 인도양보다 시계視界가 불량하여 별자리를 찾기가 더 힘들었기 때문이다. 그러므로 우리가 통상적으로 생각하는 것과는 달리 오랫동안 별자리 관측이 나침반보다 더 믿을 만하고 더 유용한 방식으로 받아들여졌다. 심지어 포르투갈인들이 아시아에 들어왔을 때 이들 역시 카말을 배워서 사용했다.

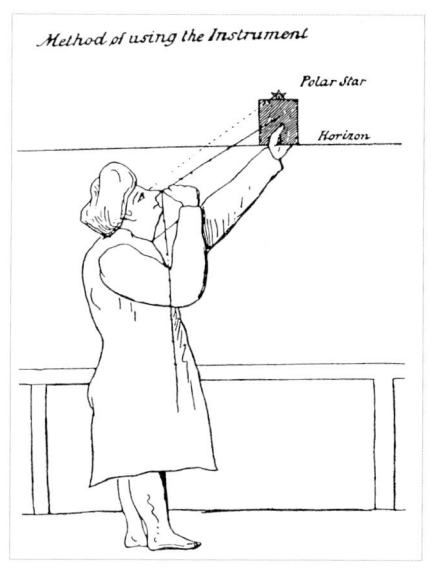

별자리 관측도구인 '카말'을 이용해 배의 위치를 파악하는 모습.

아메리카대륙 남단을 향해 하는 앤슨의 선박들.

어떻든 위도는 개략적으로라도 알 수 있지만 더 심각한 문제는 경도였다. 영국의 유명한 해군 지휘관 조지 앤슨George Anson(1697~1762)의 항해는 경도 문제가 얼마나 심각한 것인지 잘 보여주는 사례이다.

1741년 앤슨은 센추리언호를 타고 남아메리카 최남단을 돌아 태평양을 횡단하는 항해를 하다가 남아메리카 남단 부근에서 극심한 폭풍우를 만났다. 두 달 가까이나 폭풍우에 시달리는 가운데 선원들에게서는 괴혈병 증세가 나타나서 매일 6~7명꼴로 죽었다. 드디어 폭풍우가 어느 정도 진정되자 급선무는 하루바삐 중간 기착지인 후안페르난데스섬(오늘날에는 로빈슨크루소섬이라고 불린다)을 찾아가서 물과 신선한 식량을 보충해서 선원들을 살리는 일이었다. 앤슨은 자신의 배가 대략 남위 60도 선을 따라 계속 서진한 결과 아메리카 최남단을 빠져나와 이미 태평양에 진입해서 322킬로미터쯤 갔을 것으로 짐작했다. 그래서 이 지점에서 북쪽으로 올라가면 후안페르난데스섬에 도착할 것으로 생각했다. 그런데 넓은 대양을

항해하려니 생각하면서 북쪽으로 항해해가고 있었는 　　후안페르난데스섬.
데 안개가 걷히면서 바로 정면에 갑자기 육지가 나타
났다. 그곳은 아메리카 최남단인 누아르곶Cape Noire이었다. 자신의 배가 이미 태평양에 들어섰으리라고 생각했지만 사실은 폭풍우에 밀려 그동안 제자리걸음을 하고 있었던 것이다. 할 수 없이 다시 서쪽으로 항해한 다음 북쪽으로 방향을 돌려 후안페르난데스섬을 찾아야 했다. 그러는 동안에도 선원들은 계속 죽어갔다.

　이 배가 가까스로 후안페르난데스섬과 같은 남위 35도 상에 이르렀지만, 문제는 그 섬이 현 위치에서 동쪽에 있는지 서쪽에 있는지 알 수 없다는 점이었다(즉 위도는 계산 가능했지만 경도는 오리무중이었던 것이다). 앤슨은 서쪽으로 가야 한다고 판단하고 그 방향으로 필사의 항해를 했다. 그러나 섬은 나타나지 않았다. 암만 해도 방향을 잘못 잡았다고 생각한 앤슨은 뱃머리를 반대로 돌려서 같은 위도를 따라 동쪽으로 항해해갔다. 며칠 동안 항해해갔을 때 눈앞에 산맥이 남북으로 달리는 남아메리카 해안을 만나게 됐다. 충격

위도와 경도　147

18세기의 정신병원. 벽에 글씨를 쓰고 있는 사람은 상금을 노리고 경도 문제를 풀고 있다.

적이지만 며칠 전에 뱃머리를 돌린 지점에서 조금만 더 항해했으면 섬이 나왔을 텐데 그때 방향을 돌렸던 것이다. 할 수 없이 다시 배를 돌려 왔던 길을 다시 가야 했고, 이렇게 헤매는 사이에만 80명이 더 죽었다. 대항해시대 원양항해의 실상은 이랬던 것이다.

 이와 같은 해상 사고 때문에 큰 희생을 치러야 했던 영국 의회는 1714년 경도를 정확히 계산하는 문제를 해결한 사람에게 2만 파운드라는 거액의 상금을 주기로 의결했다(이 액수를 현재 가치로 환산하면 600만 파운드, 즉 115억 원에 해당한다고 하니 이것이 얼마나 중대한 문제였는지 짐작할 수 있다). 경도 계산을 위한 여러 방법들이 모색됐지만, 그중 유력한 한 가지 방법은 배가 위치한 곳의 시각과 동시에 기준 지역의 시각을 파악해서 그 시간 차이를 지리적 거리로 환산하는 것이다. 이를 위해서는 배가 세계 어느 곳에 있더라도, 또 선상의 조건이 어떠하더라도 정확한 시간을 알려주는 시계가 필요하다. 18세기에는 아직 이러한 시계를 만들 수가 없었다.

이 문제를 푼 사람은 존 해리슨이라는 목수였다. 해리슨은 어렸을 때부터 손재주가 좋았을 뿐 아니라, 과학과 공학을 홀로 공부할 정도로 성실했다. 그리하여 19살에 처음 스스로 시계를 만들 정도의 실력을 갖추게 됐다. 그는 곧 경도 문제 해결을 위한 시계 제작에 달려들었다.

세계 어디서든 정확한 시간을 알려주는 해상 크로노미터.

각고의 노력 끝에 1737년에 처음 크로노미터를 만들었다. H-1이라 명명한 이 기계는 상당히 정확하게 시간을 잴 수 있었지만 의회의 요구를 만족시킬 수준은 아니었다. 이후 그는 20년에 걸쳐 크로노미터의 개량에 공을 들여서 H-2, H-3, H-4까지 만들었다. H-4는 자메이카까지의 항해에서 실험을 했는데 81일 간의 항해 동안 겨우 5초가 늦었을 뿐이다. 영국 의회는 아직 더 테스트가 필요하다면서 약속한 상금의 절반만 지불했다. 최종 판단을 내리게 된 것은 제임스 쿡 선장 덕분이었다. 그는 1772년 2차 태평양 탐험 여행에서 크로노미터를 직접 실험하여 이것이 매우 정확하다는 것을 증명했다. 다음해에 해리슨은 원래 약속된 거액의 상금을 지불받았다. 그의 나이 여든의 일이다.

위도와 경도 149

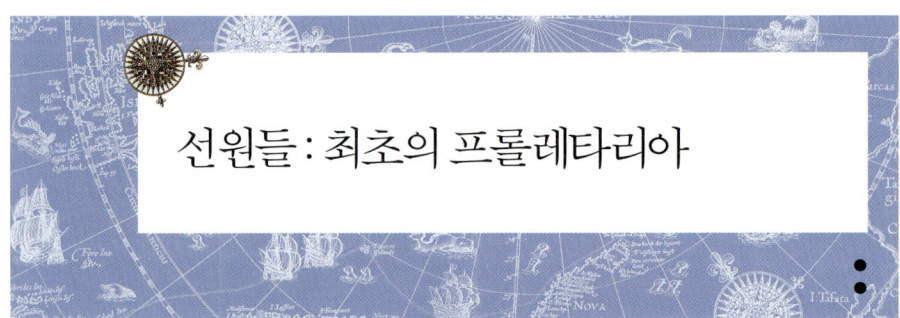

선원들 : 최초의 프롤레타리아

근대 해운업의 발달의 이면에는 수많은 선원들의 고통스러운 삶이 숨겨져 있다.

18세기 초가 되면 이미 수만 명의 선원들이 전세계 바다 위를 떠돌고 있었다. 선원들의 실제 면모는 우리가 낭만적으로 그리는 '파이프를 입에 물고 우수에 젖어 낙조를 바라보는 마도로스' 같은 이미지와는 거리가 멀어도 한참 멀었다. 선원들은 대개 고통스럽고 비참한 삶을 살다가 갔다. 1759년에 한 관찰자(말 잘하기로 유명한 존슨 박사로 추정된다)는 이렇게 기록하고 있다.

감옥에 갇혀도 좋다는 정도의 생각을 하지 않으면 선원이 될 수 없다. 배에 탄다는 것은 익사할 위험성이 더해진 감옥에 갇히는 것과 같기 때문이다. ……차라리 진짜 감옥에 들어가면 더 넓은 공간에 더 좋은 음식, 그리고 대개는 더 좋은 동료들과 살게 된다.

죽음의 공포와 질병, 저임금에 시달리며 힘겹게 살았던 이 노동자 집단이 아니었다면 전지구적 자본주의의 출범과 근대세계 문명의 형성은 불가능했을 것이다.

이처럼 힘든 선원 생활을 나서서 할 사람은 없으므로, 선원들의 고용 과정 자체도 점차 더 폭력적으로 되어갔다.

근대 초 유럽 최대 항구 도시 중 하나인 암스테르담의 경우를 보자. 이곳에서는 특이하게도 여관주인이 인도로 가는 선원 모집 일을 맡아서 했는데, 평판이 좋을 리가 없는 이 사람들은 '영혼 장사꾼zielverkoper'이라고 불렸다. 이들에 의해 영혼이 팔려 지옥 같은 동인도 항해 배를 타는 선원들은 대체로 셋 중 한 명꼴로 살아서 돌아오지 못했다. '영혼 장사꾼'이라 하더라도 어쨌든 노예를 잡아다가 배에 태우는 것은 아니므로 사람들을 어떻게든 설득해서 배에 타도록 만드는 것이 중요했다. 그러기 위해 이들의 조수인 '상어들'이 맹활약을 했다. 이들은 암스테르담으로 들어오는 성문에서 길목을 지키고 있다가 어수룩한 시골 사람들에게 달라붙어 오랫동안 말을 부쳐서 배에 타도록 만들곤 했다. 사실 일자리를 구하는 사람들은 적지 않았다. 돈 없고 집 없는 사람들, 가난에 찌든 방랑자, 하루 16시간씩 토탄 캐는 일을 하다가 지쳐서 도망친 촌사람들이 그 대상이었다. 다음번 배에 타게 될 때까지 숙식도 책임진다고 하는 데다가, 선상에서 벌어지는 멋진 모험, 아시아에 가면 금은보화를 얻어 부자가 되고 이국적인 여자들을 얻게 된다는 식의 이야기에 홀린

기울어지는 배의 모습.

지원자들은 그 자리에서 약속된 숙식 장소로 가게 된다.

도망가지 못하도록 밖에서 문을 닫아걸고 엄중한 감시를 하는 가운데 이 사람들은 축축한 지하실이나 바람이 들이치는 다락방에서 연명했다. 한 증인에 의하면 좁은 방에 300명이 살아가는데 "이들은 낮이나 밤이나 이곳에서 지내면서 용변도 이곳에서 보았고 누울 곳도 모자라서 서로 뒤엉켜 잠을 자야 했다." 때로는 지하실에 갇혀 5개월이나 기다려야 했는데, "이곳의 공기는 너무나도 탁하고 더러웠다. 이곳의 사망률이 어찌나 높은지 이곳 소유주는 당국에 제대로 신고를 하지 못하고, 관 하나에 시체 두 구씩 넣어 매장하기도 했다."

기다리다가 지쳐서 나가떨어질 때쯤, 드디어 어느 날, 트럼펫, 피리, 드럼 소리와 함께 암스테르담 시내에서 소집 행진이 벌어진다. 안쓰럽게도 마르고 더러운 몸에 누더기를 걸친 사람들이 동인도회

배가 기울어질 때 배 안의 모습.

사 본부까지 거리를 가로질러 가는 것이다. 많은 사람들은 용기를 북돋아주기 위해 '영혼 장사꾼'들이 준 브랜디에 취해 있었고 줄서서 기다리던 도중에 그들 간에 난투극도 심심치 않게 벌어졌다. 지원자들이 계약서에 서명하고 등록을 마치면 회사 쪽이 이들에게 봉급을 지불해준다. 선원 지원자들은 대개 5년 계약을 하는데 월급이 10길더이므로 모두 600길더를 받게 되어 있다. 이 금액에서 '영혼 장사꾼'에게 차용증서 형식으로 150길더를 제하고, 또 그동안 밀렸던 밥값과 술값도 지불하고, 모자, 베개, 담요, 나이프 등의 개인용품도 구입해야 한다.

'영혼 장사꾼'들은 그들이 동인도회사에 모집해준 사람 한 명당 150길더를 받으므로 큰돈을 벌 것 같지만 사실은 그렇지도 않다. 동인도회사는 이들에게 60길더만 바로 지불해주고 나머지 금액은 배가 사업을 마치고 무사히 돌아와서 해당 선원이 실제로 일을 잘

선원들 : 최초의 프롤레타리아 153

수행했다는 기록이 도착해야만 지불해주었다. 만일 배가 침몰하거나 자기가 데려다준 선원이 죽는 경우 약속된 돈을 날리게 된다. 이런 위험부담을 안고 오랜 기간 기다릴 여유가 없는 '영혼 장사꾼'은 72퍼센트까지 이르는 높은 비율로 증서를 할인해서 처분해야 했다. 그러므로 실제 큰돈을 만지는 사람들은 증서를 구입하는 투자자들이었고 '영혼 장사꾼'은 그저 근근이 살아가는 정도에 불과했다. 암스테르담에만 이런 식으로 일을 하는 '영혼 장사꾼'이 200명이 있었다고 하며, 로테르담이나 호른 같은 다른 항구 도시에도 이런 수상쩍은 인간들을 볼 수 있었다.

이 경우는 그나마 최소한 본인이 자원하여 계약하는 형식이었지만 그보다 더한 사례도 많다. 런던의 알선업자들은 선술집을 급습하여 술에 곯아떨어진 선원들의 손발을 묶어서 끌고 나와 가두었다가 일손을 찾는 선장에게 넘기기도 했다. 최악의 조건으로 알려진 영국 해군의 경우에는 강제징모대press-gang가 동원되어서, 항구에서 어슬렁거리던 억세게 운 나쁜 총각들을 그 자리에서 잡아다가 배에 태우기도 했다. 반대로 선장들의 입장에서는 이런 식으로 각국의 '잡종 인간들'이 모여 있고 툭하면 술에 절어 있어서 통제가 되지 않은 상황에서 멀리 아시아나 아메리카까지 항해한다는 것이 기적에 가까운 일로 보였다.

선상 생활은 그야말로 고통의 연속이었다. 무엇보다도 보급 부족이 큰 문제였다. 근대 초에 선원들은 대체로 1.5~2파운드의 비스킷, 0.5~1파운드의 염장육(쇠고기, 돼지고기, 대구 혹은 치즈), 4분의 1파운드의 쌀 혹은 말린 야채, 1리터의 물, 4분의 3리터의 포도주, 그리고 약간의 식초와 기름을 하루치 보급품(레이션)으로 받았다.

프란체스코 성인이 바닷물에 발을 담가 식수를 만드는 기적을 그린 포르투갈 그림으로, 식수 문제의 절박함을 보여준다.

당시 선박의 적재량이 크지 않기 때문에 출항할 때 기껏해야 4개월 분의 식량과 한 달 분의 물(1인당 500리터로 계산한다) 정도를 싣고 떠나게 된다. 따라서 장기간의 항해 때에는 곧 보급 부족 문제가 시작된다. 신선한 음식은 출항 후 몇 주 안에 다 떨어지고 대신 염장 고기, 말린 생선, 콩이 주식이 됐다.

가장 심각한 문제는 식수 부족이었다. 물은 쉽게 상했다. 썩어서 찌꺼기가 뜨고 악취가 심한 물을 마시려면 코를 잡고 이를 앙다물어서 찌꺼기를 걸러내면서 마셔야 했다. 물통을 나무로 만들었기 때문에 이런 문제가 발생했는데, 금속으로 된 물탱크를 사용할 생각은

선원들 : 최초의 프롤레타리아 155

항해를 마치고 돌아온 선원.

왜 그런지 아주 늦게서야 하게 됐다. 갈증을 이기는 방식으로 납탄을 씹기도 했는데 이 때문에 선원들이 납 중독에 걸리기도 했다. 아마도 이것은 성욕을 억누르기 위해 음식에 초석을 뿌려서 먹는 관행과 쌍벽을 이루는 바보짓에 속할 것이다. 이런 열악한 조건에서 사망률이 높아지는 것은 자연스러운 귀결이었다. 태평양을 넘을 때에는 선원들 절반이 죽는 것은 보통이었고 심지어 사망자가 75퍼센트에 달하기도 했다.

세계 최초로 세계일주를 한 마젤란의 항해가 대표적인 사례인데, 이는 아마도 가장 고통스러운 항해 중 하나일 것이다. 예상보다 훨씬 긴 기간이 걸린 데다가 하필 기착할 수 있는 섬들을 다 피해가며 태평양을 가로질러 항해했기 때문에 보급을 받지 못한 상태에서 장기간 버텨야 했기 때문이다. 마젤란이 사망한 후 선단을 지휘하여 귀국한 안토니오 피가페타는 그 상황을 이렇게 설명한다.

1520년 11월 28일 수요일. 우리는 해협(마젤란해협을 말한다)을 빠져나와서 태평양으로 들어갔다. 우리는 석 달하고도 20일 동안 신선한 음식 없이 지냈다. 우리가 먹은 비스킷은 더 이상 비스킷이라고 하기 힘든 것이었다. 거기에는 벌레들이 우글거렸는데, 이것은 음식이라기보다는 벌레들이 좋은 부분을 다 갉아먹고 남은 가루에 불과했다. 게다가 쥐 오줌 냄새가 진동했다. 우리는 며칠 동안 부패한 노란색 물을 마셨다. 또 활대 끝에서 로프가 쓸리는 것을 방지하기 위해 덮었던 소가죽도 먹었다. 그것은 햇볕, 비, 바람 때문에 엄청나게 질겨졌다. 그것을 4~5일 바닷물에 담가두었다가 건져서 잠시 깜부기불에 올려놓은 후 먹었다. 그리고 가끔은 뱃전의 톱밥도 먹었다. 쥐는 한 마리에 반 두카트씩에 팔렸지만 그래도 구하기 힘들었다. 그러나 우리가 겪은 곤경 중에서도 최악의 것은 다음과 같은 것이다. 위아래 잇몸이 모두 부풀어올라서 아무것도 먹지 못하고 죽는 것이다. 19명이 이 병(괴혈병)에 걸려 죽었다. 25~30명 정도는 팔, 다리 혹은 다른 부위에 병이 났다. 몸이 성한 사람은 거의 없었다.

_ 안토니오 피가페타, 『최초의 세계일주』중에서.

선박은 근대 자본주의를 형성한 중요한 요소로서, 근대 공장과 유사한 존재였다. 이 관점에서 보면 선원들은 공장 노동자의 선구적인 존재, 즉 최초의 프롤레타리아라고 할 만하다. 선원은 가장 초기의 그리고 최대의 자유 임금노동자 집단들 가운데 하나였다. 한정된 공간에서 여러 사람이 집중되어 분업화·표준화된 일을 하는 가운데, 감시와 억압이 일상화된 생활을 해야 했던 선원들은 여러 모로 장차 출현하게 될 공장 노동자의 선구였다. 근대 자본주의 사회의 중요한 작동 원리들은 이미 바다 위에서 실험 중이었다.

괴혈병의 정복 : 쿡 선장의 위생 조치

제임스 쿡 선장.

항해 때에 일어나는 가장 큰 문제 중 하나는 괴혈병이었다. 대개 4주 정도 신선한 음식을 보급받지 못하면 이 병이 나타나기 시작한다. 이 병의 전형적인 증세는 입천장이 붓기 시작하고 염증과 출혈 끝에 이가 빠지는 것이다. 치아와 상처가 헌 곳 사이에 피가 썩어서 악취가 나며, 곧 피부가 트고 상처가 아물지 않는다. 다음에는 혈변을 보게 되고, 시각이 흐릿해지다가 고열로 아주 심한 갈증과 경련을 겪은 끝에 갑자기 사망한다.

사실 괴혈병에 대한 과학적 해결책은 18세기 중엽에 이미 알려져 있었다. 스코틀랜드의 제임스 린드James Lind 박사는 1754년에 발표한 『괴혈병론』에서 레몬주스의 섭취를 권했다. 그런데 영국 해군은 1795년까지 이 충고를 무시했다. 이는 관료제의 폐해를 실증하는 중요한 사례로 꼽히기도 한다. 레몬주스와 라임주스가 괴혈병 예방에 결정적이라는 사실이 알려진 다음 영국 해군에서는 라임주스를 필수 보급품으로 싣고 이를 공급했다. 그래서 영국 해군의 별명이 '라이미limey'가 됐다.

그런데 비타민이 풍부한 과일이 괴혈병을 예방한다는 사실은 이론적으로는 아니더라도 경험적으로는 오래 전부터 알려져 있었던 것으로 보인다. 18세기 초에 출판된 『해양 사전』(N. Aubin, *Dictionnaire de Marine, Contenant les Termes de la Navigation et de l'Architecture Navale*, Amsterdam, 1702)에는 '괴혈병' 항목에서 이 병에 대한 치료책으로 오렌지주스와 거북의 피를 권하고 있다(오렌지주스는 분명히 맞는데 거북의 피는 과연 효과가 있을까).

괴혈병에 대한 합리적인 대처 방안을 처음 마련한 사람은 제임스 쿡 선장이었다. 쿡 선장은 비타민 C의 보고인 소금에 절인 양배추(사워크라우트Sauerkraut)를 3천 킬로그램 넘게 배에 실어서 선원들이 일주일에 세 번씩 먹게 했다. 그외에도 그는 선원들의 건강 유지를 위해 위생조치를 엄격하게 시행했다. 모든 사람이 매일 한번 목욕을 하도록 하고(심지어 남극권에서도 시행됐다) 세탁, 청소 등을 철저하게 시행했다. 그 결과 그의 배에서는 괴혈병이 전혀 나타나지 않았다.

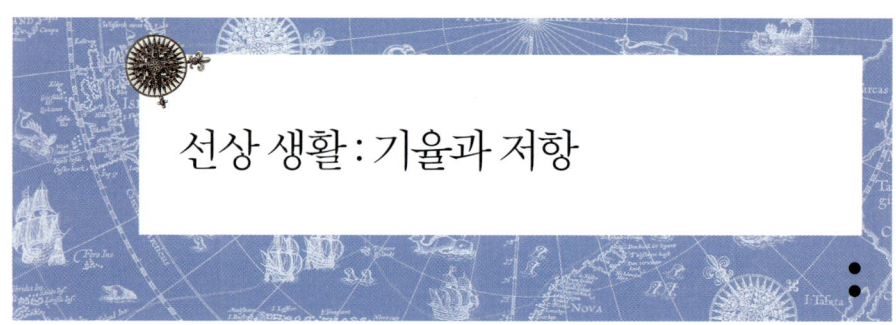

선상 생활: 기율과 저항

원양항해 중 선원들의 삶은 어떠했을까.

지난 시대의 선박은 정말로 작은 규모여서 비유하자면 배에 탄다는 것은 몇 달 동안 테니스코트만한 공간에서 살아가는 것을 의미했다. 제대로 몸을 움직이기도 힘들 정도로 좁은 공간에 많은 사람들이 장기간 갇혀서 생활한다는 것부터가 육체적으로나 혹은 정신적으로나 큰 고통이었다. 그러나 무엇보다도 선원들에게 가장 직접적인 위협은 선상 기율이었다. 네덜란드의 속담에서 말하듯 선원들은 "땅에서는 사람이지만 배에서는 당나귀" 취급을 당하는 것이다. 해상의 법과 전통 모두가 선원들은 잘 다스려지지 않는 존재로 여겼고 가혹한 처벌을 당연시했다. 선원들은 음식을 뱃전 너머로 던지기만 해도 채찍질을 당했다. 하느님의 이름을 들먹이며

처음 적도를 넘는 경험을 하는 선원들 혹은 승객들은 독특한 신고식을 치렀다.

욕을 하는 자는 중앙 마스트에서 채찍질을 당하고 빈민에게 돌아갈 벌금을 물었는데, 그 이유는 선박의 안위는 전적으로 전지전능한 하느님의 손안에 달려 있다고 믿었기 때문이다. 이런 식으로 선장과 간부 선원들은 평선원들에 대해 거의 생사여탈권을 쥔 채 무지막지한 폭력을 행사했다. 그들은 효율적인 사업 운영을 위해서 선상 질서를 어지럽힐 수 있는 모든 행위에 대해서 철저히 억압하려 했다. 최대한의 효율성을 얻기 위해 많은 인력을 한 곳에 집중시키고 조직적이고도 폭압적으로 통제한다는 점에서 해운업은 근대 자본주의가 때 이르게 발전한 분야이며 동시에 그 병리적인 측면이 집약된 분야였다.

선상 기율이 어떠했는지 잘 보여주는 자료 중의 하나는 소위 선상규칙서Letter of Articles이다.

누구든 선장이나 그 대리인의 명령을 거부하는 자는 사형에 처한

선원 문화의 특징은 음탕과 방종이었다.

다. 상급 간부들로 구성된 법정은 전적인 재판권을 가지며 그 판결은 사무장이 곧바로 집행한다. 사무장의 일에 간섭하거나 그에게 협력하지 않는 사람은 반란자로서 처벌된다.

이처럼 선상규칙서의 첫 시작 부분에서 명백히 밝히고 있듯이 선장은 거의 무한의 권력을 쥐고 있었다.

선원들 간의 폭력 행위는 엄벌에 처했다.

먼저 싸움을 건 자는 철창에 가두고 음식은 빵과 물로 제한한다. 규칙을 어긴 자에게 음식을 제공하거나 어떤 식으로든 그의 처벌을 경감시키려고 하는 자 역시 같은 벌을 받는다. 나이프를 빼드는 행위는 심각한 위반 행위로 간주된다. 첫 번째 위반자는 활대 끝에서 바다로 빠뜨리는 벌을 세 번 연속 가하며, 두 번째 위반자는 킬홀keelhaul(몸을 줄에 맨 다음 배 밑을 헤엄쳐서 지나가게 하는 처벌)에 처한다.

다른 선원에게 부상을 입힌 자에 대한 처벌 역시 살벌하기 그지없다. "피를 흘리게 한 그 손을 마스트에 못 박고 다른 손은 등 뒤에 묶어둔다. 그래서 자기 손등을 찢고 마스트에서 손을 떼도록 한다." 하물며 살인자에 대해서는 말할 나위도 없다. "사람을 살해한 자는 희생자와 등을 마주 댄 채 묶어서 뱃전 너머로 던진다"!

요리사에게 집적거려서 음식을 더 타먹으려는 행위로부터 뱃전에서의 음주, 보초를 서다가 잠드는 일, 화약 보관실에 함부로 들어가거나 허락 없이 대포를 쏘는 일 등 선상 생활과 관련된 모든 행위에 대한 금지 조치들이 엄격했다.

문제는 이런 일들이 선상의 질서를 바로잡기 위해 필요한

1647년에 출판된 『바타비아호의 불행한 여행』에 나오는 삽화. 극한 상황에 몰린 선원들은 때로 반란을 일으켜 서로 죽고 죽이는 사건이 일어나기도 했다.

정도를 훨씬 상회하는 극단적인 폭력으로 나타나기 십상이며 또 그것이 대단히 자의적이라는 것이다. 주변에 간섭할 사람이 아무도 없는 망망대해에서 절대 권력을 가진 선장 및 간부들은 선원들에게 거의 무제한의 폭력을 휘둘렀다. 영국의 한 선장은 채찍질을 하는 동안 맞는 사람이 "끽끽거리며 우는 소리를 내면 채찍질 수를 세 배로 늘리곤 했다." 돌 머그잔으로 때려서 이 몇 대가 부러지고, 머리를 맞아서 눈이 빠져나오고, 엄지손가락을 눈에 밀어넣는 등의 잔인한 일들이 벌어졌다. 여기에 공갈 협박이 더해졌다. "칼로 간을 잘라 뜯어 먹겠다", "산 채로 가죽을 벗기겠다"는 식의 엽기적 표현을 곁들여가며 포악한 분위기를 연출하는 것은 권위를 세우는 계산된 방식이었다. 그나마 이런 폭력을 다소라도 억제하게 되는 한 가지 요소는 항해를 마치고 귀국했을 때 선원들이 똑같은 방식으로 보복할지 모른다는 두려움이었다. 아시아의 바다에서는 선상 분위기가 훨씬 더 살벌했다가 유럽에 가까이 오면 다소 누그러지곤

하는 것도 그런 이유 때문이다.

이런 상황에서 선원들은 그들 나름의 대응 방식을 구했다.

선원들은 결코 고분고분 말을 잘 듣는 부류가 아니었다. 오히려 그들은 기회 있을 때마다 질서를 어기곤 했다. 술통을 파손시켜서 술을 마시거나, 설탕, 담배 같은 화물을 횡령하곤 했다. 더 나아가서 선원들은 불만이 극에 달하면 직접적인 행동에 나서기도 했다. '스트라이크'라는 말 자체가 원래 선원들의 집단 반발 행위에서 나온 것이다. 이 말은 1768년 영국 선원들이 자기 배의 돛을 망침으로써 런던 상업계에 타격을 가하려고 한 데에서 비롯됐다. 선원들의 저항은 극단적인 경우 선상반란으로 이어졌다. 이때에는 많은 경우 간부 살해가 일어나고, 평선원들이 배의 통제권을 장악하는 일도 일어나며, 약 3분의 1 정도의 경우에는 선원들이 아예 해적이 됐다.

역사가들은 선상 폭력 현상도 근대에 들어와서 유독 심해진 '근대적 현상'의 하나라고 설명한다. 중세에는 선장이 그의 선원들을 잔혹하게 다루어도 처벌을 받지 않는 따위의 일은 없었으며, 선장 및 간부들로 구성된 위원회가 조직적이고 체계적으로 살벌한 폭력을 휘두르지도 않았다. 극단적인 선상 폭력 역시 자본과 인력이 대규모로 집중되는 강력한 계서제hierarchy가 형성된 결과 벌어진 일이다.

그 계서제의 제일 아래에 깔려 있는 평선원들은 첫 번째 희생자로서 크나큰 고통을 감내해야 했다. 그들은 근대 프롤레타리아의 때 이른 전형으로서 그들만의 생활방식과 문화를 형성하며 이 체제에 저항했다. 그러나 폭력성이 더욱 심화되면 결국 체제 안의 저항을 넘어서 이 체제 자체에 도전하는 외부 저항 집단이 형성됐다. 해적세계가 그것이다.

선원들의 죽음

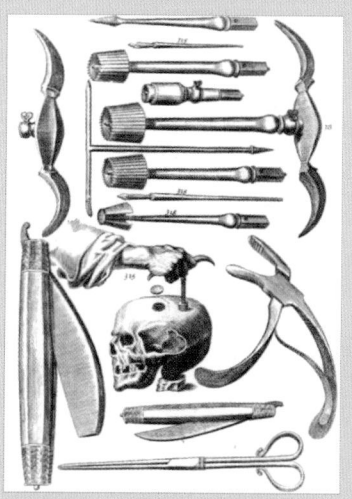

선원들이 다쳤을 때 선의(船醫)들이 사용하는 도구들. 수술도구라기보다는 건축 도구를 연상시킨다.

굶주리다가 병에 걸려 죽든, 맞아 죽든, 혹은 사고로 죽든 선원들의 죽음은 다반사였다. 그리고 죽은 다음에도 차별은 여전했다. 간부 선원이나 상인들이 죽으면 기도를 하고 예포를 쏜 다음 시체를 정중히 바다에 넣는 식으로 제법 그럴듯한 의식이 치러졌다. 또 시체를 시트에 싸고 이를 나무판에 묶은 다음 포탄 두 발을 달아서 빠른 속도로 가라앉도록 만들었다.

그러나 일반 선원들의 경우에는 그런 의식 따위는 생략했다. 심지어 시트로 싸지도 않은 채 시체를 그대로 뱃전 너머로 던지는 일도 비일비재했다. 선원들 사이에는 이와 관련된 이상한 믿음이 있었다. 시체를 어떤 방향으로 던지더라도 곧 머리의 방향이 동쪽으로 해서 떠내려간다는 것이다. 크리스토퍼 프라이크라는 한 선의(船醫)의 기록에 의하면, 자신이 탄 배에서 죽은 선원을 바다에 던진 일이 있었는데, 이때 궁금증을 이기지 못한 한 선원이 기어이 줄사다리를 이용해서 뱃전을 타고 내려가 막대기로 시체의 위치를 바꿔놓았다. 그런데 어떻게 된 일인지는 몰라도 그 시체가 곧바로 동쪽으로 방향을 바꿔 흘러가지 않는가! 이 이후 선원들은 더더욱 그러한 믿음을 굳게 가지게 됐다고 한다.

억압적이고 흉흉한 분위기에다가 탈출이 불가능한 환경 때문에 간혹 선원들이 미치는 수가 있다. 네덜란드 선박에 탔던 독일 여행자 크리스토퍼 슈바이처의 기록에 의하면 항해 중에 선원 두 사람이 바다에 뛰어들었다. "수영에 능한 두 사람이 바다에 뛰어들어 그 두 사람을 구해왔다. 그렇지만 바로 그날 밤 그중 한 명은 침대 곁에서 목을 매어 자살했고 나머지 한 사람도 다음날 역시 자살했다."

　간혹 아주 기분 나쁜 일이 일어난다. 슈바이처의 여행 중에 선원들이 상어를 한 마리 잡은 일이 있었다. 그런데 "상어 배를 가르자 그 안에서 며칠 전에 죽어서 바다에 던져넣었던 의사의 몸이 아직 소화가 되지 않은 상태로 들어 있었다. 사람들은 속이 뒤집어져서 도저히 상어고기를 먹을 기분이 나지 않았다. 그래서 의사의 시체와 상어를 다시 바다에 던져넣었다."

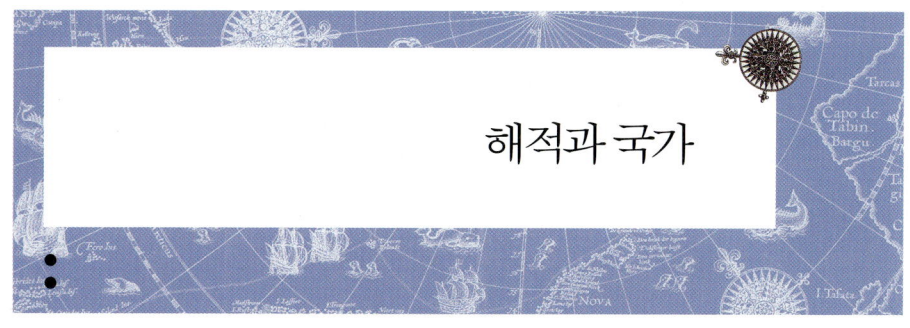

해적과 국가

근대 해양세계의 팽창은 곧 해적의 흥기를 가져왔다. 해양사 전문가들은 해적 역시 근대 이후 본격적으로 나타난 현상이라고 주장한다. 사실 중세 시대라고 해서 해상에서 강도짓을 하는 배가 없었던 것은 아니지만, 대서양과 인도양의 광범위한 해역을 무대로 중무장을 한 채 상선들을 공격하며 살아가는 '본격파 해적'은 분명 근대 이후에나 볼 수 있는 일이다.

해적은 어떤 존재인가.

해적이란 통념상 '바다에서 선박을 공격하여 재물을 탈취하는 자들'쯤으로 생각하게 되지만, 사실 국제법상으로 해적에 대한 정확한 개념 정의는 없다고 한다. 실제 역사의 무대에서 해적 현상은 보기보다 상당히 복잡한 양태를 보인다. 일반 상선들은 언제 공격

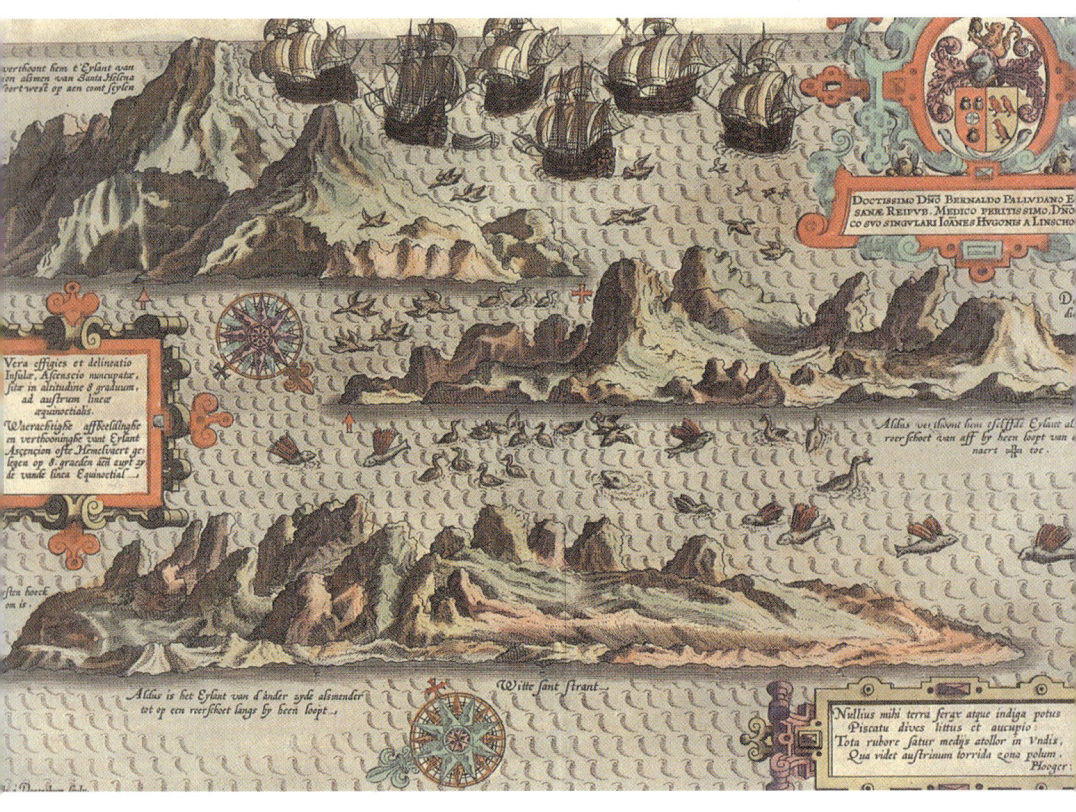

해적이 준동하던 근대 카리브해.

을 당할지 모르므로 늘 무장을 갖추고 항해하게 마련인데, 만일 지나가는 다른 배의 무장 상태가 빈약해 보인다 싶으면 그들 자신이 상대방을 공격해서 노략질하는 것이 다반사였다. 오늘날처럼 비교적 해상 질서가 잡혀 있는 시대에는 이상하게 보일지 모르지만 상업과 무력행사가 결코 별개의 일이 아니었던 것이다. 상인들은 때로 상업활동을 하고 때로 해적질을 하고 때로 그 둘을 동시에 했다(앞에서 언급했듯이 동아시아 해상세계에서도 이런 면을 가지고 있었다). 더 나아가서 대상인 중에는 '해적사업'과 보험업에 동시에 투자를 하기도 했다!

개념적으로 볼 때 해적은 국가 문제를 고려하지 않고는 이해할 수 없다. 해적은 처음에 국가로부터 적국의 선박을 강탈할 권리를 위임받아 국가 대신에 공격 행위를 하는 민간업자들로 시작됐지만, 이것이 나중에 변질되어 국가의 금지에도 불구하고 약탈 행위를 하는 무법자가 됐다. 근대 초에 해적이 활개를 쳤던 기본적인 이유는 국제 해상무역은 크게 발달하는데, 국가 권력이 모든 바다를 다 통제하지는 못했기 때문이다. 국가가 '영토'는 통제하지만 아직 '영해'를 통제하지 못하는 상황에서 국가를 대신하여 사적인 폭력을 휘두르는 집단이 해적인 것이다. 말하자면 국가가 주관하여 폭력을 휘두르면 '해군'이고 사적인 집단이 폭력을 휘두르면 '해적'이 된다. 아우구스티누스의 『신국』에서 이를 잘 말해주는 구절이 있다.

알렉산드로스 대왕이 사로잡힌 해적에게 물었다.
"너는 바다에 출몰하면서 도대체 무엇을 하겠다는 거냐."
이에 대해 해적은 오만불손한 태도로 답했다.
"세계 각지에 출몰하는 당신과 다를 바가 없소이다. 다만 나는 작은 배를 타니까 해적이라 불리는 것이고 당신은 막강한 해군을 가지고 있으니 황제라 불릴 뿐이오."

대체로 16세기경부터 국가를 대리하여 적국 선박을 공격하는 해적을 특히 '사략선 업자privateer'라고 부른다. 이들은 정부와 계약을 맺고 전시에 적선을 공격할 권리를 받은 민간업자들이다. 해상 경쟁이 치열한 상황에서 각국 정부는 무장을 갖춘 민간 선박에게 적국의 배를 공격하고 약탈하도록 부추겼다. 말하자면 정부가 담당해야 할 전쟁 업무를 민간 분야에 위탁한 것으로서, 이를 통해 적국의 군사적·경제적 힘을 약화시키고자 하는 의도였다. 정부로서는 자기 힘을 들이지 않고 적국에 타격을 가하는 외에 수익금의 일부를 챙길 수 있고, 이 사업에 참여하는 사람들로서는 이익을 추구하면서 동시에 조국의 영광을 위해 일한다는 의식을 가질 수 있었다.

이 사업에 참여할 업자들은 정부로부터 약탈면허장Letter of Marque을 얻어야 했다. 정부는 이 사업이 지나치게 무질서하게 돌아가지 않도록 여러 조치를 통해 규제를 가하려고 했다. '해적사업'을 하고자 하는 상인은 통상 다음과 같은 단계를 거쳐 진행하게 된다. 첫째, 정부 당국에 약탈면허장을 요청한다. 둘째, 정부가 정해준 조건대로만 약탈을 하도록 하기 위해 정부에 보증금(채권이나 기타 증서 형식)을 건다. 셋째, 출항 전에 당사자와 공증인, 증인 두 명이 계약서에 서명한다. 넷째, 입항하면 당국이 규정 준수를 확인한다. 약탈은 그야말로 제도화된 정식 사업이었던 것이다.

사략선 카테고리의 가장 대표적인 인물은 영국의 프랜시스 드레이크Francis Drake이다. 그는 골든 하인드Golden Hind('황금 사슴')호를 지휘하여 태평양으로 진입한 뒤 에스파냐의 선박과 항구들을 공격했다. 이때까지도 태평양 상의 항해는 에스파냐의 독점 상태였으며 다른 나라 선박의 진입은 상상도 하지 못하고 있던 때라 선박들은 거의 무장을 하지 않고 있었다. 1579년 3월 1일, 그는 에스파냐의 카카푸에고호를 나포하고 재물을 약탈했는데, 이는 해적의 역사에 길이 남을 대사건이라 할 만하다. 13통의 은화(이는 26톤의 은괴에 해당한다)를 비롯한 금은보화를 자기 배에 옮겨 싣는 데에만 꼬박 나흘이 걸렸다고 한다. 드레이크는 화물만 빼앗고 선박은 에스파냐

16세기 영국의 대표적인 해적 프랜시스 드레이크와 그가 이끌던 골든 하인드호를 복제한 배.

쪽에 되돌려주었는데, 이때 이 배의 선장 안톤에게는 기념품과 함께 약탈한 물품의 명세서를 써주었다. 혹시 에스파냐 정부로부터 선장 자신이 화물을 빼돌리지 않았느냐는 추궁을 받지 않도록 하기 위해서라는 것이다. 게다가 다른 영국 선박에게 다시 나포됐을 때에 대비해서 안전통행증까지 발급해주었다. 과연 청사에 길이 남을 영국 신사다운 해적이라 할 만하다. 아닌 게 아니라 드레이크는 조국에 대한 공헌으로 1581년에 영국 여왕에게서 기사 작위를 받았고 그의 이름에 '경sir'이 붙게 됐다.

그는 다시 5년 뒤에 국가로부터 정식 허가를 받아 카리브해로 원정을 갔고, 1595년에도 27척의 선박을 이끌고 파나마 점령을 기도하는 등 당시 영국의 최대 라이벌인 에스파냐의 식민지를 공격하여 국가에 큰 공헌을 했다. 1596년 2월에 열병에 걸려 사망했을 때 이 무자비한 해적은 영국의 국민적 영웅이 됐다(비교하기 우스운 일일지 모르지만, 우리나라의 영웅 이순신 제독이 노량해전(1598)에서 전사하기 2년 전 일이다). 그렇지만 드레이크 자신은 약탈을 통해 개인적으로 부자가 되는 것이 일차적인 목표였고, 이런 점에서 그는 다름 아닌 '강도'였을 따름이다.

이런 의미의 해적은 결코 부정적인 의미를 띠지 않았다. 16~17세기까지도 영국 귀족들은 상업을 천시하는 심성을 지니고 있어서 전적으로 상업활동만 하는 데에는 투자를 꺼렸다. 해적 행위는 한편으로 조국의 영광을 드높이면서 동시에 자신은 부자가 되는 훌륭한 행위로 찬양됐다. 하버드대학의 역사학 교수인 닐 퍼거슨은 『제국』이라는 저서에서 영국은 "해상폭력과 도둑질의 소용돌이 속에서" 해적 국가로 출발했다고 당당하게 기술하고 있다.

아무리 조국의 명예 운운한다 해도 해적은 역시 잔인무도한 인간들이다. 그들은 포로를 심문할 때 잔인하게 고문하는 것으로 악명높았다. 질문에 바로 답하지 않으면 단도로 포로의 몸을 난도질한 다음 칼날에 묻은 피를 혀로 빨고, 칼로 한 포로의 심장을 도려내서 다른 포로에게 강제로 먹이는가 하면, 불쌍한 희생자의 손, 팔, 코, 귀를 자른 다음 그 자리에 꿀을 발라서 나무에 묶어둠으로써 벌레들이 갉아먹게 만들기도 했다. 프랑스계 해적인 몽바르Montbar는 포로의 배를 갈라 내장을 끄집어내서 끝부분을 벽에 못으로 고정시킨 다음 횃불을 들이대서 불쌍한 희생자가 몸을 움직여 피할수록 내장이 딸려나오도록 만들었다! 또 한번은 에스파냐 선박을 나포했을 때 한 사람만 남기고 모든 선원들을 참수했는데, 이는 살아남은 한 사람이 돌아가서 어떤 일이 벌어졌는지 보고하게 만들려는 의도였다. 아무리 낭만적으로 미화하고자 해도 해적들은 결코 훌륭한 인간들이라고 할 수는 없으리라.

영국과 에스파냐 사이의 외교 관계가 호전됐을 때 에스파냐는 그동안 자기네 선박들을 공격했던 잔인한 해적 수괴들을 잡아서 인도하라고 요구했다. 그러나 유명한 해적 헨리 모건의 경우 정치적 영향력을 가진 친구들을 동원하여 투옥을 면했을 뿐 아니라 오히려 기사 작위까지 받았고, 평생 모은 재산으로 농장을 사서 안정적인 노년의 삶을 살았는데, 이를 보면 영국 정부는 이때까지도 해적 행위를 암묵적으로 승인하고 장려했음을 알 수 있다.

그러나 문제는 그 다음이다. 평화의 시대가 찾아오고 해상 폭력이 이제는 국익에 도움이 되기는커녕 막대한 피해를 끼쳤지만, 정부로서는 이들을 통제할 수 없었다. 해적의 전성기라 할 수 있는 18세기에는 이전처럼 '국가를 대신하여' 폭력을 행사하는 것이 아니라 '국가의 금지에도 불구하고' 폭력을 행사했고, 더 나아가서 '국가에 대항하여' 폭력을 행사하게 됐다. 이제는 해상 공간을 사적 폭력에 맡길 것이 아니라 국가 권력이 통제해야 하고, 국제법적인 '영해' 개념도 정비할 필요가 있었다. 그러나 해군이 바다를 통제해서 통치 질서를 어느 정도 확보하는 것은 아직 요원한 일이었고 당장에는 국가와 해적 사이에 피비린내 나는 싸움이 계속될 수밖에 없었다.

마드레 데 데우스 호의 나포

영국 동인도회사 특허장을 교부한 엘리자베스 여왕.

1592년 여름, 존 버로 경의 지휘 아래 여섯 척의 영국 전함이 대서양의 아조레스제도 근처에서 길목을 지키고 있다가 포르투갈의 초대형 카라크 선 마드레 데 데우스Madre de Deus('신의 어머니' 곧 '성모 마리아'의 뜻)호를 나포해서 다트머스항으로 끌고 들어왔다. 사실 그들은 아메리카대륙에서 귀금속을 싣고 귀국하는 에스파냐 선박을 기다리고 있었다. 그런데 우연찮게 아시아에서 사업을 마치고 포르투갈로 돌아가던 마드레 데 데우스 호가 걸려든 것이다.

1,600톤급의 이 배는 당시 영국의 일반 상선의 3배나 되는 거대한 규모 때문에 우선 사람들을 놀라게 했다. 그렇지만 정작 사람들을 다시 한번 크게 놀라게 한 것은 이 배에 적재된 엄청난 재화이다. 접전 끝에 영국 함대가 승리를 거둔 직후 영국 선원들이 이 배에 뛰어들어갔을 때 이 배에는 금화와 은화, 진주, 호박, 다이아몬드 등이 가득 찬 궤들, 태피스트리와 캘리코 직물, 사향과 같은 값비싼 물품들이 널려 있었다. 선박의 아래 선창에는 더 많은 물품들이 쌓여 있었다. 425톤의 후추, 45톤의 정향, 35톤의 계피, 25톤의 코치닐, 3톤의 메이스mace, 3톤의 육두구nutmeg, 2톤 반의 안식향benjamin, 그리고 15톤의 흑단이 있었다.

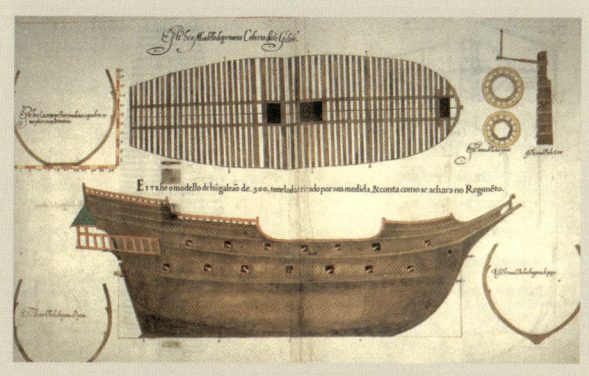

마드레 데 데우스 호와 유사한 포르투갈 선박 설계도.

　곧 선원들은 이 화물의 일부를 훔쳐 가졌다. 이 배가 다트머스항에 들어왔을 때에도 주변 지역 사람들이 몰려와서 이 배의 귀중한 물품들을 빼돌려서 내다 팔았다. 국왕에게 돌아가야 하는 재화가 불법으로 '약탈'당한다는 이야기를 들은 엘리자베스 여왕은 즉시 월터 롤리 경을 보내서 이를 저지하도록 했다. 롤리 경은 "여왕 폐하의 귀중한 재화를 도둑맞고 있는 실정이므로 도둑들을 잡는다면 그들이 처음 태어났을 때와 같은 상태로 벌거벗겨버리겠다"고 대답했다. 그러나 그가 달려갔을 때에는 이미 많은 재화가 사라지고 난 뒤였다. 재무성은 이 배에 실린 화물의 가치가 50만 파운드에 달했을 것으로 추산했지만 런던으로 가지고 온 재화는 14만 파운드밖에 되지 않았다.
　이 사건은 영국의 '해적사업'이 얼마나 큰 수익을 올릴 수 있는지 잘 보여준다. 동시에 아시아무역이 얼마나 좋은 기회를 제공하는지 알게 되어 런던 상인들이 동인도회사를 결성하도록 부추긴 중요한 계기가 됐다.

해적과 민주주의

　로버트 스티븐슨의 소설 『보물섬』, 영화 「캐리비안의 해적」으로부터 일본 만화 「원피스」에 이르기까지 해적이라는 말은 우리의 동경을 불러일으키는 이상한 마력을 지닌 듯하다. 실제로는 온갖 못된 짓을 일삼는 악당들이 어떻게 해서 그런 낭만적인 이미지를 띠게 됐을까. 과연 해적들은 멋진 삶을 살았을까. 해적선에서의 실제 생활은 어땠을까.

　우선 이야기할 점은 일반 선원들이 해적에게 포로가 되어 그들에게 합류하라는 말을 들으면 겉으로는 마지못해 그러는 척하지만, 실제로는 기꺼이 해적선에 타곤 했다는 점이다. 선원들의 삶이 워낙 힘들고 위험한 데다가 극도로 억압받는 상황이었기 때문에 차라리 해적이 되어서라도 그 생활을 벗어나고자 했기 때문이다. 선원들이든 해적이든 어차피 내일이 없는 밑바닥 삶을 사는 것은 같았고, 그런 마당에는 차라리 멋지게 '한탕 해서' 굵고 짧게 살겠다는 생각을 했음직하다.

널리 퍼진 해적 이미지.

사실 일반 선박에 비해 해적선에는 더 많은 인원이 모여 있어서 노동 강도는 확실하게 줄어들었고, 또 약탈한 물품을 선주나 화주에게 바치지 않고 그들끼리 나누어 가지므로 일이 잘 풀리면 비교적 풍족하게 살 수도 있었다. 중노동에서 해방된 데다가 술과 음식을 잘 먹고 지낸다는 점에서 해적선은 가난한 사람들이 꿈꾸는 이상세계와 유사한 측면이 있다는 점은 부정할 수 없다.

해적들은 일반 선박과는 전혀 다른 새로운 종류의 공동체를 이루고 있고 또 새로운 신념에 근거해서 살아갔다. 해적선은 무법천지의 세계라고 생각하기 쉬우나 실제로는 무질서가 아니라 기존 질서와는 다른 '새로운 질서'가 형성되어 있었다. 그들은 법 밖에서 사는 사람이지만 그렇기 때문에 오히려 더욱 엄격한 자신들의 법을 지키며 살았다. 그렇지 않았다면 망망대해를 돌아다니며 살아가는 그들로서는 내분과 무질서 때문에 당장 생존이 불가능했을 것이다. 이들이 지켜나가는 선상 질서는 놀랍게도 독특한 방식의 '민주주의'였다. 이것을 잘 보여주는 자료가 유명한 해적선장 바르솔로뮤 로버츠 휘하의 선원들이 작성한 해적 규약이다.

1. 모든 승무원은 현안에 대해 동등한 표결권을 가진다. 어느 때든 노획한 식료품과 주류에 대해 동등한 권리를 가지며, 공동선共同善을 위해 절약하기로 결정한 경우를 빼고는 그것들을 마음대로 이용할 수 있다.
2. 모든 승무원은 전리품 목록에서 공평한 몫을 요구할 수 있다. 자신의 정당한 몫 이외에도 옷가지를 한 벌 더 가질 수 있다. 하지만 동료의 보석이나 돈을 한 푼이라도 사취하면 무인도에 내버린다. 동료의 것을 훔치면 코와 귀를 자르고, '사는 게 고생스러울 것이 확실한' 해변에 하선시킨다.
3. 주사위든 카드놀이든 돈을 가지고 도박을 해서는 안 된다.
4. 촛불은 밤 8시에 끈다. 이후에 술을 마시고 싶다면 불을 켜지 않고 갑판에 앉아 마셔야 한다.
5. 모든 선원은 즉각 전투에 사용할 수 있도록 늘 각자의 장비, 단검, 권총을 준비해야 한다.
6. 소년이나 여자를 배에 데려와서는 안 된다. 여성을 유혹하여 배에 데려온 것이 발각되면 사형에 처한다.
7. 전투 중에 탈주하는 자는 처형하거나 무인도에 버린다.
8. 배 안에서는 서로 때려서는 안 되며, 언쟁이 있을 경우 육지에 내려서 칼이나 권총으로 결정한다.
9. 각자 1천 파운드의 저축금을 채울 때까지 현재 삶의 방식을 계속해야 하고, 그 이전에 이 생활을 그만두겠다고 말해서는 안 된다. 근무 중에 불구가 된 사람은 공공 기금에서 800은화를 받고, 부상자들은 부상 정도에 따라 배분받는다.
10. 선장과 조타수는 전리품 배당 몫의 2배, 포수장과 갑판장은 1.5

배, 다른 간부 선원들은 1.25배, 일반 신사들은 1배를 받는다.
11. 약사들은 안식일에만 쉴 수 있다.

이 규약을 꼼꼼히 읽어보면 이들이 지향하는 방향은 평등주의이며, 아주 특이한 민주주의 방식으로 의사결정을 한다는 사실을 알 수 있다. 이 '해적 민주주의'의 가장 큰 특징은 선장의 권위를 대폭 줄이고 권력을 분산시켰다는 점이다. 선장은 존재하지만 이는 말하자면 '기능직'일 뿐 일반 선박에서처럼 절대 권력을 가진 압제자는 아니었다. 해적들은 바로 그와 같은 권위에 질려서 도망친 사람들이었기 때문에 이런 특이한 질서를 만들었을 것으로 보인다. 중요한 결정은 해적 전원이 참여한 총회에서 이루어진다. 약탈물의 분배 역시 내규에 따라서 분명하게 규정된 할급제를 적용했다. 그 원칙은 말하자면 그들 나름의 노동가치설이었다(많이 일한 만큼 많이 받는다는 것이다). 이 규정을 어기고 의리 없게(!) 노획물을 숨긴 자는 무인도에 버리든지 사형에 처했다. 원래 도둑들일수록 그들 자신의 물건을 도둑맞는 것에 대해서는 참지 못하는 법이다. 게다가 그들 스스로 상해보험과 노령보험 시스템도 개발했다. 신체 부위별로 상해에 따른 보상이 나왔고, 과부의 몫도 따로 정해져 있었다. 해적들은 가장 비도덕적인 생활을 할 것 같지만 적어도 그들 내부적으로는 '도덕경제moral economy(누구든 공짜로 먹고 사는 법 없이 모두 성실하게 일해서 상호 도움을 주고받으며 살아감으로써 조화로운 공동체를 이루어낸다는 의미)'를 좇았고 이를 '민주적'으로 실천했다.

일부 역사가들은 해적들이 혁명적 이상주의를 가지고 있어서 유럽을 떠난 먼 곳에서 그들의 이상을 실천하려고 했다는 식으로 서

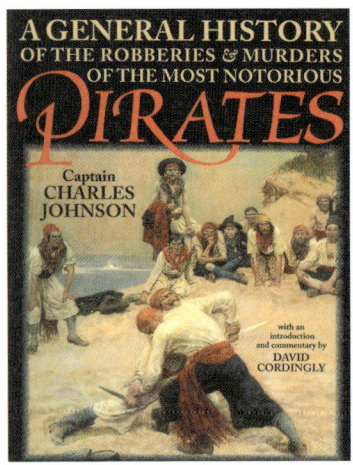

해적에 관한 가장 고전적인 저서인 존슨 선장의 『해적의 일반 역사』.

술하기도 했다. 영국혁명사의 대가인 크리스토퍼 힐 같은 역사가가 이런 식으로 '오버'한 대표적인 학자이지만, 그외에도 해적들에 대해 계급의식을 가지고 정의를 구현하는 사람들로 파악하는 전통에 서 있는 연구가 많이 있다. 이 견해에 따르는 연구서의 설명을 좇아가보자(피터 라인보우·마커스 레디커, 정남영·손지태 옮김, 『히드라―제국과 다중의 역사적 기원』, 갈무리, 2008, pp.258~259).

해적들은 계급의식을 갖고 있었고 정의를 추구했으며 평선원들을 학대한 선장들에게 복수를 했고 그렇게 학대할 수 있는 특권을 지지하는 정부 관리들에게 복수했다. 실로 '정의의 분배'는 해적들의 특수한 풍습이었다. 해적들은 배를 나포한 후에 배의 지휘관이 승무원들을 어떻게 다루었나를 심문함으로써 '정의를 분배'하곤 했다. 그런 다음에 그들은 불만을 산 지휘관들을 채찍질하고 상처에 소금을 발랐다. 바르솔로뮤 로버츠의 승무원들은 이 문제를 매우 중요한 것으로 간주하여서 그들 중 한 명을 공식적으로 '정의 분배자'로 임명했다. 해적들은 사로잡은 선장들을 난폭하게 다루고 때로는 처형했다. 몇몇 해적은 교수대에다가 정의의 복수를 한 것을 자랑했다. 해적 선장 하우얼 데이비스는 "해적이 되는 이유는 비열한 상인들과 잔인한 선장들에게 복수를 하기 위해서였다"고 주장했다. 그러나 해적들이 무분별하게 선장들을 처벌했던 것은 아니다. 그들은 종종 "선원들을 결코 학대한 적이 없는 정직한 사람"에게 상을 주기도 했으며 심지어는 한 훌륭한 선장으로 하여금 "큰돈을 갖고 런던으로 돌아가서 상인들에게 도전하도록" 하는 시도를 하기도 했다. 이렇듯 해적들은 해운업의 야만적인 부당함에 맞섰는데, 한 승무원은 심지어 자신들이 "로빈 훗의 사람들"임을 주장하기도 했다.

그렇지만 이런 점을 지나치게 부각시켜서 해적들을 이상화할 필요는 없다. 해적들의 실제 면모는 역시

해적선이 상선을 공격하는 모습.

무자비하기 이를 데 없는 악당일 뿐이지 '의적'은 결코 아니다. 저명한 역사가 에릭 홉스봄의 설명에 따르면 그들은 사회의 잘못을 바로잡는 정의의 사도가 아니라 "복수하는 인간이며 힘의 집행자"이다. 힘없고 가난했던 보잘것없는 사람도 능히 공포스러운 존재가 될 수 있다는 데에 그들의 매력이 있었던 것이다. 해적을 멋있게 그리는 것은 오늘날 갱스터 영화에서 깡패들을 낭만적으로 그리는 것과 같다. 즉 자본주의 주류질서에 도전하는 반항아에 공감하고 또 멋진 주인공이 장렬하게 죽는 광경에서 카타르시스를 체험하면서 일시적으로나마 정신적인 일탈을 맛보는 현상과 유사한 일이다.

해적들에게도 원칙이 있고 그들 나름의 정의가 있지만 그것은 다

만 도적의 도에 불과하며, 그들이 정의롭다고 할 수는 없다. 장자의 한 구절로 마무리하도록 하자.

도척盜跖의 부하가 그에게 물었다.
"도둑질에도 도道가 있습니까."
도척은 이렇게 답했다.
"어디서나 도가 없는 곳이 있겠느냐. 방안에 무엇이 있는지 잘 알아맞히는 게 성聖이고, 들어갈 때 선두에 서는 게 용勇이다. 나올 때 맨 뒤에 서는 게 의義이고, 될지 안 될지를 아는 게 지知이며 분배를 공평하게 하는 게 인仁이다. 이 다섯 가지를 갖추지 않은 채 큰 도둑이 된 자란 이 세상에 아직 없다."

_『장자莊子』 외편外篇 제10편 거협편胠篋篇.

| 제 4 부 |

노예무역 잔혹사

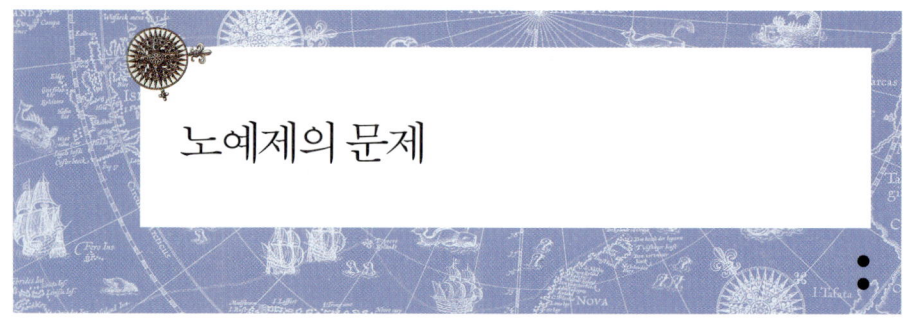

노예제의 문제

근대 세계 최대의 비극 중 하나는 1천만 명 가까운 아프리카인들이 아메리카대륙에 노예로 끌려간 일이다. 역사상 많은 사회에 노예가 존재했고, 또 노예 공급을 위해 사람들을 잡아가거나 시장에서 사고파는 일들이 세계 도처에서 벌어졌다는 것을 우리는 잘 안다. 그렇지만 대서양 노예무역은 이와는 차원이 다른 문제이다. 대양을 넘어 대륙 간에 벌어진 초장거리 노예무역이었으며, 300년이 넘는 오랜 기간 동안 계속됐고, 아프리카라는 특정한 문명권의 사람 전체가 노예로 등치되는 강력한 인종주의와 결부되어 행해졌기 때문이다. 이것을 어떻게 설명할 것인가.

우리는 우선 노예제와 노예무역 문제를 보는 기본 시각에 관해 생각해볼 필요가 있다.

노예무역선.

　무엇보다도 노예란 어떤 존재인가 하는 근본적인 문제가 제기된다. 역사상 존재했던 여러 형태의 예속 노동 가운데에서도 특히 완전히 자유를 상실한 채 사회 구조의 최하층에 위치한 사람들을 일단 노예라 부를 수 있을 것이다. 그러나 그 구체적인 존재 양태는 제각각이다. 예컨대 고대 그리스·로마세계에서는 한편으로 죽을 때까지 지하 광산에 갇혀서 강제 노동을 해야 하는 비참한 상태의 노예가 존재하는가 하면 다른 한편으로는 문필가 활동을 하는 지식인 노예도 있고, 때로는 자유인 선원들을 지휘하는 노예 선장 같은 특이한 사례도 존재했다(선장은 황제 직속 노예이므로 황제의 이름으로 배를 지휘했지만 그 아래에서 일하는 선원들은 자유인들이었다). 노예라는 말 하나로 기원전 수천 년 전의 고대

노예 매매 장면.

세계로부터 19세기 쿠바와 브라질의 플랜테이션에 이르기까지 광범위한 시공간에서 펼쳐진 역사 현상을 모두 포괄하기란 힘든 일이다.

아프리카 사회에서는 대서양 노예무역이 시작되기 이전에 우선 자체 안에 노예제가 광범위하게 존재했다. 분명 기존의 국내 노예제와 해외 노예무역 사이에 어떤 연관이 있으리라는 생각이 든다. 그 양자는 구체적으로 어떤 관계에 있었을까.

여기에는 두 가지 견해가 있다.

하나는 아프리카의 희생을 강조하는 견해이다. 이 학파의 학자들은 대서양 노예무역이 아프리카 내부의 노예제를 심하게 악화시켰다고 주장한다. 원래 아프리카 사회에는 노예제가 존재하더라도 아주 광범위하게 퍼져 있던 것은 아니며 그 성격도 유순한 편이었는데, 외부에서 대규모로 노예를 포획하여 유출하도록 압박을 가하면서 상황이 급변했다는 것이다. 서유럽의 악마 같은 노예상인들이 돈과 무기를 제공하며 노예화를 부추긴 결과 전쟁도 빈번해졌고 사회적 불평등도 심화됐음을 강조한다. 이 견해는 1960년대에 분출한 제3세계의 독립, 여성해방운동, 흑인민권운동, 소수자 보호정책 등과 궤를 같이한다.

다른 견해는 아프리카의 '자율성'을 강조하는 소위 수정주의 견해이다. 이 학파의 견해는 결국 노예무역이 아프리카 사회에 결정적인 악영향을 미치지는 않았다는 주장으로 귀결된다. 기존의 노예제와 노예거래가 유럽인들에 의해 악용됐던 것은 분명하나, 아프리카 사회들로서는 외부의 노예 수요 증가에 스스로 대응했을 뿐이며, 사회·경제적 그리고 인구학적 손실도 그리 크지 않았다고 주장한다. 말하자면 노예무역이라는 외부 요소가 아프리카 사회 전체를 변화시킨 것은 아니라는 말이다.

첫 번째 의견을 펴는 사람들은 인류의 양심을 지키는 정의로운 학자들이고 두 번째 사람들은 지난날 온갖 악행을 저지른 서구 제국주의의 편을 들며 곡학아세曲學阿世하는 사악한 학자들인가.

아프리카 주요 노예 거래 지역.

문제가 그렇게 단순하지는 않다.

두 번째 견해를 주장하는 사람들의 의도는 오히려 서구중심주의를 수정하자는 것이었다. 첫 번째 견해를 가진 사람들이 설사 아프리카인들에 대해 가급적 좋은 방향으로 해석해주려고 했다 하더라도, 외부의 사악한 세력에 의해 피해를 입은 점만 강조하다보면 결국 아프리카인들은 주체적으로 역사의 무대에 참여하지 못하고 외부에 의해 조종되기만 하는 무능력한 존재가 되고 만다. 과거 노예무역을 묘사한 글에서는 아프리카인들이 유럽인들이 건네주는 싸구려 상품을 받고 자기 친족들을 내다 판다는 식으로 묘사했다. 위

노예제의 문제　187

노예에 자기 소유를 밝히기 위해 불로 달궈 찍던 인장.

스키 한 병에 아내를 팔고 구슬 몇 개에 조카를 건네주었다는 식이다. 이처럼 어리석은 인간 집단으로 묘사하는 것이 결코 아프리카인들을 긍정적으로 해석하는 방향은 아닐 것이다.

　최근에는 노예무역을 아프리카의 사회경제 구조 속의 어떤 합리적인 근거 위에서 행해진 일로 파악하려는 경향이 강하다. 노예무역은 아프리카의 내부 구조 속에서 나온 것인 만큼 아프리카인들의 참여에 의해 이루어졌으며, 그들은 그런 출혈을 충분히 이겨냈고, 또 아메리카에 보내진 사람들 역시 고난을 이겨내고 결국은 근대세계의 형성에 큰 몫을 했다는 점을 강조하려는 것이다. 아프리카 역사가 전적으로 외부의 힘에 의해 영향을 받기만 한 것은 아니기 때문이다.

　역사 해석에 단 하나의 타당한 입장이 존재하는 것은 아니다. 노예와 같이 예민한 문제에 대해서는 더더욱 조심스러운 접근이 필요하다.

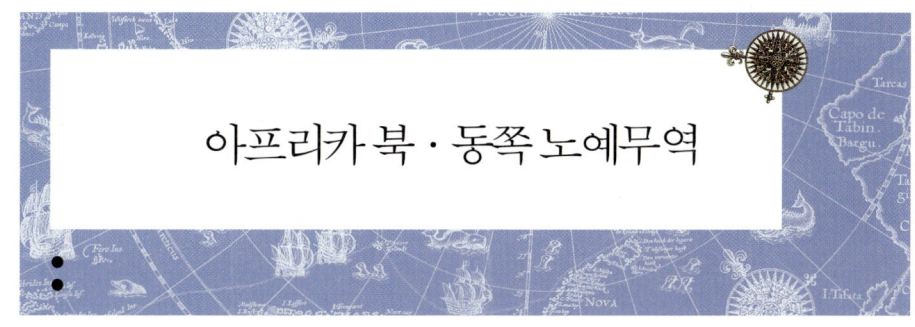

아프리카 북·동쪽 노예무역

아프리카의 노예무역과 관련해서 흔히 간과하기 쉬운 사실 중의 하나는 대서양 노예무역과는 별도로 북쪽의 지중해 방향 그리고 동쪽의 아시아 방향으로 노예들이 팔려가는 또 다른 노예무역이 존재했다는 점이다. 대체로는 아메리카의 플랜테이션으로 노예를 송출하는 대서양 노예무역에 비하면 북쪽과 동쪽 방향의 노예무역이 비교적 덜 참혹했다고 이야기한다. 물론 이것은 상대적인 평가일 뿐 노예무역이 결코 무사평안할 리는 없다. 다만 서구 자본주의와 결합하여 최악의 강제 노역체제를 만들어낸 대서양 노예무역과는 성격이 달랐던 것이 분명하다.

이 분야의 전문가인 랠프 오스틴은 각종 분산된 자료를 수합하고 이를 분석한 결과 7세기부터 19세기까지 사하라사막을 넘어 모로

코, 이집트 등지로 송출된 노예가 940만 명, 홍해를 건너 아라비아 반도로, 또 인도양을 건너 서남아시아 여러 지역으로 송출된 노예가 500만 명 수준이라고 결론지었다. 양자를 합치면 1,440만 명이라는 엄청난 수가 된다. 대서양 노예무역의 경우 15~19세기 동안 아프리카 해안에서 떠난 사람 기준으로 할 때 1,100만 명, 아메리카대륙에 도착한 사람 기준으로 할 때 950만 명이라는 것이 교과서적인 정설이다. 그렇다면 북부 아프리카와 지중해 지역 그리고 아시아로 끌려간 노예의 수가 아메리카로 끌려간 노예보다 오히려 더 많을 수 있다는 매우 충격적인 결론에 이르게 된다.

우리는 주로 대서양을 넘어 아메리카로 향하는 노예무역에만 주목하지만, 적어도 이 비슷한 규모의 노예무역이 북·동쪽으로 향하고 있었다는 점에 대해서는 거의 주목하지 않았다. 물론 이 문제에 대해서는 앞으로 더 많은 연구가 필요한 실정이며, 따라서 이 잠정적인 수치는 얼마든지 바뀔 가능성이 있다. 그렇다 하더라도 아프리카 전체를 놓고 볼 때 노예무역의 큰 흐름이 이처럼 여러 방향이었다는 점은 분명히 기억해두어야 할 사항이다.

그렇다면 다음에 제기되는 문제는 북쪽과 동쪽 방향의 노예무역의 성격이 어떠한가, 대서양 노예무역과 이 노예무역의 차이는 무엇인가 하는 점이다. 이 문제에 대해서도 역시 아직 연구가 부족한 형편이지만 지금까지 진행된 연구들에 의하면 북·동쪽으로 끌려간 아프리카인 노예들은 대개 집안일이나 각종 하급 직종의 일들을 맡아서 할 뿐 아메리카의 플랜테이션에서 그러하듯 대규모 집단 노역을 하지는 않았다. 즉 '강제 노역 노동자'라기보다는 '하인' 유형의 노예들이 많았다고 할 수 있다. 양쪽 노예의 신분과 생활 여건을 직접 비교하는 것이 힘들지만 전체적으로는 북·동쪽이 비교적 '부드러운' 성격의 노예제였다고 표현할 수 있을 것이다.

그러나 이런 표현은 실상을 오도할 가능성이 있다. 대서양 노예무역과 아메리카의 플랜테이션의 가공할 상황과 비교하면 '상대적으로' 그렇다고 말할 수 있겠으나 이 방면의 노예무역 역시 끔찍한 일이었다는 점은 분명하다. 최근 연구들은 사하라사막을 통과하는 노예무역의 참상이 대서양 노예무역에 비해 별반 차이가 없었다는 점을 강조한다. 밤과 낮 사이의 엄청나게 큰 일교차, 비적 때의 습격, 모래폭풍 등의 험한 조건 속에서 노예수송 카라반은 수개월 동안 수천 킬로미터를 이동해야 했다. 1875년 노예무역 광경을 목도한 벵가지(오늘날의 리비아) 주재 영국 특사는 이렇게 기록했다. "이 가련한 사람들은 12시간 동안 물 한 잔과 한 줌의 옥수수로 연명하며 타는 듯한 불볕 아래에서 벌거벗은 채 먼 거리를 걸어서 주파했다." 이때 노예의 사망률이 20퍼센트에 이른다는 점이 당시의 참상을 요약해서 말해준다.

아프리카인들은 중동, 페르시아, 인도뿐 아니라 멀리 중국에까지 팔려갔다.

중국에 아프리카 흑인 노예들이 얼마나 많이 들어왔는지 통계 수치를 제시할 수는 없지만 4세기부터 18세기까지 지속적으로 유입된 것은 분명하다. 이들은 아프리카 동부 지역과 중동 지역으로부터 해상 무역로를 통해 직접 중국으로 들어오기도 했고, 동남아시아 지역을 한번 거쳐서 들어오기도 했다. 예컨대 1382년에 자바는 아프리카 출신의 "남녀 흑인 노예 101명"을 명나라 황실에 조공으로 보낸 적이 있다. 또 광저우廣州의 부자들이 "먹물처럼 까만 피부

인도의 고아에서 흑인 노예를 하인으로 사용하는 모습들(양산 받쳐주는 사람, 가마 메는 사람).

에 입술은 빨갛고 곱슬머리"를 한 흑인 노예들을 많이 거느리고 있는데 이들은 엄청나게 무거운 짐도 쉽게 다룬다는 기록이 있는 것을 보면 해상 교역이 이루어지는 중국 일부 지역에서는 흑인 노예들이 제법 많이 사용되고 있었음을 알 수 있다.

중국에 비해 인도에는 훨씬 많은 흑인 노예들이 들어왔다. 과거에 인도의 이슬람계 아프리카인들을 합쉬habshi라고 불렀는데, 이들은 대개 아랍 상인에 의해 노예로 끌려온 사람들로 추정된다. '합쉬'라는 말이 원래 '아비시니아(에티오피아)'에서 유래했다는 데에서 알 수 있듯이 그들 중 다수가 에티오피아 출신이었지만, 나중에 합쉬라는 말은 더 넓은 의미로 모든 흑인들을 지칭하게 됐다. 이븐 바투타의 여행기에는 합쉬들이 "인도 전역에 존재"하며, 이들 대다수가 군인이 되지만 그들 가운데 일부는 지방 태수나 유력한 환관이 되어서 큰 권력을 잡기도 했다고 기술되어 있다. 다른 역사 기록들도 비슷한 내용을 언급하고 있다. 아프리카인들은 대개 군인 노예로 사용됐으며, 특히 고아와 실론에서는 이들이 군사력의 대종을 차지할 정도였다. 그외에도 아프리카인들은 여러 다양한 하급 직종의 일들을 맡아서 했는데 이중 소수의 사람들이 군사나 행정 분야에서 크게 성공하여 신분 상승을 한 경우도 알려져 있다.

아시아 방면 노예무역을 주도한 사람들은 원래 아랍 상인들이었다. 이들은 일찍이 300년경에 이미 중국 광저우에 교역 거점을 마련할 정도로 아시아 해상세계 전역에서 활발하게 국제무역을 수행했는데, 이 네트워크를 이

일본에서 그려진 그림으로 유럽 상인이 흑인 아이를 시종으로 데리고 다니는 모습.

용해서 아프리카인 노예들을 아시아 각 지역으로 판매했던 것이다. 15세기 이후 유럽인들이 인도양에 진입해들어온 다음에는 그들이 노예무역을 그대로 물려받아서 수행했다. 유럽인들이 남긴 기록들을 보면 아시아 각지에서 아프리카인 노예들의 실상이 어땠는지 자세히 알 수 있다. 포르투갈의 하급 귀족fidalgo들은 많은 노예들을 소유하고서 온갖 잡다한 일들을 시켰다. 그들은 양산 받쳐주는 노예들을 동반하고 다녔고, 여성들은 비단옷을 입은 흑인 노예 네 명을 가마꾼으로 썼다. 많은 흑인 노예들을 부리는 것이 권위를 과시하는 일이 됐다. 고관들은 흔히 100명 가까운 노예를 두었으며, 심지어 300명 이상의 노예들을 거느린 귀부인도 있었다! 이처럼 많은

현대에도 계속되는 노예 사냥. 1972년 나이지리아에서 찍은 사진.

노예들을 고용할 수 있었던 데에는 아프리카에서 끊임없이 흑인 노예들이 유입됐기 때문이다.

이상에서 살펴본 아시아 방면의 노예무역과 비교해보면 거꾸로 아메리카의 플랜테이션에 노예를 공급하는 대서양 노예무역의 특징이 더 명확하게 드러난다. 플랜테이션은 쉽게 말해서 대규모로 노예들을 고용하여 집단 강제 노역을 시키는 체제이다. '유럽'인들이 주도하여 '아프리카'인들을 대규모로 노예로 끌고 가서 '아메리카'에서 플랜테이션을 운영한 것은 문자 그대로 전지구적인 차원에서 체계적으로 발전한 노동 착취 현상이었다. 중심부에서 진행된 자본주의 세계경제의 발전은 변방 지역에서 노예제의 강화·확대로 귀결됐다. 이렇게 보면 근대사는 해방의 역사이기는커녕 지구적 차원에서 노예화가 강화되어가는 역사라고 해야 할지 모르겠다.

이런 끔찍한 노예무역은 이제 더 이상 존재하지 않는 과거의 일일까. 1980년 7월 5일, 지구상의 마지막 노예제 국가였던 모리타니이슬람공화국이 노예제의 종식을 선언함으로써 공식적으로는 지구상에 노예제가 사라졌다. 그러나 그것은 문서상으로만 그럴 뿐 실상은 다르다. 아직도 아프리카 일부 지역에서 잔혹한 노예 포획과 매매가 이루어지고 있으며, 특히 아동 노예가 심각한 문제가 되고 있다. 도대체 이 비극은 언제나 끝날 것인가.

🌿 아프리카 노예 출신 권력자 암바

아프리카 출신 인사 가운데 인도 역사에서 가장 유명한 사람은 1607년부터 1626년까지 아흐마드나가르Ahmadnagar국의 지배자였던 암바Ambar(혹은 Anbar)이다. 그는 무굴제국의 데칸 지방 정복 시도를 20년이나 막아낸 영웅이다. 그는 우선 천재적인 군사 전략가였지만 동시에 예술의 보호자이자 유능한 외교관, 그리고 공정하다 못해 냉혹한 행정가였다.

그는 아마도 1549년에 에티오피아에서 태어났으며, 어린 시절을 아라비아와 이라크에서 노예로 보냈다. 1575년 한 상인이 그를 인도로 데리고 갔는데 이곳에서 아흐마드나가르 왕국의 행정가(그 역시 노예 출신이었다)가 그를 구매했다. 그는 공직을 수행하는 동안 군사와 일반 행정 업무 경험을 쌓아갔으며, 종래 왕궁 수비 책임자가 됐다.

그의 상관이 죽자 암바는 외국에서 일을 찾았는데, 그의 능력이 널리 알려져서 골콘다와 비자푸르 같은 나라에서 그를 고용했다. 1590년경, 그는 비자푸르국에서 나와서 자기 자신의 군대를 조직했다. 그에게 충성을 바치는 강력한 군대를 소유하게 된 그는 다시 아흐마드나가르 왕국의 요청을 받고 이 나라가 무굴제국의 공격을 막는 것을 도왔다. 1596년 그는 유리한 조건으로 계약을 맺고 귀국했다. 권력 라이벌인 미안 라주Mian Raju 그리고 소년 왕인 무르타다 2세 니잠 샤의 세력을 누르고 1606년경에는 실질적으로 이 나라의 지배자가 됐다. 그 후 부침을 겪었지만 이런 지위를 19년 동안이나 유지하다가 죽었다.

그가 권력의 정점에 있을 때 네덜란드 동인도회사 직원인 피터 반 덴 브루케라는 인물이 그를 만나고 나서 비망록을 기록했다. 다음은 그중 일부분이다.

나는 암바 왕을 개인적으로 만나러 가면서 일본도와 자바의 크리스kris(물결 모양의 칼날을 한 단도)를 선물로 가지고 갔다. 그는 일본도는 좋아했으나 크리스는 악마 모양으로 장식되어 있다면서 싫어했다. 그래서 그것을 도로 돌려주었다. 그는 아주 친절하게도 내 어깨에 값비싼 포메린(외투로 쓰는 직물) 두 장을 둘러주었는데 하나는 금사로, 다른 하나는 낙타털로 짠 것이었다. 이것은 최상의 영광을 나타낸다.……

우리 일행 중에는 포르투갈인 아르네가도amegado(기독교를 버린 배교자)가 몇 명 있었는데 그들은 포르투갈 말로 이렇게 말했다. "Vede iste suberbe can(저 오만한 개를 보세요)." 이들은 이 나라에 3천~5천 마리의 말을 주문하려고 찾아왔다.

말리크 암바는 아비시니아 혹은 사제 요한 왕국(아시아에 있다고 믿었던 전설상의 기독교 왕국) 출신의 흑인이다. 그는 잔인한 로마식 얼굴Roman face(여기에서는 강력하고 용기 있어 보이는 얼굴을 말한다)을 가지고 있으며, 키가 크고 허우대가 좋았지만, 그에게는 어울리지 않는 흐리멍덩한 눈을 가지고 있었다. 그는 아주 훌륭한 행정가이지만 원래 모카에서 20두카트에 팔려온 노예 출신이었다.……

그는 국왕이 너무 어리다는 것을 핑계 삼아 현재 이 나라의 통치자 역할을 하고 있다. 그는 대무굴제국을 상대로 전쟁을 하고 있는데, 골콘다, 비자푸르, 발리가테 같은 나라의 국왕들로부터 지원을 받고 있다.

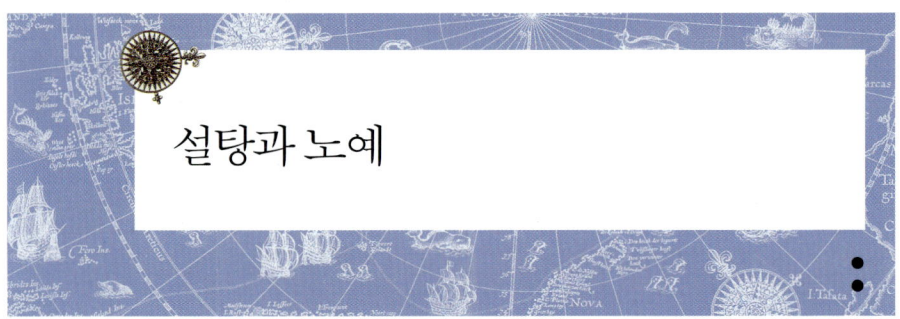

설탕과 노예

커피나 설탕이 유럽의 행복을 위해서 꼭 필요한 것인지는 잘 모르겠다. 그러나 이것들이 지구상의 거대한 두 지역에 불행을 초래했다는 것은 잘 알고 있다. 아메리카는 이 두 작물의 경작지를 대느라고 인구가 줄었으며, 아프리카는 그것들을 재배할 인력을 대느라고 허덕였다.

18세기의 프랑스 작가 베르나르댕 드 생 피에르가 이야기했듯이, 설탕은 수많은 사람들을 불행으로 내몬 문제의 상품이다. 1천만 명에 달하는 아프리카 흑인들이 신대륙에 노예로 끌려가서 도대체 무슨 일을 했느냐고 묻는다면, 물론 한마디로 답할 수야 없겠으나 사탕수수 재배와 설탕 정제가 가장 중요한 일이었다고 답할 수는 있다.

동남아시아가 원산지인 사탕수수는 아랍 지역에서 재배됐다가 지중해 지역으로 전해졌다. 유럽인들은 다시 이 작물을 카나리아 제도와 같은 대서양상의 여러 섬들과 남아메리카의 브라질, 그리고 최종적으로 카리브해의 열대 섬들(바베이도스, 자메이카, 산토도밍고, 과들루프 등)에 이식했다. 이처럼 사탕수수와 그 가공물인 설탕은 지구를 거의 한 바퀴 돌며 여러 문명권에 전해졌는데, 지금껏

아이티혁명을 주도한 투생 루베르튀르.

설탕을 처음 접했던 곳에서 이를 거부한 지역은 한 곳도 없었다고 한다. 아마도 인류는 보편적으로 단맛에 대한 편향성을 가지고 있는 듯하다. 그 결과 지난 500년 동안 세계의 설탕 생산량은 지속적으로 증가해왔다(아이티혁명의 결과 세계 최대의 설탕 생산 식민지가 사라진 1791~1803년의 기간이 유일하게 생산량이 줄었던 시기라고 한다).

문제는 사탕수수 재배를 위해서는 언제나 대규모의 집약적 노동력이 필요했다는 데에 있다.

사탕수수는 다 자라면 키가 4미터가 넘으며, 이때는 특수한 농지 도로들과 관개용 도랑들만 빼고는 나머지 전지역이 도저히 뚫고 지나갈 수 없는 정글로 변해버린다. 이를 베어서 공장으로 운반하고

설탕과 노예

분쇄한 다음 롤러를 이용해서 압착하여 즙을 얻어낸다. 다음에 이 즙을 큰 솥에서 오랫동안 끓여서 정제하는 공정을 거치게 된다. 19세기가 될 때까지 이 공정은 어느 지역에서나 큰 차이가 없었다.

사탕수수를 짜서 얻은 즙, 즉 당밀 원액을 가열하는 작업장에는 대여섯 개의 구리 솥이 차례로 도열해 있다. 첫 번째 솥에 원액을 넣고 한 번 끓인 다음 옆의 솥으로 옮겨서 다시 끓인다. 이런 식으로 대여섯 번 차례로 끓이는 동안 그

사탕수수를 수확하는 모습.

때마다 석회수, 뼛가루 같은 물질을 첨가해서 불순물들이 달라붙게 하는 식으로 찌끼들을 걷어낸다. 당밀의 농도가 점점 진해지면서 온도도 더 높아지는데, 그러다 보면 최종적으로 솥의 아래쪽부터 설탕이 결정結晶을 이루어서 빵 모양으로 굳어진다. 이 덩어리 바닥에 구멍을 뚫어서 결정을 이루지 않고 남은 당밀을 빼낸다. 다음에 각각의 덩어리 위에 젖은 진흙을 얹는데, 이렇게 하면 수분이 설탕 덩어리를 통과하면서 남은 당밀을 제거하게 된다. 최종 결과물은 당밀 원액의 품질과 일꾼들의 숙련도에 따라 황금색 고급품으로부터 검붉은색의 저급품까지 다양하다.

20세기 이전에는 이 모든 일들을 기계의 도움 없이 전부 사람의 힘으로 처리했으므로 자연히 대규모의 노동력이 필요했다. 여기에

서 한 가지 더 고려할 점은 이 사업에는 많은 연료가 필요하므로 주변 지역에서 땔나무를 베어서 가져와야 하는 노동력 요구도 엄청났다는 점이다. 그러므로 노동력 확보와 노동 통제가 제당업의 핵심 문제였다.

소액의 임금을 바라고 푹푹 찌는 열대의 더위 속에서 사탕수수를 베거나 나무를 베고 운반하는 일, 혹은 사탕수수 즙을 끓이는 따위의 일을 할 사람은 한 명도 없을 것이다. 이 문제에 대한 해결책으로 떠오른 것이 노예노동이었다. 당연히 작업 현장에서는 극히 비인간적인 상황들이 전개됐다.

> 제분기에 사탕수수를 밀어넣는 사람들은 피곤에 지치거나 졸음을 이기지 못해 롤러에 손가락이 끼게 될 위험이 있었다. 그러면 팔 전체가 롤러에 딸려 들어가므로 즉시 팔을 절단할 수 있도록 손도끼를 준비해 가지고 있었다. 사탕수수 즙을 끓이는 일은 작업 환경이 그렇게 살벌하지는 않았지만 일은 더 고됐다. 몇 시간 동안 돌이나 단단한 땅에 서서 일을 했고 또 쉬는 시간에도 앉을 의자가 없었기 때문에, 거의 모두 다리에 병이 났다.

농장주들은 노예들에게 쉼 없이 일을 시키기 위해 가혹한 처벌을 일삼았다. 혹독하게 매질을 하기도 하고, 목에 쇠로 만든 테를 끼워서 몇 날 며칠 제대로 누워서 잠자지 못하도록 만들거나, 때로는 펄펄 끓는 보일러 앞에 며칠 동안 묶어놓아서 사람 진을 빼놓기도 했다. 달콤한 흰 설탕의 이면에는 이처럼 검은 노예들의 가혹한 희생이 있었던 것이다.

노예를 처벌하기 위해 목에 철제 테를 두른 노예와 철제 테.

노예제와 사탕수수는 함께 움직였다. 1493년에 콜럼버스가 두 번째 신대륙 항해를 할 때 카나리아제도에서 가지고 간 것이 아메리카대륙에 전해진 최초의 사탕수수로 알려져 있다. 그 후 사탕수수 재배가 확대되어서 16세기 중엽에는 150~200명의 노예들을 소유한 농장들이 등장했으며, 심지어 노예 수가 500명에 달한 곳도 있었다(일반적으로 이 시기에 종업원 수 500명이면 예외적인 초대형 작업장에 속했다). 포르투갈의 식민지였던 브라질이 한때 최대 설탕 생산지였지만, 네덜란드인들이 일시 브라질을 점령했다가 다시 축출될 때 사탕수수를 가지고 간 것이 계기가 되어 카리브해의 여러 '설탕 섬'들이 사탕수수 재배의 최적지로 떠올랐다.

아메리카의 사탕수수 재배의 역사에서 결정적인 전환점은 17세기 중엽이었다. 이 시점 이후로 아프리카 노예 수입이 크게 확대됐고 플랜테이션체제가 자리 잡았다. 예컨대 바베이도스에서는 1660년대까지 유럽인 노동자가 다수를 차지했으나 이 이후 흑인 노예노동이 더 큰 비중을 차지하게 됐다. 아프리카의 볼타강 동쪽으로부터 오늘날 라고스에 이르는 지역—소위 '노예해안 Slave Coast'—에서 아메리카의 플랜테이션으로 많은 노예를 실어보냈다. 사탕수수 플랜테이션에서는 기술 발전에 따른 생산성 증가가 거의 없었으므로 세계적인 설탕 수요 확대에 대처하기 위해서는 생산 규모의 확대에만 의존했고 이는 곧 노예무역의 확대로 귀결됐다. 이렇게 해서 '단일 작물재배 노예제 대규모 농장'이라는 식민지 농업 유형이 정착됐다.

설탕 소비의 확대는 인간의 식생활 전반에 근본적인 변화를 불러일으켰다. 원론적으로 이야기해서 역사상 대부분의 시대에 사람들의 식사는 알곡이든 뿌리식물이든 특정한 복합탄수화물의 섭취에 의존해왔다(서구 사회에서—그리고

담배 플랜테이션의 모습.

우리 사회도 점차 그렇게 바뀌어가고 있지만—육류가 거의 주식의 자리를 차지할 정도로 비중이 높아진 것은 역사상 매우 희귀한 예외적 사태이다). 그리고 여기에 건조, 발효, 저장, 훈제, 염장 등의 방식으로 만들어내는 보조식품들이 더해진다. 우리나라의 경우 쌀이나 보리와 같은 주식飯에다가 김치, 나물, 장류 같은 식품饌이 더해진 형태였다. 이렇게 섭취한 음식은 소화 과정을 통해 결국 자당蔗糖 형태로 전환된다. 그런데 설탕은 간단히 말하자면 그 자체가 곧 자당 덩어리라고 할 수 있다. 설탕을 먹는다는 것은 중간 과정 없이 곧바로 열량을 얻는다는 것을 뜻한다. 생물학적으로 사람들이 설탕을 찾는 이유가 여기에 있는 것이다.

설탕은 처음에는 귀족들의 고급 사치품으로 사용됐지만 아메리카에서 대규모로 생산된 이후에는 점차 일상적인 소비재가 되고 더 나아가서 오늘날 소위 정크 푸드junk food의 대표적인 첨가물이 되는 장기적인 과정을 거치면서 서민과 노동자들의 값싼 열량 공급원 역할을 했다. 산업화가 진행되면서 노동자들의 전반적인 칼로리 섭취가 증가하는 데에 설탕이 기여한 몫은 매우 컸다. 잼을 바른 빵, 비스킷, 과일 파이, 롤빵, 캔디 등 설탕이 다양하게 변형되어 밀가루 형태의 복합탄수화물과 조화를 이룬 음식들이 쏟아져나왔다. 여기에 더해 차에 설탕을 듬뿍 넣어 마시는 습관이 일반화된 것 역시 노동자들이 추가로 열량을 얻는 한 방식이었다.

19세기 말에 이르면 설탕은 전체 칼로리 섭취의 14퍼센트를 차지했다. 이때 노동계급의 가정 안에서 가족들 간에 먹는 데에도 차별성이 생겨났다는 점이 특기할 만하다. "고기는 오로지 아버지만 먹었으며, 어머니도 그것을 당연하게 받아들였다." 노동하는 남편이 매일 고기와 베이컨을 먹는 동안 아내와 아이들은 고작 일주일에 한 번 정도 고기를 먹는 데에 만족했으며, 부족한 열량을 얻기 위해서 더욱 설탕에 의존했다. 이와 같은 영국의 소비 도식은 곧 전 세계적으로 확산되어갔다.

신대륙에서 노예들이 생산한 설탕은 구대륙 노동자들의 준準노예화로 귀결됐다.

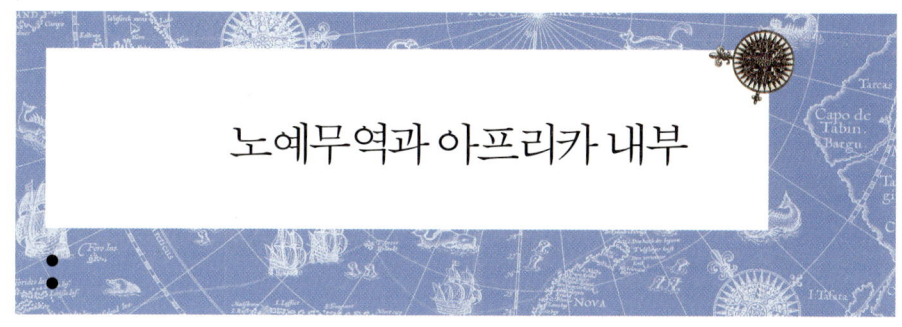

노예무역과 아프리카 내부

　노예무역 연구의 맹점 중 하나는 다른 부문에 비해 정작 아프리카 내부에 대한 연구가 상대적으로 적다는 점이다. 기존 연구들은 대체로 유럽인들이 얼마나 많은 노예들을 수송했는가, 그것으로 어느 정도 이윤을 얻었는가, 또 노예들을 고용하여 신대륙에서 어떤 사업을 수행했는가와 같은 문제에 초점이 맞추어졌다. 때때로 대단히 감성적인 표현을 통해 아프리카가 엄청난 희생을 치렀다는 점을 비장하게 이야기할 뿐, 아프리카 내부에서 구체적으로 어떤 일이 일어났는가에 대해서는 거의 언급이 없었다. 최근에 와서야 이 방면의 연구가 많이 진척되어서 아프리카 내부의 사정이 어떠했는지 알려지기 시작했다.

　전쟁 희생자로서 노예의 처지에 빠지게 된 아자이Ajayi의 사례를 보도록 하자.

노예를 포획하여 끌고 가는 노예 상인.

아자이는 전쟁에 시달리고 있던 오요Oyo제국 안의 오소군Osogun이라는 도시에서 부모형제와 함께 살고 있었다. 1821년에 2만 명의 군인이 이 도시를 공격해왔을 때 십대 초반의 나이였던 그의 운명이 바뀌었다. 그는 어머니와 두 여동생, 그리고 다른 많은 친척들과 함께 포로로 잡혀서 다른 사람들과 목과 목이 로프로 묶인 채 끌려갔다. 그는 24시간 동안 세 번이나 팔렸고, 마지막에는 말 한 마리와 교환됐다. 두 달 후에 그는 같은 말과 다시 맞바뀌졌는데, 그 결과 다행히도 어머니와 여동생 한 명을 만날 수 있었다. 그러나 석 달 뒤 그는 다시 팔려갔고 이제 영원히 어머니를 못 보게 됐다. 그는 다른 사람들과 마찬가지로 목에 체인을 한 상태에서 시장으로 갔는데, 그의 고향 언어인 요루바 언어를 하는 여자가 그를 사갔다. 이때에는 여주인의 아들과 친구가 되어 비교적 자유로운 생활을 했다. 그는 가끔 탈출 생각도 했지만 고향이 너무 멀리 떨어져 있는 데다가 도시 외곽에 있는 묘지의 귀신들이 무서워서 포기했다.

그는 한때 비참한 삶에 지쳐 목을 매서 자살하려고 했으나 실패했다. 그래서 다음번에는 카누를 타고 강을 건널 때 물에 빠져 자살하려고 마음먹었다. 이런 생각을 간파한 여주인이 그를 상인에게

카누를 이용해서 해안에서 유럽 선박으로 노예를 이송하는 모습.

팔아버렸고 그 상인은 또 다른 상인에게 담배와 럼주 그리고 다른 수입품을 받고 그를 팔아넘겼다. 두 달 후, 그는 노예해안의 항구도시로서 포르투갈 상인들이 라고스Lagos라고 부르는 곳에 끌려가서 일곱 번째로 팔렸다. 카누를 타고 강을 건넜지만 몸이 아픈 데다가 무서운 마음이 들어서 원래 생각했던 대로 자살을 하지 못했다. 이 도시에서 석 달을 보낸 후 이번에는 포르투갈 상인에게 팔렸다. 건강 여부를 확인하기 위해 백인이 자기 몸을 만지는 것이 두려움을 자아내기는 했지만 이제 팔려가는 데에도 이골이 나서 그런지 차라리 마음이 평온했다. 앞으로 어떤 일이 닥치더라도 담담히 받아들인다는 심산이었다.

포르투갈 상인들은 아이들과 어른들의 목을 함께 체인으로 묶어놓았다. 그래서 어린 소년들은 어른들이 체인을 세게 잡아다닐 때마다 목에 상처를 입었고 거의 질식해서 죽을 뻔했다. 특히 창도 없는 방에서 이런 상태로 잠을 잘 때가 더욱 괴로웠다. 그러다가 어른들 수가 너무 많아져서 체인이 부족하게 되자 아이들을 그냥 두고 어른들에게만 체인을 사용하는 통에 아이들은 체인에서 해방됐다. 이런 상태로 갇혀 있는 동안 포르투갈 상인들은 영국의 감시선을 피해 노예 수송을 할 수 있을 때까지 넉 달을 기다렸다.

1822년 4월 6일 새벽, 처음 사로잡히고 나서 1년도 더 지난 후에 그는 다른 186명의 노예와 함께 브라질 선박 에스페란사 펠릭스Esperanza Felix(노예수송선의 이름치고는 너무나 역설적이게도 '행복한 희망'이라는 뜻이다!)호에 탔다. 그는 심한 멀미를 했는데, 하루가 채 지나기 전에 그가 탄 배가 영국 감시선에 발각되고 말았다. 이렇게 해서 구조된 그는 영국 배에 타서 시에라리온의 프리타운으로 가서 영국 선교회Church Missionary Society 소속 선교사의 보호를 받는 가운데 그의 동향 사람들과 만나서 살게 됐다.

다른 기록과 달리 자신의 직접적인 경험이 생생하게 살아 있는 이 기록은 노예의 포획으로부터 아프리카 내부 사회의 노예 매매 그리고 노예수송선에 타게 되는 과정을 잘 보여준다. 아자이는 물론 가족과 생이별을 하고 여러 차례에 걸쳐 몸이 팔려가는 비극적인 삶을 살았지만, 대서양을 건너 아메리카에서 강제노역을 하게 된 다른 노예에 비하면 그나마 운이 아주 좋은 편에 속한다. 우선 19세기 이후에는 영국이 스스로 노예무역 폐지를 선언하고 다른 국가들의 노예무역마저 금지시켰던 때인지라 아자이가 탄 배가 영국 감시선에 발각되는 바람에 그는 아프리카에 남을 수 있었다. 그러나 이전 시기의 다른 노예 기록들을 보면 이보다 훨씬 비극적인

노예를 가두어두었던 수용소 중 하나. 목에 줄을 매서 서 있도록 만들고, 바깥에서는 채찍질을 하고 있다.

일들을 목도하게 된다.

17세기 중엽부터 서인도제도의 여러 섬들에 사탕수수 플랜테이션이 크게 확산되고 노예 노동력에 대한 수요가 급증함에 따라 노예무역의 규모도 커졌다. 자연히 노예를 포획하거나 구매하는 지역도 광범위하게 확산됐다. 그 결과 아프리카 내륙 깊숙한 곳까지 노예 상인들의 마수魔手가 뻗쳤다. 예컨대 말리Mali의 밤바라Bambara족 사람들은 무려 600킬로미터에 달하는 거리를 걸어서 해안까지 끌려왔다. 노예들이 내륙 지역에서 해안까지 끌려오는 과정은 충분히 짐작할 수 있듯이 극심한 고통의 연속이었다. 매일 수십 킬로미터씩 걸어서 이동하는 동안 노예상들의 가혹한 취급, 영양실조, 질병 등의 요인으로 노상에서 수많은 사람들이 죽었다. 18세기 후반에 루안다에서 일하던 경험 많은 한 상인의 추산에 의하면 내륙 지역에서 노예들을 구해서 해안까지 오기까지 거의 40퍼센트의 사람들이 죽었다고 한다.

노예들이 잡혀와서 배를 타기 전까지 감금되어 있던 수용소 역시 지옥 같은 장소였다. 앙골라의 벵겔라Benguela 지역에 있던 수용소의 실상은 차마 믿을 수 없을 정도이다. 높이 3미터의 벽으로 둘러싸인 지극히 비좁은 수용소 안에 수백 명의 노예들이 돼지, 염소와 함께 기거했으며, 각자 겨우 누울 수 있는 정도의 공간밖에 없었다. "퀸탈(수용소) 안에는 200, 300, 때로는 400명의 노예들이 머물며 먹고 잠자고 그외의 모든 필요를 다 해치워야 했기 때문에 이곳으로부터 썩은 독기毒氣가 주변 집들과 도시를 오염시켰다. 말린 생선이 노예들의 주식이었으므로 퀸탈의 벽이나 초가집 지붕 위에서 생선들을 말렸고 이 냄새가 공중위생을 크게 해쳤다." 썩은 생선 냄새에다가 노예들의 설사, 게다가 시체 썩는 냄새까지 더해졌다. 벌거벗은 사람들이 화톳불 하나 없는 맨땅에서 냉기를 참아가며, 배설물 속에서 웅크린 채 며칠, 혹은 몇 주씩 기다려야 했던 것이다.

노예를 구매하기 위해 지급한 물건으로서 카우리 조개를 가지고 만든 장식품.

대서양 노예무역의 광풍을 맞은 지역에서는 어떤 변화가 일어났을까.

무엇보다도 인구학적으로 심각한 문제가 발생했다. 적지 않은 수의 사람들이 외부로 유출됐으므로 해당 지역의 인구가 감소했다. 절대적인 인구수 감소도 문제이지만, 남녀 성비의 불균형 문제 역시 사회 전반에 심각한 폐해를 가져왔다. 일반적으로 여성보다 남성이 더 많이 노예로 잡혀갔다는 것은 잘 알려진 사실이다. 일할 나이의 남성이 부족해지자 무엇보다도 농사에 큰 지장이 초래됐다. 개간, 나무 베기, 뿌리 뽑기 등 남자가 해오던 힘든 일을 여성들이 도맡게 됐으며, 결과적으로 생산성이 떨어질 수밖에 없었다. 또 여성이 남성에 비해 훨씬 많아지면서 극심한 일부다처제가 생겨났고 결혼의 안정성이 깨졌다. 1669년 한 포르투갈인이 남긴 기록을 보면 중부 아프리카의 비사고Bissagos제도에서는 "부인을 20~30명 둔 사람까지 있고 한 명의 부인만 둔 사람은 아무도 없었으며, 집집마다 아이들이 하도 많아서 벌집의 벌들 같았다." 이런 상황에서 여자들의 신분이 낮아지리라는 것은 자명했다. 특히 여자 노예를 얻는 게 쉬워져서 귀족의 집에는 많은 여성 노예들이 온갖 종류의 일을 했다. 귀족들은 여성을 노예 겸 아내로(!) 들였는데, 약간이라도 불쾌하면 당장 아내와 아이들을 함께 팔아버렸다.

  노예무역의 확대는 아프리카 사회에 심각한 병폐를 가져왔으며, 대체로 여성과 아이들에게 더 큰 고통을 안겨주었다.

에퀴아노의 증언

에퀴아노는 노예로 아메리카에 잡혀갔다가 후일 글을 배워 자신의 생애에 대한 글을 남긴 얼마 안 되는 인물 중 하나이다. 그의 『회고록』에는 그가 어떻게 납치되어 바닷가까지 끌려갔으며 어떻게 해서 배에 오르게 됐는지를 증언하는 부분이 나온다.

어느 날, 늘 그렇듯이 어른들이 모두 일하러 나가고 나와 누이동생만 집을 보고 있었는데 두 명의 남자와 한 명의 여자가 담을 넘어 들어와서 순식간에 우리를 붙잡았다. 그들은 우리가 소리 지르거나 저항할 새도 없이 입을 틀어막고 손을 묶은 다음 가까운 숲으로 끌고 갔다. 그리고 밤이 될 때까지 계속 걸어서 드디어 어느 집에 도착했다. 도둑들은 이곳에서 쉬면서 하룻밤을 보냈다. 이때 가서야 우리를 묶은 것을 풀어 주었지만 우리는 아무것도 먹을 수 없었다.……
바닷가에 도착했을 때 내 눈에 처음 들어온 것은 바다와 노예선이었다. 그 배는 닻을 내리고 정박한 채 화물을 기다리고 있었다. 나는 놀라움에 휩싸였고 그것은 곧 공포로 변했다. 배에 올라타자 선원들이 내 몸을 이리저리 만지며 내가 건강한지 살펴보았다. 나는 이제 사악한 영들의 세계로 들어왔으며, 그들이 나를 죽일 것이라고 확신했다. 우리와 너무나도 다른 그들의 얼굴, 긴 머리카락, 내가 여태까지 들어본 어느 말과도 다른 그들의 말, 이런 것들이 합쳐져서 나의 확신을 더욱 분명하게 만들었다. 그때 내가 본 것이 어찌나 큰 두려움을 자아냈는지, 내가 설사 만 개의 나라를

사로잡은 여성 노예를 표현한 목상.

소유하고 있더라도 그것들을 다 내주고 내 나라의 가장 친한 노예가 됐으면 좋겠다고 생각했다. 배 안을 둘러보았더니 구리로 만든 커다란 보일러가 있고, 제각각으로 생긴 수많은 흑인들이 사슬에 묶여 있었는데, 모두들 낙담하고 슬픔에 찬 얼굴을 하고 있었다. 이제 내 운명이 어떠할지 의심의 여지없이 분명해 보였고, 두려움과 고뇌가 덮쳐와서 나는 꼼짝하지 못한 채 기절했다. 약간 정신이 들었을 때 나를 배 안으로 끌고 왔던 흑인들이 돈을 지불받고 있는 것이 보였다. 그들은 내 기운을 북돋워주기 위해 말을 걸어왔지만 아무 소용이 없었다. 나는 그들에게 저 무시무시한 모습에 빨간 얼굴, 긴 머리를 한 백인들이 우리를 잡아먹는 거냐고 물었다. 그들은 아니라고 답해주었다.

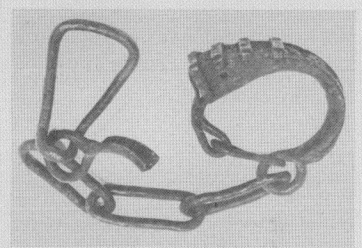

노예를 묶는 체인.

중간항해

아프리카 해안에서 대서양을 넘어 아메리카까지 흑인 노예들을 강제 운송하는 단계를 '중간항해middle passage'라 한다. 이 항해는 대체로 50~80일 정도 걸리지만 길면 6개월까지 걸리는 수도 있었다. 이미 아프리카 내륙 지방에서 해안까지 먼 거리를 끌려와서 몹시 쇠약해진 사람들이 다시 장기간 배를 타는 것은 극도로 고통스러운 일이었다. 노예무역에 사용되는 배들은 대개 100~300톤 급의 소형 선박들이었는데, 오직 상업적 이익만을 고려하는 상인들은 이 작은 배 안에 가능한 한 많은 노예들을 태우려고 했다. 심한 경우에는 배 밑바닥의 짐칸에 500명의 노예들이 꾸역꾸역 채워지기도 해서, 마치 통조림 속의 정어리처럼 포개져서 바다를 건너야 했다. 선창의 공기는 너무 탁해서 이곳에 촛불을 켜

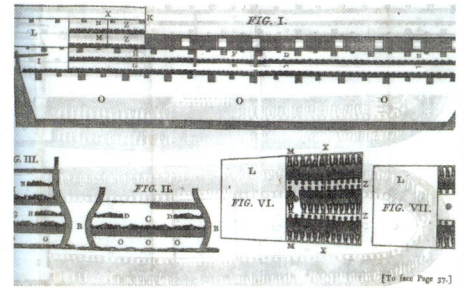
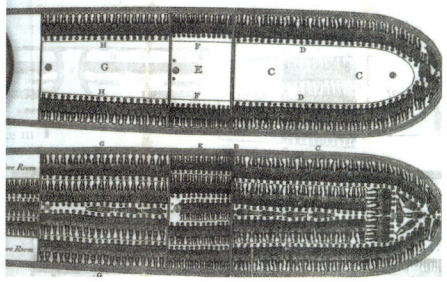

노예들을 배의 선창에 싣는 요령을 그린 그림.

들고 들어가면 산소 부족으로 불이 꺼질 정도였다. 따라서 노예들의 건강을 유지하기 위해서 가끔씩 갑판으로 데리고 나와서 운동을 시켜야 했다. 이것은 물론 인도적인 차원이 아니라 단지 값비싼 '화물'을 안전하게 수송하려는 의도에서 하는 일이었으므로, 채찍을 휘두르며 강제로 춤을 추도록 하는 가혹행위에 가까웠다. 무엇보다도 용변 문제가 말할 수 없는 고통이었다. 배의 일부 지점에서만 용변을 보게 됐는데, 모두 사슬에 묶여 있었기 때문에 이동이 쉽지 않았다. 그래서 자기 자신, 혹은 남의 용변 위에서 누운 상태로 항해하는 수도 있었다! 대서양을 넘는 노예무역선은 그야말로 바다 위에 떠다니는 지옥이었다.

중간항해의 실상에 대해 증언해주는 자료는 여럿 있다. 1840년대에 브라질 행 노예무역선에 탔던 서아프리카의 무슬림 마호메드 바과과Mahommad Baquaqua의 기록도 그중 하나이다.

우리는 벌거벗은 상태로 배의 밑창에 던져졌다. 남자들은 한쪽에, 여자들은 다른쪽에 자리를 잡았다. 배 밑창은 너무 낮아 우리는 일어설 수도 없어서 웅크리고 앉아 있어야 했다. 낮이나 밤이나 똑같았다. 몸을 마음대로 움직일 수 없는 상태였으므로 잠을 잘 수 없었고,

노예들을 갑판에 데리고 나와서 강제로 춤을 추게 만들었다.

이런 고통과 피로 때문에 우리는 절망적이 됐다.

아! 그 끔찍한 공간의 몸서리쳐지는 느낌과 더러움은 기억에서 영원히 지워지지 않을 것이다. 아니, 내 뇌에 기억이 남아 있는 한 나는 그것을 기억할 것이다. 지금 이 순간에도 그 생각을 하면 고통스럽기만 하다.

항해 중에 우리가 받은 음식은 언제나 삶은 옥수수였다. 우리는 늘 물 부족으로 고통받았지만 필요한 만큼 받을 수 없었다. 하루에 한 파인트가 전부였다. 그래서 정말로 많은 노예들이 중간에 죽어갔다.

우리 중 누군가가 반항적으로 나오면 그 사람의 피부를 나이프로 가르고 그 안에 후추와 식초를 발라넣어서 그 사람을 진정시켰다(!). 다른 사람들과 마찬가지로 나 역시 초기에는 배 멀미로 고생했지만, 그런들 사악한 주인들은 꿈쩍도 하지 않았다. 항해 중에 우리는 딱 두 번 갑판에 올라가서 목욕을 했다. 한 번은 바다 위에서였고 다른

노예들이 포개진 상태로 있는 모습.

한 번은 항구에 들어가기 직전이었다.

비좁은 공간에 수많은 사람들이 빼곡이 차서 옴짝달싹할 수 없는 상태, 끔찍한 위생 수준, 음식과 물 부족, 잔인한 감시인들. …… 이런 것들은 많은 노예무역 기록에서 수없이 반복되는 내용이다.
중간항해는 해상 사고의 위험성도 매우 높아서 많은 사람들이 목숨을 잃었다. 이런 사건 가운데 가장 비인간적인 사례로 꼽히는 것은 종Zong호 학살사건일 것이다. 1781년 9월, 영국의 리버풀 소속 노예무역선인 종호는 과도하게 많은 노예들을 싣고 자메이카로 항해를 시작했지만, 두 달이 채 안 되어서 보급 부족으로 인해 6명의 선원과 60명 가까운 노예들이 사망했다. 더 이상 이런 상태로 항해를 하면 위험하다고 판단한 선장은 사흘에 걸쳐 133명의 흑인 노예

때로 노예들이 봉기하여 선원들과 충돌하는 일이 일어났다.

를 바다에 던져서 익사시켰다. 그런데 1783년에 선주는 이 사건으로 입은 손해를 보험회사가 보전해주어야 한다고 주장하며 법원에 소송을 제기했다. 자기 회사가 당한 사건은 보험 약관상 위급 상황에서 배를 구하기 위해 선장이 '화물'을 바다에 버린 경우에 해당하므로 죽은 노예 한 명당 30파운드를 지불해달라는 것이다. 법원은 놀랍게도 노예들을 익사시킨 행위가 "말을 바다에 던진 것과 마찬가지 경우"에 해당한다고 판단했다(다만 선상에 아직 충분한 물이 있었다는 점을 고려할 때 선장이 배의 운항을 잘못 관리한 책임을 들어 보상금 지불 요청은 기각했다). 법원에 소송이 제기되고 논의되는 동안 이것이 반인륜적 학살사건이라고는 누구도 생각하지 않았다. 그러나 그로부터 20~30년이 지나면서 분위기가 크게 반전되어 이 사건은 노예해방 논의에서 자주 거론되는 중요한 사례로 부상하게 됐다.

중간항해 중에 저항이 전혀 없지는 않았다. 일부 노예들은 음식을 거부하기도 하고 일부 노예들은 바다로 뛰어들기도 했다. 일부 부족 출신 사람들은 죽으면 영혼이 고향으로 돌아간다는 믿음을 가졌기 때문이다. 이런 사태를 막기 위해 선장들은 그런 행위를 기도한 노예들의 손발을 자름으로써 다른 노예들에게 겁을 주기도 했고 또 흑인들끼리 서로 감시하게 만들기도 했다. 그리 흔치는 않지만 더 적극적으로 봉기를 감행하여 노예들이 배 전체를 장악하거나 유럽인 선원들을 모두 살해하는 일도 일어났다. 그러나 이런 대응들은 대부분 실패로 돌아가고 많은 노예들은 결코 회복되지 못하는 육체적·정신적 충격을 받고, 수동적이고 순종적인 상태가 되어서 아메리카에 도착했다.

자유의 나라? 노예의 나라! : 미국과 북아메리카의 노예

아프리카의 흑인 노예들이 가장 많이 간 곳은 라틴아메리카의 플랜테이션이나 광산이지만 오늘날의 미국 영토를 비롯한 북아메리카에도 적지 않은 수의 흑인 노예가 유입됐다. 한 가지 주목할 사실은 흑인 노예들이 들어오기 이전에 유럽의 하층민들이 '계약제 노예indentured'로 고용됐다는 점이다. 말하자면 흑인 노예제 이전에 단기간의 백인 노예제가 있었던 것이다. 계약 내용은 대개 고용주가 대서양을 건너는 선박 운임을 대주고 사람을 불러온 다음 정해진 기간 동안 일을 시키되 그동안 음식과 의복을 제공하고 또 계약 기간 만료 후 정착에 필요한 토지와 돈을 주는 것이었다. 계약 조건대로라면 유럽의 무토지 농민들로서는 한번 해볼 만한 조건이라고 할 수도 있다. 그러나 실제로는 고용주들이 자기가

여성 노예들이 거의 벌거벗은 채 도착하는 모습(왼쪽)과 플랜테이션에서 일하는 흑인 노예 모습(오른쪽).

들인 돈을 최대한 뽑으려고 했기 때문에 가혹하게 일을 시켰고, 그 결과 많은 사람들이 고생 끝에 죽었다. 이런 사정이 유럽에도 알려지는 바람에 지원자가 크게 줄었다. 할 수 없이 업자들은 온갖 유인책을 쓰거나 심지어 노골적인 유괴도 서슴지 않았다. 영어에서 '유괴'를 뜻하는 'kidnapping'이라는 단어는 원래 어린아이를 납치하여 신대륙으로 보내는 범죄 행위에서 유래했다. 그렇지만 이렇게 해서 도착한 사람들이 제대로 일을 할 리는 만무했으므로 신대륙의 고용주들도 곧 불만에 싸였다. 고용주들은 노동기간을 연장하든지 조건을 악화시키면서 더 일을 시키려고 했고, 계약 노동자들도 도주나 태업 등의 방식으로 대응했다. 고용주들로서는 비용도 많이 들고 골치 아픈 이 방식을 피하려 했고, 그 결과 흑인 노예 도입으로 이어졌다.

북아메리카 여러 지역에 흑인 노예가 언제 처음 들어왔느냐 하는

자유의 나라? 노예의 나라! : 미국과 북아메리카의 노예　221

노예 경매에 나온 여성과 아이.

문제는 학술적으로는 논란거리일지 모르지만, 실제로 큰 의미는 없어 보인다. 결국 어디랄 것 없이 인종주의에 근거한 노예제가 굳게 뿌리내리게 되기 때문이다. 예컨대 흑인 노예 노동력을 이용한 담배 재배로 번영을 구가하게 된 버지니아의 주민들은 아프리카인들이 태생적으로 열등한 인종이며 신에 의해 영원히 노예로 결정됐다고 확신하고 있었다. 17세기 후반에는 버지니아에 매년 7천 명 이상 흑인 노예들이 유입되어서 조만간 흑인 노예가 지배적인 노동력이 됐고, 1750년이 되면 흑인이 인구의 절반을 차지했다.

아프리카로부터 북아메리카에 노예를 들여오는 사업은 처음에는 영국 자본이 주도했지만 곧 아메리카 현지의 유력 상인들도 활발하게 참여했다. 일부 대상인들은 자신만의 노예무역 전용 부두를 소유하고 있을 정도였다. 특히 사우스캐롤라이나와 조지아 같은 남부 지역에서 노예수입이 증가했으며, 농장주들은 여분의 자본을 모두 노예 구입에 투입하고 있었다. 노예무역은 미국 남부 지방에만 국한된 것이 아니어서 북부의 뉴잉글랜드 지방 역시 노예무역 중심지로 성장해갔다. 노예무역은 배 건조와 수리, 또 럼주 생산과 같은 분야와 긴밀한 연관이 있었기 때문에 뉴잉글랜드 경제 발전에 중요한 한 축을 이루고 있었다.

노예 판매를 알리는 광고. 천연두 예방을 위해 필요한 조치를 다 했다는 내용이 강조되어 있다. 벼재배 지역 출신 노예들이 도착했다는 것은 벼농사를 짓는 농장 주인에게는 아주 중요한 정보였다.

노예들이 전혀 인간적인 대접을 받지 못했다는 것은 말할 필요도 없다. 1704년에 나온 미국 최초의 주간지 『보스턴 뉴스레터Boston News-Letter』에 게재된 노예 판매에 관한 광고 자료를 보면 당시 노예에 대한 사람들의 태도가 어떤지 짐작할 수 있다. 노예에게 아이가 생기면 노예주들은 아주 귀찮아했고 그래서 팔아치우려고 했다. 예컨대 뉴욕의 한 주인이 여자노예를 판매 처분하려 하는데 그 이유는 "노예가 너무 자주 아이를 낳아서 주인이 그런 불편을 감내하기 힘들기 때문"이라는 것이다. 노예 부부를 판매하는데 "아이가 생긴다는 점 외에 다른 결점은 없다"고 언급한 사례도 있다. 반대로 불임은 아주 좋은 장점으로 여겨서, 노예가 결혼한 지 오래됐는데 아이가 없다는 점을 강조하는 광고도 있다. 애초에 노예의 가정은 무시되기 일쑤였다. 보스턴의 한 주인이 19세의 여성과 6개월짜리 아이를 파는데, 그 조건은 "함께든 따로따로든together or apart" 가능하다는 것이었다.

노예 가족이 얼마나 비인간적으로 파괴되는지 말해주는 자료로는 흑인 여성 노예 가운데 최초로 문자 기록을 남긴 메리 프린스Mary Prince의 증언을 참고하면 좋을 것이다. 그녀는 18세기 말에 버뮤다에서 태어나 플랜테이션에서 어머니와 함께 살다가 12세가 되던 해에 동생들과 함께 경매에 부쳐졌다.

아프리카 노예 출신으로 처음 박사학위를 받은 인물인 야코부스 요한네스. 그는 구약을 연구하여 흑인들이 노예가 되는 것이 하느님의 뜻에 합당하다는 논문을 써서 신학박사 학위를 받은 후 아프리카로 선교를 하러 갔다.

어머니는 나와 두 동생 한나Hannah와 디나Dinah를 데리고 울면서 길을 나섰다. 햄블타운에 도착한 것은 오후 4시경이었다. 어머니는 어느 큰 집 담벼락에 한 줄로 우리를 세웠다. 우리는 벽에 등을 대고 두 손을 가슴에 얹은 채 서 있었다. 슬픔과 두려움으로 내 심장이 너무 세게 뛰었기 때문에 가슴을 손으로 꼭 눌렀지만 뛰는 심장을 진정시킬 수는 없었다. 마치 심장이 몸 밖으로 튀어나오는 것만 같았다. 그렇지만 어느 누가 그런 것을 알아줄까. 우리를 무심하게 바라보는 그 사람들 중에 누가 흑인 여인이나 그 아이들 가슴에 이는 고통을 생각하겠는가. ……마침내 판매상이 와서 어머니에게 누가 제일 맏이냐고 물었다. 어머니는 아무 말도 하지 않은 채 나를 가리켰다. 그 사람은 내 손을 잡고 거리 한복판으로 데리고 가더니 나를 천천히 돌려서 사람들에게 보여주었다. 곧 낯선 사람 몇이 다가와서 마치 송아지나 양을 사는 것처럼 나를 살펴보고 또 내 모양새와 사이즈에 대해 이야기를 주고받았다. 나는 곧 경매에 부쳐졌다. 처음 부르는 값은 몇 파운드에 불과하더니 점점 올라서 결국 57파운드로 결정됐다. 옆에 서 있던 사람들은 그렇게 어린 노예치고는 큰값을 받았다고 말했다.

다음에 내 동생들이 끌려나왔고 각각 다른 사람들에게 팔리는 것을 보았다. 그래서 우리는 모두 다른 곳에서 일하게 됐다. 거래가 끝나자 어머니는 슬픔에 잠겨 우리를 껴안고 키스를 했다. 그리고는 우리보고 용기를 잃지 말고 새 주인을 위해 열심히 일하라고 말했다. 참으로 슬픈 이별이었다. 한 사람은 이리로, 다른 사람은 저리로 가 버리고, 불쌍한 우리 엄마는 혼자서 집으로 갔다.

| 제 5 부 |

세계화폐의 순환

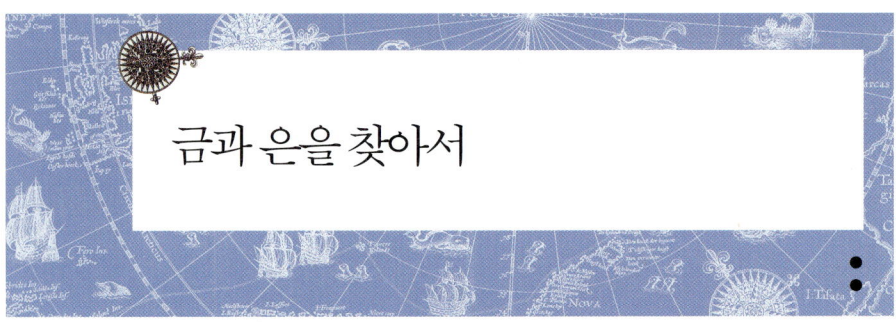

금과 은을 찾아서

부자와 빈자의 차이가 무엇일까. "부유한 사람은 주위의 물적·인적 환경을 통제할 수 있지만 가난한 사람은 주위의 환경에 순응해야 한다."(레스터 서로) 다시 말해서 돈이 있으면 지배가가 되지만 돈이 없으면 자칫 노예처럼 되기 쉽다는 뜻이리라. 돈의 지배력이 너무 커지다보니 게오르크 지멜Georg Simmel이 이야기한 것처럼 오늘날 돈은 "세계의 세속적 신"이 됐다. 돈은 우리에게 힘과 편안함을 허락한다. 우리는 신에 대한 믿음과 유사하게 돈에 대한 믿음을 가지며, 따라서 혼신을 다해 돈을 추구한다. 온 세상에 편재遍在하며 모든 것의 가치 기준이 된 돈은 실로 신과 같은 역할을 하는 것처럼 보인다. 돈이 우리를 자유롭게 하리라. 금융 위기로 인해 세계경제가 한참 위기로 치닫는 때에 교황 베네딕도 16

세는 바티칸에서 열린 제12차 세계 주교회의(2008년 10월 6일)에서 이렇게 설교했다. "돈은 사라지고 허무한 것이지만 신의 말씀만은 참된 현실입니다." 돈은 '가짜' 신에 불과하다는 이 주장에서 역으로 돈을 신처럼 모시는 현대인들의 태도를 읽을 수 있지 않을까.

돌고 돈다는 의미에서 돈이라고 부른다고 했던가. 돈은 그 자신 세계를 돌면서 그 힘으로 이 세계를 돌아가도록 만든다. 언제부터 그랬던 것일까. 또 어떤 것들이 돈이 됐을까. 헤아릴 수 없이 먼 과거부터 돈이 존재했고, 가축, 담배, 헝겊 조각, 고래 이빨, 소금, 버터에 이르기까지 다양한 여러 물품들이 돈으로 사용됐다. 그렇지만 결국은 금속이 가장 대표적인 화폐 재료가 됐다. 예컨대 스파르타에서는 철, 이탈리아에서는 구리, 에스파냐 남부 말라가 지방에서는 주석이 화폐로 사용됐다.

그러나 점차 일반 금속보다는 귀금속, 무엇보다도 금과 은이 다른 것들을 제치고 가장 중요한 화폐로 자리 잡아 갔다. 그 이유는 쉽게 짐작할 수 있다. 우선 금과 은은 변하지 않고 오래 보관되므로 시간과 무관하게 높은 가치를 보존할 수 있다. 너무 많지도, 너무 적지도 않은 양이 산출되므로 늘 높은 가치를 유지한다. 쉽게 작은 조각으로 나누고 또 녹여서 합칠 수도 있으므로 크고 작은 가치의 척도가 되기에 이상적인 성격을 가지고 있다. 크기와 무게에 비해 높은 가치를 띠므로 보관과 수송 면에서 다른 물품에 비해 상대적으로 편리하다는 장점도 있다. 그리하여 귀금속이 압도적으로 중요한 화폐 재료가 되자 중상주의重商主義(mercantilism) 경제학에서는—나중에 애덤 스미스와 같은 고전파 경제학자들에게 바로 그 점에서 비판받게 되지만—귀금속이 곧 부라고 생각했고 그래서 귀금

아프리카 내륙 지방의 금 산지를 표시한 지도. 금을 많이 가진 것으로 묘사된 말리의 왕과 금의 강을 볼 수 있다.

속을 많이 보유하는 것이 국가를 부유하게 만드는 중요한 정책으로 자리 잡게 된다.

화폐의 관점에서 볼 때 근대에 들어서 가장 특기할 일 중 하나는 금과 은이 대규모로 생산됐고 또 그것이 대륙 간 이동을 했다는 점이다. 그리하여 세계경제에 화폐가 풍부하게 공급됐고 또 그 과정에서 각 지역이 경제적으로 연결됐다.

15세기부터 유럽인들이 해외로 팽창해나간 동기를 두고 교과서 상으로 여러 설명들을 제시하지만, 그 당시 사람들의 관점에서 보았을 때 가장 타당한 설명 중 하나는 '금을 찾아서' 해외로 나갔다는 것이다. 중세 내내 유럽에서 사용됐던 금의 최대 공급처는 아프리카 내륙 지방이었다. 수단에서 생산된 금이 카라반에 의해 사하라사막을 넘어 북아프리카의 상업 도시들에 도착한 후 다시 선박 편으로 지중해를 넘어 유럽에 들어왔던 것이다. 처음 유럽대륙 바

'황금의 나라' 엘도라도 전설을 묘사한 그림.

끝으로 항해해나가려던 사람들은 대개 아프리카의 금 생산지로 직접 찾아가는 것을 중요한 목표 중 하나로 삼았다. 많은 중세 지도에는 아프리카에 '금의 강River of Gold'이 표시되어 있었다(아마도 세네갈강을 가리키는 것으로 보인다).

아메리카대륙에 유럽인들이 처음 도착했을 때에도 그들이 가장 열심히 찾은 것은 금과 은이었다. 콜럼버스가 남긴 기록들에는 금에 대한 언급이 수없이 나오는데, 그 가운데에는 심지어 이런 내용도 있다. "금은 가장 귀중한 보물이다. 금을 소유한 자는 이 세상에서 그가 하고자 하는 일을 다 할 수 있으며, 영혼을 지상천국으로 보낼 수도 있다." 유럽인들은 우선 카리브해의 여러 섬들에서 눈에 보이는 대로 금은을 약탈했다. 그래서 이 지역 주민들이 천년 동안 생산하여 축적한 금이 몇 년 안에 모두 유출됐다. 더 이상 서인도제도에서 약탈할 대상이 없어지자 현지 주민들에게 사금 생산을 강요

아메리카 문명 유물 중 이제는 얼마 남지 않은 금 작품.

했다. 주로 여성들을 강제로 징발하여 사금 채취 작업을 시키자 이 지역의 생활의 균형이 깨졌다. 농업 생산이 마비되고 출산도 급감하면서 인구가 줄다 못해 사라져가는 현상이 나타났다.

곧 아메리카대륙 본토에서도 같은 일들이 반복됐다. 우선 눈에 띄는 대로 금과 은을 약탈하기 시작했다. 마야제국과 잉카제국에서 만들어진 정교한 예술품들이 이 과정에서 녹아서 사라졌다. 약탈이 끝나자 금은 채광이 시작됐다. 멕시코와 페루, 볼리비아 지역 등지에서 대량 생산된 귀금속은 전세계로 흘러들어갔다. 최근 연구에 의하면 1493~1800년 기간 동안 세계 귀금속 생산 가운데 아메리카대륙이 차지하는 비율은 은 85퍼센트, 금 71퍼센트에 달했다. 특히 다량의 은이 유럽으로 흘러들어갔다. 에스파냐 국왕은 아메리카 식민지에서 들어오는 귀금속의 20퍼센트를 조세로 받았고, 나머지 80퍼센트는 개인 업자들 수중으로 들어갔다. 그런데 에스파냐는 유럽의 다른 국가들로부터 많은 물자를 수입하고 대금을 지불했으므로 신대륙에서 들어온 은이 곧 외국으로 유출됐다. 그리고 다시 여러 경로를 통해 중동 지역과 인도, 최종적으로는 중국으로 은이 흘러들어갔다. 이렇게 전세계로 퍼져나간 은이 근대 세계경제의 네트워크가 형성되는 데에 필수불가결한 화폐로 사용되기에 이르렀으니, 아메리카의 은은 현대 세계경제의 형성에 결정적인 공헌을 했다고 말할 수 있다.

신대륙의 여러 광산 중에서도 가장 규모가 컸던 곳은 유명한 포토시 은광이다.

현지 주민들은 처음에 포토시 은광을 비밀에 부치려고 했으나 1545년경에 에스파냐인들에게 이 비밀이 알려지게 됐다. 에스파냐인들은 초기에는 잉카제국의 전통적인 기술과 현지 노동력을 사용하여 광석을 캘 수 있었다. 이곳의 광맥은 믿을 수 없을 정도로 은이 풍부한 데다가 땅속 깊숙이 들어가지 않아도 되는 노천 광맥이어서 단순한 기술을 사용해도 높은 채산성을 누릴 수 있었다. 그런데 약 20년 정도 채광을 하고 나자 이 광맥들이 거의 소진됐다. 은 함유량도 낮아지고 갈수록 더 깊은 지하로 파고들어가야 했으므로, 1560년대에 이르면 포토시의 은 생산량은 급격히 감소했으며, 이제 기존 방식으로는 더 이상 채산성이 맞지 않아서 그대로 광산 문을 닫을 뻔했다. 이때 수은을 이용해서 은 함유량이 비교적 낮은 광석에서도 은을 뽑아내는 아말감법이라는 새로운 기술 혁신이 이루어졌다. 은과 수은이 반응하도록 하여 아말감을 만든 다음 이를 가열해서 수은이 날아가고 난 후 순수한 은을 얻는 이 방식은 혼홍법混汞法이라고도 하는데, 이 덕분에 포토시 은광은 상당 기간 계속해서 세계 최대 은광의 지위를 누릴 수 있었다.

그러나 이후 아메리카대륙의 광업 기술은 전반적으로 정체 상태에 있었다. 18~19세기에 아메리카의 광산을 방문한 유럽인들은 이곳의 기술 수준이 너무 낮은 데 대해 놀라곤 했다. 알렉산더 폰 훔볼트(독일의 자연사학자로서, 유명한 언어학자이자 철학자인 빌헬름 폰 훔볼트의 동생이다)는 이곳의 기술이 16세기 독일 기술과 기본적으로 같다고 보았다. 그러므로 이곳의 은 채굴은 기술 발전보다는 많은 인력 투입에 의존했다.

광산 노동자들의 상태는 지역에 따라 편차가 큰 편이다. 멕시코에서는 노동자들의 입지가 강화되어가서 18세기에 이르면 상당한 수준의 소득을 올리고 제법 풍족한 소비를 하는 '노동귀족'과 같이 됐다. 이들이 높은 소득을 얻게 된 것은 일당 4레알 때문이라기보다는 자신이 채굴한 은의 일정 부분을 나누어 갖는 파르티도스partidos제도 때문이었다. 그런데 멕시코에서 페루로 넘어가면 상황이 전혀 달라진다. 이곳의 노동자들의 사정은 극히 열악했다. 채광에 필요한 인디언 노동력은 미타mita라는 전통적인 제도를 이용해서 구했다. 이는 마을마다 일정 수의 사람들을 내보내도록 강제하는 방식이었다. 포토시에서 쿠스코에 이르는 지역의 마을에서는 성인 남자의 7분의 1을 일꾼으로 보내야 했다. 쿠스코처럼 먼 지역 주민들은 이 일을 하기 위해 두 달 걸려서 포토시까지 여행해야 했다. 과거 잉카제국 시대에는 노동력을 징발하는 대신 국고로 이들을 먹여주었을 뿐 아니라, 노동 시간도 그리 길지 않았다. 그러나 에스파냐인들은 이 제도를 멋대로 바꾸어 현지인들을 착취했다. 에스파냐 식민 당국이 정한 법률에 따르면 노동 시간이 하루 12시간으로 정해졌고 일요일이나 휴가 기간에는 일을 하지 않는 것으로 되어 있어서 이것만 준수해도 그런대로 견딜 수 있었을 것이다. 그러나 실제로는 이런 법령을 무시하고 최대한의 착취가 이루어졌다. 엄밀하게 이야기하면, 미타제도 아래에서 사람들은 3주에 1주만 일을 하게 되어 있었다. 그런데 나머지 두 주 동안에도 자유로운 노동자mingados의 자격으로 일을 해서 소득을 보전해야 했다.

광산 안의 노동 조건은 대단히 열악했다. 사람들은 12시간 동안 지하 깊은 곳에서 좁고 위험한 갱도를 기어다니며 50킬로그램짜리

부대 25개를 채워서 250미터의 사다리를 올라가야 했다. 이런 가혹한 노동 조건 때문에 많은 사람들이 희생됐다. 일부 마을에서는 고된 부역을 피하기 위해서 공무원을 매수하려고 했지만, 그렇지 못할 경우 마을을 떠나는 사람들을 아예 죽은 것으로 치고 미리 장례식을 치러주기도 했다!

포토시 광산에는 한번에 1만 4천~1만 6천 명의 광부들이 일하고 있었는데, 이들의 밥을 해주기 위해 가족 전체가 따라나서기도 했다. 그래서 전체적

인디언들에게서 금은보화를 빼앗는 유럽인들. 그들의 표정은 탐욕을 드러내고 있다.

으로 약 4만 명의 인디언들이 함께 거주했다. 이들을 포함한 전체 인구는 약 16만 명으로서 이는 당시 세계 최대 도시 인구 중 하나이다. 말하자면 이 도시는 광부들과 그 광부를 착취하는 사람들로 이루어져 있었다. 광산 도시들이 흔히 그렇듯이 이곳에는 부가 넘쳐나고, 도박장과 술집들이 우후죽순으로 생겨났으며, 강도와 창녀들이 모여들어 '거대한 환상'이 지배하는 사악한 도시 풍경이 전개됐다. 인디언 광부들이 다른 곳에서는 도저히 상상할 수도 없는 살인적 물가에 시달리며 가난하게 살아가는 동안 이곳에서 산출된 은은 야마llama 카라반을 이용해서 안데스산맥을 내려가 전세계로 운반됐다.

세계경제 형성의 첫 단계에 해당하는 세계화폐의 유통이 이런 식으로 시작된 것이다.

세계의 은이 중국으로 들어가다

은행銀行이라는 말은 영어의 bank 혹은 그와 같은 계열의 단어들(banque, banco 등)을 번역한 말이다. 원래 발음은 '은항'이지만 관례적으로 오랫동안 '은행'이라고 발음해왔기 때문에 이제 와서 고치기는 힘들어 보인다. 본디 '항行'은 점포를 가리키는 글자이므로 은행은 은을 취급하는 점포라는 뜻이 된다. 역사적으로는 '항行'이 중국의 상인조합을 나타내는데, 원거리 교역을 할 때 은을 사용하다가 금융 관련 업무까지 수행했기 때문에 점차 '은항'이라는 말이 생겼다고 한다. 중국에서 오랫동안 은이 중심화폐 역할을 해왔으므로 우리말에 '은행'이라는 말이 쓰이게 된 것인데, 만일 중국에서 금이나 구리가 중심화폐였다면 '은행' 대신 '금행'이나 '동행'이라는 말이 쓰였을 것이다. 국민금행, 우리금행, 외환동

중국 대외 교역의 중요한 항구였던 광저우.

행……

 아메리카대륙에서 대량 생산된 은은 돌고 돌아 결국 중국에까지 이르게 됐다는 것이 화폐사 연구자들이 거듭 이야기하는 내용이다. 어떤 과정을 통해서 그렇게 됐을까. 이 방면의 대가들이 그려놓은 큰 그림은 대체로 이런 식이다. 아메리카대륙에서 막대한 양의 은이 산출되어 유럽으로 흘러들어갔다. 그 결과 우선 유럽의 화폐량이 증가하여 인플레이션이 일어났고 특히 농산물에 비해 공산품 물가가 상대적으로 더 빠르게 상승함으로써 상공업자들의 이윤을 높여서 경제 발전을 자극했다.

그런데 유럽에 들어온 은 가운데 많은 양이 여러 루트를 통해 아시아로 들어갔다. 아시아로 귀금속을 보내야 했던 이유는 유럽이 아시아에서 사와야 하는 물건은 많은 반면(후추, 도자기, 면직물 등) 그 당시로서는 아시아에 팔 물건이 많지 않았기 때문에, 말하자면 무역수지 적자액만큼 귀금속으로 결제를 해야 했기 때문이다. 이와 같은 무역수지 적자와 귀금속 유출 현상에 대해 예컨대 페르낭 브로델 같은 학자는 유럽의 경제적 열등성으로 보아서는 안 되며 거꾸로 외국의 문호를 강제로 열어젖혀 자신들이 필요로 하는 물품들을 얻어내는 경제적 역동성으로 해석해야 한다고 주장했다. "아메리카의 귀금속 생산─유럽으로의 유입─아시아로의 유출", 이것이 고전적인 화폐사의 핵심 줄거리이다.

이 도식은 전체적으로 틀린 것은 아니지만 많은 점에서 보충과 수정이 필요하다.

우선 크게 뭉뚱그려서 '아시아'라고 부를 일은 아니며, 금과 은을 함께 묶어 '귀금속'이라고 해서도 안 될 일이다. 중동 지역과 인도, 동남아시아 각 지역, 중국, 한국과 일본 사이에 금과 은은 별개의 복잡한 흐름을 이루고 있었던 것이다. 유럽에서 인도로, 또 인도에서 중국으로 은이 유입되는 현상, 중국에서 일본으로 금이 유출되는 대신 일본에서 중국으로 은이 유입되는 현상, 여기에 덧붙여 한동안 일본 구리가 동남아시아에 다량으로 흘러간 현상 등이 서로 얽혀 있다. 또 태평양을 넘어 멕시코와 마닐라를 연결하는 정기 항로(소위 마닐라 갤리온 체제)가 개설되어 아메리카의 은이 마닐라에서 중국 비단과 교환되는 것도 아주 중요한 거래였다. 이처럼 세계의 귀금속 흐름은 결코 단순치 않은 양상을 보였다.

유럽에서 중국까지 은이 흘러가는 과정을 좀더 자세히 살펴보자.

여기에서 중요한 요소는 금 가치와 은 가치의 비율이다. 16세기에 중국에서 금과 은의 교환비율은 1 대 6이었다. 곧 금 한 단위를 가지고 은 6단위를 얻을 수 있다는 뜻이다. 이에 비해 같은 시기에 유럽에서는 그 비율이 1 대 12였다. 금 한 단위로 은

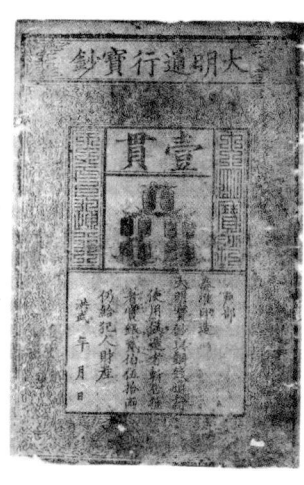

왼쪽은 중국 14세기의 은행권이고 오른쪽 동전들은 위에서부터 차례로 14, 15, 16, 17세기 화폐들이다.

12단위를 얻을 수 있으니, 중국과 유럽을 비교하면 유럽에서는 금 가치가 중국의 2배이고, 거꾸로 이야기하면 중국에서는 유럽에 비해 은 가치가 2배였다. 만일 유럽 상인이 중국에 가서 거래를 할 일이 있으면 유럽에서 상대적으로 싼 은을 구입하여 중국에 가져가면 그것만으로 100퍼센트의 환차익을 누리게 된다. 이처럼 중국에서 은 가치가 높은 것이 유럽과 중동, 인도로부터 중국으로 은이 밀려오도록 만든 기본 동인이었다.

중국에서 그토록 은을 찾는 이유로는 우선 중국 화폐제도의 변화를 생각해볼 수 있다. 중국에서는 다른 어느 문명권보다 일찍 지폐를 발행했다. 지폐를 송에서는 교자交子, 남송에서는 회자會子, 원과 금에서는 교초交鈔, 명에서는 보초寶鈔라고 불렀다. 그런데 명대에 만들어진 대명통행보초大明通行寶鈔는 애초에 불환지폐였기 때문에 가치를 유지하기가 힘들었다. 보초를 초과 발행하자 화폐가치가 급

전직하는 초인플레이션hyper-inflation이 일어나서 결국 지폐 사용이 중단됐으며, 이를 대신하는 지불수단으로서 은이 유통됐다.

특히 은의 대규모 유통을 초래한 중요한 요인은 1570년대에 시행된 일조편법一條鞭法이었다. 중앙정부가 모든 조세 수입을 은으로 통일하는 이 법이 시행됨으로써 이제 은은 공식화폐를 대신하게 됐다. 다만 아직도 명쾌하게 설명하지 못하는 점 한 가지는 왜 공식적으로 은화를 주조하지 않고 은 덩어리를 그대로 화폐처럼 사용했는가 하는 점이다(정확하게 말하자면 명대와 청대 대부분 은화를 주조하지 않다가 20세기에 들어와서 청조가 멸망하기 10년 전에 처음 은화를 주조했다). 조세 납입과 같은 자체의 필요 때문에 중국이라는 거대한 문명권 전체가 은을 '빨아들이기 시작하자' 주변 지역에서 중국을 향해 은이 몰려왔고 이 영향이 점차 더 먼 지역으로까지 물결처럼 퍼져갔다. 한번 중국에 들어간 은은 더 이상 그곳에서 나오지 않기 때문에 중국은 '흡입 펌프' 혹은 '귀금속의 무덤'이라고 불렸다.

이 설명이 기존의 설명 방식과 어떻게 다를까. 그리고 어떤 의미의 차이가 있을까.

지난날의 전통적인 설명 방식은 유럽이 주도적으로 아메리카의 은광을 개발하여 그것으로 중국을 비롯한 아시아 시장을 개방시켰다는 것이었다. 그러나 중국의 관점에서 보는 설명은 전혀 다른 의미를 띤다. 최종 수요자로서 중국의 힘이 유럽과 아메리카에까지 힘을 미쳐서 은이 들어오도록 만들었다는 것이다. 즉 세계 시장을 돌아가게 만든 중요한 동력 중의 하나가 중국에서 비롯됐다는 점이 강조된다. 유럽이 주도한 것이 아니라 오히려 중국 때문에 전세계의 화폐와 귀금속의 흐름이 만들어졌다는 것이다.

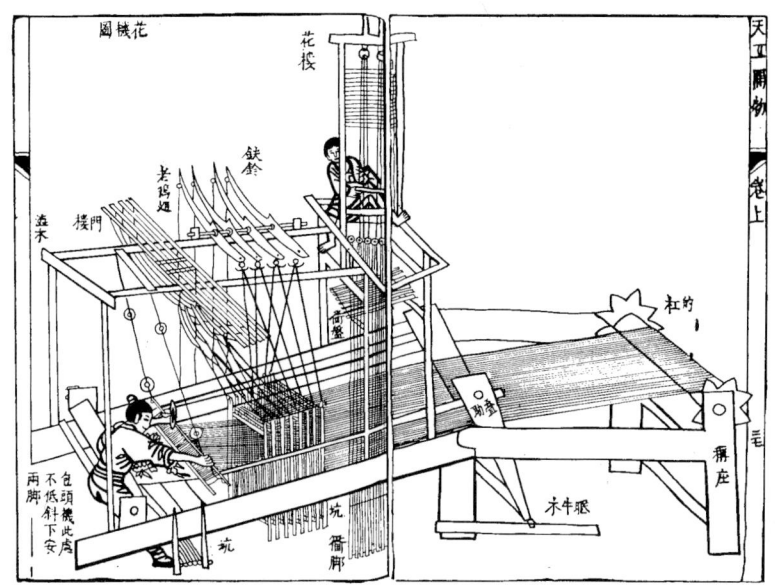

중국의 견직물 공업은 아주 일찍부터 정교한 수준으로 발달해 있었다.

 그렇다면 중국에 은이 대량 유입된 것은 중국경제에 어떤 영향을 미쳤을까. 은이 유입된다는 것은 곧 중국경제에 화폐량이 증가하는 것이고, 이로 인해 상품생산이 탄력을 받고 각 지역 간에 서로 경제적 연관성이 증가하는 동시에 분업이 진행됐다는 점, 또 중국경제와 세계경제가 긴밀한 연관성을 띠게 됐다는 점을 흔히 이야기한다. 이런 변화가 중국경제에 전반적으로 긍정적이었을까, 부정적이었을까. 이에 대해서도 상이한 견해가 충돌하고 있다. 복잡한 논의를 생략하고 간략하게 정리하면 다음 두 견해로 정리할 수 있을 것이다. 첫째, 은의 유입과 동시에 극적인 경제 성장이 이루어졌다는 주장이 있다. 무엇보다도 비단산업이 크게 발전해서 거대한 해외 수요를 만족시켰다는 점이 거론된다. 둘째, 중국에 유입된 은은 경제 '성장growth'을 가져왔으나 경제 '발전development'은 저해했다는 견해가 있다. 은 유입의 대가로 유출된 중국 상품이 사실은 막대한 노동력이 투입된 결과물이었으며, 따라서 중국의 화폐체제의 불비로 인하여 막대한 노동력의 집적물이 싼값에 국외로 빠져나갔다는 것이다. 그 대표적인 상품으로 거론되는 것이 다름 아닌 비단 제품들이다.

이 문제에 대해서는 해당 분야 전문가들 사이에 아직도 의견의 일치를 보지 못하고 활발한 논의가 진행되고 있다는 점만 지적하기로 하자. 분명한 것은 이제 세계 각 지역이 경제적으로 서로 연결되어 함께 움직이는 단계가 시작됐다는 것이다. 세계경제의 순환circulation(원래 혈액순환과 같은 의학 용어였다)을 원활하게 만든 것은 은이었다. 이 점을 간파한 중국 상인들은 어눌한 에스파냐어로 이렇게 표현했다. "은은 피血다Plata sa sangre."

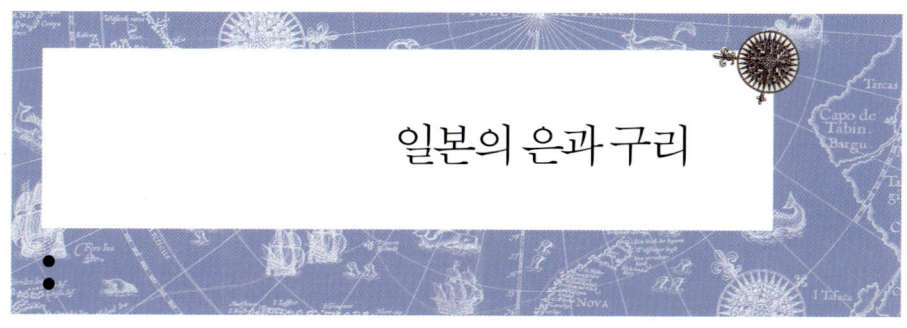

일본의 은과 구리

귀금속과 화폐의 세계적 흐름을 조망하는 역사가들은 대개 아메리카의 은 생산과 유통에 주목한다. 워낙 엄청난 양의 은이 전세계를 돌면서 파장이 큰 사건들을 만들어냈으므로 여기에 큰 중요성을 부여하는 것은 당연한 일이겠으나, 문제는 아메리카산産 은이 세계의 모든 중요한 화폐 현상에 결정적 영향을 끼친 것처럼 서술하게 된다는 점이다. 이 경우 문제점은 크게 두 가지로 정리할 수 있다. 첫째, 아메리카 이외의 다른 지역에서 산출된 은 역시 매우 중요한 역할을 했다는 점을 간과하기 쉽다. 둘째, 귀금속(금과 은)이 아닌, 상대적으로 저급한 가치를 가진 다른 금속(구리가 대표적이다) 역시 원거리 교역의 대상이었다는 점도 무시된다. 이런 문제들과 관련해서 특히 주목해서 볼 사례가 일본의 은과 구리의 수출이다.

일본 혼슈 시마네현에 있는 이와미 은산 유적.

일본에서는 16세기 중반에 금광과 은광이 많이 개발됐다. 대표적인 광산이 일본 혼슈 시마네현島根縣에 위치한 이와미石見 은광이다. 이 광산은 일찍이 14세기 초에 발견됐지만, 1526년부터 본격적으로 채굴이 시작되어서 20세기에 가서야 폐광됐다. 초기 광산은 지표면을 파거나 얕은 동굴을 파고들어가는 정도였으나 점점 깊은 지하로 들어감에 따라 지하 동굴이 복잡하게 연결되어 갔다. 현재 이 지역에는 대규모 채광과 제련, 수송이 이루어진 흔적이 잘 남아 있어서 유네스코 세계자연유산으로 등록되어 있다. 전성기인 17세기 전반기에는 이곳의 은 생산량이 4만 킬로그램까지 이르렀고 이중 많은 양이 멀리 중국과 동남아시아로 수출됐다.

광산 개발은 원래 다이묘들의 전쟁 자금 마련을 위해 시작됐지만 곧 상업 목적이 더 중요해졌다. 특히 일본에서 큰 인기를 누리던 중국 비단을 수입하고 그 대금을 결제하는 데에 은이 많이 필요했다. 중국과 일본 사이의 교역은 처음에 중국 푸젠성 상인들과 포르투갈인들이 담당했다가, 기독교 전도 문제로 말썽을 빚어 포르투갈인들이 축출되고 난 다음에는 네덜란드인들이 이 사업을 물려받았다. 비단 제품을 수입해들여오는 상인들은 바뀌었어도 그 대금을 갚기 위해서는 늘 은이 필요했다.

일본 전체의 은 산출량과 수출량이 어느 정도였는지에 대해서는 현재 연구가 진행되고 있으나 아직까지 정확한 통계 수치를 제시하기는 힘든 형편이다. 고바타 아쓰시小葉田淳라는 연구자는 여러 상이한 자료들을 이용해서 17세기 초 일본의 은 수출량이 연 20만 킬로그램에 달한다고 주장했다. 만일 이게 사실이라면 이는 당시 전 세계 은 생산의 4분의 1~3분의 1에 해당하는 양이다. 물론 이 수치가 전적으로 옳다고 단정할 수는 없지만, 한 세기 가까이 일본에서 다량의 은이 해외로 수출된 것은 분명하다. 독일인 의사로서 일본에 체류했던 앵겔베르트 캠퍼Engelbert Kaempfer는 이에 대해 이렇게 말했다.

> 포르투갈인들이 20년만 더 일본과 무역을 했더라면 막대한 부가 이곳에서 마카오로 수송됐을 것이다. 그리고 그 도시에는 성경에 있는 솔로몬 시대의 예루살렘에 있던 것과 같은 막대한 금과 은이 쌓이게 됐을 것이다.

일반적으로 근대 초 일본은 멕시코에 이어 세계 2위의 은 수출국으로 자리매김 된다.

한 가지 흥미로운 점은 일본의 은 생산 증대에서 중요한 핵심 기술이었던 연은분리법鉛銀分離法이 조선에서 개발됐다는 점이다. 대개 은 광석에는 납이 많이 들어 있어서 은과 납을 분리하는 제련기술 없이는 은 생산이 크게 늘어날 수 없었다. 앞에서 언급했듯이 멕시코에서 쓰인 수은을 이용한 아말감법이 역사적으로 유명한 사례이다. 16세기 중반까지도 일본의 은 정련 기술은 지극히 저급한 수준에 머물고 있었다. 은광석을 산등성이에 쌓아 올린 후 5일 동안 밤낮으로 불을 때서 은광석을 산화시킨 다음 남은 재 속에서 은을 추려내는 방식이니, 은의 질과 양 모두 보잘것없는 형편이었다.

이러던 차에 조선에서 회취법灰吹法이라는 혁신적인 은 정련술이 들어온 것이다. 이는 다음과 같은 방식으로 이루어진다. 은광석에다 납을 섞어 함께

구리와 은을 분리하는 과정.

태우면 납이 녹고 그 녹은 납에 은이 섞여 함께 굳어진다. 이를 함은연含銀鉛이라 하는데 이것을 재가 가득 담긴 철 냄비에 담고 여기에 탄을 하나 가득 채워 풍구로 공기를 불어넣어 태운다. 그러면 산화연이 녹아 납은 재에 스며들고 은만 재 위에 뜨게 된다. 이 방식은 원래 조선의 양인 김감불金甘佛과 노비 검동儉同이 16세기 초에 세계 최초로 개발한 것으로 알려졌다. 그런데 조선 정부가 비밀로 해둔 이 기술이 일본의 하카다博多에 전해졌고 순식간에 각지의 은 광산으로 퍼져갔다. 그러자 그동안 문을 닫았던 은광들이 부활하고 새로운 은광도 개발되면서 일본의 은 생산은 비약적으로 늘어나게 된 것이다. 그러는 동안 정작 "조선에서는 이 기술을 까먹었다"고 기록되어 있다. 도쿠가와 이에야스는 누에바 에스파냐(멕시코)로부터 아말감법도 도입해보려고 했지만 일본에서 수은이 많이 나지 않는 데다가, 이미 회취법으로 충분히

은 생산을 효율적으로 할 수 있기 때문에 포기했다.

17세기 중엽부터는 일본의 은 수출이 줄고 대신 구리가 많이 수출됐다. 사실 금이나 은 같은 귀금속은 주로 고액 결제에 쓰이므로, 대개 소액 거래를 하는 광범위한 사회계층과 관련해서는 구리가 훨씬 더 중요하다. 예컨대 인도 내부의 농촌 경제와 연관된 화폐 현상을 이해하려면 금이나 은보다는 구리가 핵심적인 문제가 된다. 새로운 동광이 개발됐던 17세기 후반부터 일본 구리의 생산과 수출이 급증했

일본 구리 광산에서 광석을 선별하는 작업.

다. 당시 제련기술이 크게 발전했는데, 특히 불순물을 제거하기 위하여 용해된 금속에 공기를 불어넣는 과정은 19세기 후반 유럽의 제철산업에 혁명을 불러일으킨 베세머 공법과 유사하며, 일부 역사가들은 실제로 일본의 이 기술이 베세머 공법 개발에 기본 아이디어를 제공했다고 주장하기도 한다.

구리 생산량이 최고점에 달했던 1700년에는 연 5,400톤이 생산됐다. 일본 구리는 일부가 중국에 수출되어 동전 주조에 쓰였지만, 인도와 동남아시아 지역이 전체 수출의 약 80퍼센트를 차지했다. 가장 중요한 수출 지역은 코로만델해안(인도의 동해안)이었으며, 그 외에도 벵골, 실론, 말라바르, 구자라트 등지가 주요 수출 지역이었다. 동인도회사는 그동안 이런 곳에서 직물을 구입하고 그 대금을 금으로 지불해왔으나 점차 금을 확보하기가 어려워지자 대신 구리

를 지불 수단으로 사용하게 됐다. 이에 따라 구리 수요가 크게 늘어났는데 이를 부분적으로 해결해준 것이 일본 구리였고 이것도 모자라게 되자 나중에는 스웨덴산 구리가 동남아시아로 수입됐다.

일본은 은과 구리를 수출하는 대신 중국과 동남아시아에서 금을 수입했다. 금과 은의 상대가치 면에서 일본의 금 가치가 높았기 때문이다. 1610년대에 중국에서 일본으로 금을 가지고 오면 60퍼센트의 환차익이 가능했다. 동남아시아와 일본 사이에서도 사정이 비슷해서, 17세기 초에는 인도차이나, 수마트라, 시암 등지의 금이 영국과 네덜란드의 배로 일본에 들어왔다. 1617년 네덜란드 동인도회사의 한 직원의 편지에는 아유타야(오늘날의 태국)에서 일본으로 금을 보냈더니 35~40퍼센트의 이익을 보았다고 기록되어 있다. 이런 자료들을 보면 동아시아 해상세계에서는 귀금속의 상대가치의 차이로 인해 일종의 환차익exchange arbitrage을 노리고 다량의 귀금속이 오가고 있었음을 알 수 있다. 특기할 점은 시간이 지나면서 중국과 일본 간 혹은 동남아시아와 일본 간 귀금속 가치 차이가 점차 줄어들어 수십 년 뒤에는 거의 사라졌다는 점이다. 이것은 아시아 안에 아주 광범위한 지역에 걸친 귀금속 거래망이 형성되어 원격지 간에 귀금속 가격이 조정되고 있음을 말해준다. 마치 오늘날 환율 변동에 따라 대규모 외환이 발빠르게 이동하는 현상을 상기시키는데, 이는 자본주의적인 국제 시장체제가 등장하는 중요한 표식 중 하나로 볼 수 있다.

이 네트워크에서 조선은 어떤 위치에 있었을까.

근래 아시아의 거대한 귀금속·화폐 거래망에서 조선이 중요한 한 가지branch였다는 점을 밝히는 연구들이 발표됐다. 그동안 일본에서는 17세기 후반에 자체의 은 수요가 증가하면서 은의 해외 수출이 금지된 것으로 알려져 있었다. 공식적으로는 1688년부터 일본 막부가 은 수출을 금지하고 대신 구리를 수출했다. 이것이 일반적으로 이야기되던 사실이다. 그런데, 다시로 가즈이田代和生라는 연구자는 대마도의 중요 자료인 소가문서宗家文書를 이용하여 새로운 견해를 제시했다. 나가사키를 통해서는 은이 수출되지 못했지만 '대마도-조선' 루트를 통해 일본에서 중국으로 약 60년 정도 더 은이 수출됐다는 것이다.

이 거래에서 조선은 세계 최대 은 수요자(중국)와 세계 2위의 은 공급자(일본) 사이에서 중개인 역할을 했다. 이때 조선은 단지 중국과 일본 사이에 길만 빌려준 것일까, 아니면 아시아 화폐·상업망에 적극적으로 참여한 것일까. 또 조선 자체의 교역이 있었다면 어느 정도 규모였을까. 아직 많은 사실이 밝혀지지는 않았지만, 한 가지 분명한 점은 일본에서 조선 인삼에 대한 수요가 상상 외로 컸으며, 인삼 수입의 대가로 상당액의 은이 조선에도 유입됐다는 점이다. 이런 점들에 대해서 앞으로 더 많은 연구가 이루어지면 지금까지 아메리카산 은 중심으로 서술했던 세계화폐사의 내용이 많이 바뀔 가능성이 있다.

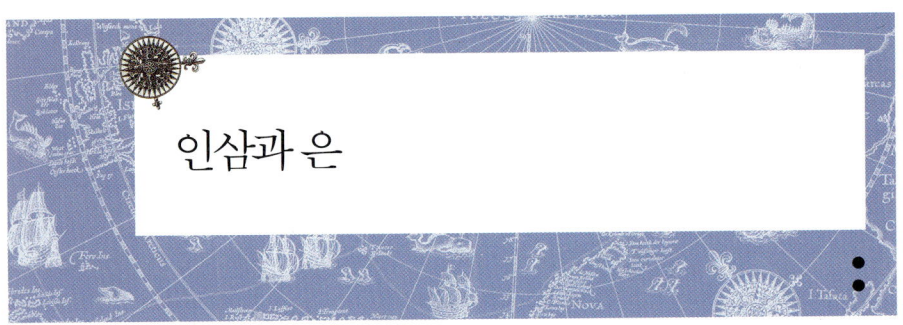

인삼과 은

박사논문 준비를 위해 파리의 국립도서관에서 자료를 보던 때의 일이다. 사서가 실수를 했는지 내가 신청했던 책 대신 엉뚱하게도 니콜라스 비첸Nicolaas Witsen의 『북부 및 동부 아시아 지리지』가 전달됐다. 비첸은 암스테르담 시장을 역임했던 박식한 학자로서, 1692년에 출판한 이 책은 북동부 아시아에 관한 여행기 정보들을 모아 편찬한 것이었다. 이제는 우리나라에도 꽤 널리 소개됐지만 당시 이 책의 존재조차 몰랐던 나는 호기심에 끌려 이곳저곳을 훑어보기 시작했다. 책 중간에 조선에 관한 부분이 상당량 있는데, 우리나라 동해안의 아름다운 풍광을 언급한 부분과 인쇄 실수로 우리나라 말 단어들의 뜻풀이가 한 줄씩 어긋나 있는 부분이 아직도 기억에 생생하다. 저자는 당대 최고 무역국가의 지식인

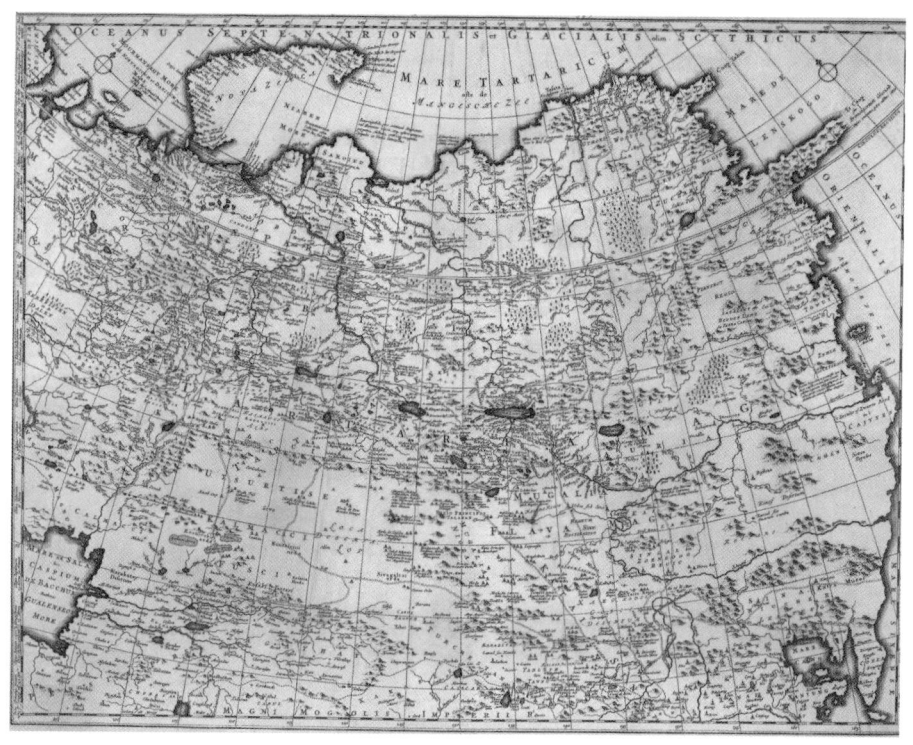

비첸의 책 『북부 및 동부 아시아 지리지』에 나오는 북동부 아시아 지도.

답게 이제 막 베일을 벗기 시작한 조선과의 무역 가능성을 타진하고 있었다. 그의 결론은 한마디로 "이 가난한 나라는 교역할 상품을 거의 가지고 있지 않지만, 단 인삼('ginseng'으로 표기되어 있다)이라는 대단히 중요한 아이템이 있다"는 것이다.

세계 각 지역이 해로를 통해 서로 연결되고, 동아시아의 바다에도 원거리 교역망이 짜여가던 17~18세기에 비첸의 설명대로 조선이 국제 교류에서 거의 배제되어 있었는지는 더 자세한 연구를 통해 규명해야 할 부분으로 남아 있다. 다만 비첸이 지적하듯이 최소한 인삼은 중국과 일본 등지에 널리 수출되고 있었다.

앞에서 소개했듯이 세계 2위의 은 수출국 지위에 올랐던 일본은 대마도-조선 루트를 통해 중국으로 다량의 은을 송출하고 있었다. 1590년대 임진왜란으로 한일 관계가 교란됐지만 1607년에 대마도 번주藩主 소가宗家가 쇼군 대신 조선과의 관계를 재정립한 후 양국 간 중개자로 인정받았다. 그 후 대마도-조선 루트는 조선과 일본 간의 교역 통로일 뿐 아니라 일본이 중국 상품을 얻는 중요한 통로가 됐다.

소가의 여권을 지닌 대마도 상인들은 공식적으로는 연 20척의 배를 부산으로 보내게 되어 있었지만 실제로는 여러 편법을 통해서 더 많은 배를 보냈다. 1709년 기록에 의하면 두 지역 간에 90척의 배가 왕래했고, 이중 30여 척의 작은 배들이 은을 수송했다. 대마도를 통해 수출되는 은의 최종 목적지는 중국이었다. 조선에 들어온 은이 중국으로 가고 또 중국 상품이 다시 대마도로 전해지는 것은 중국을 왕래하는 조선의 사절들이 담당했다. 동지사의 경우 공식 인원은 35명이지만 함께 동행하는 상인들을 포함하면 전체 인원은 300명 정도로 알려져 있다. 수행원들은 사무역私貿易용으로 인삼을 가져갈 수 있고, 나중에는 1인당 2천~3천 테일tael(兩)의 은(75~113킬로그램)을 지닐 수 있었다. 그러므로 공식적으로도 거의 8만 테일(3톤)에 달하는 은을 가져갈 수 있었지만, 밀수까지 고려하면 실제 은 수송량은 그보다도 더 컸을 것이다.

이 거래에서 조선은 단지 일본 은이 중국으로 흘러가는 소통로 역할만 한 것일까. 그런 것 같지는 않다. 무엇보다도 일본에서 인삼에 대한 수요가 대단히 커서 인삼을 수입하고 이를 결제하기 위해 지불한 거액의 은이 조선으로 들어왔을 것으로 보인다. 17세기 초부터 일본에서는 거의 미신에 가까울 정도로 인삼의 효능을 굳게 믿었다. 인삼은 다 죽어가는 사람도 살려낼 수 있는 만병통치약으로 알려졌기 때문에 병든 아버지를 살려내기 위해 어린 소녀가 유곽에서 몸을 판 돈으로 인삼을 샀다는 식의 이야기가 생겨났다. 그런 만큼 인삼 가격 또한 상상하기 힘들 정도로 비싸서, 인삼을 먹고 살아난 사람이 인삼 사느라고 진 빚을 못 갚아 목을 맸다는 이야기가 전해질 정도이다.

심지어 일본 막부에서는 인삼 수입을 위해 특수 화폐를 주조하기도 했다. 1601년에 은 함유량 80퍼센트의 게이초 은화慶長銀를 발행하여 이것으로 조선과 교역을 했지만 차차 은 공급이 딸리자 1697년에 64퍼센트짜리 겐로쿠 은화元祿銀를 발행했다. 이 화폐는 양국 간 경제외교상의 문제를 야기하기도 했다. 조선 관리들은 이 화폐의 은 함유량을 60~62퍼센트라고 주장했고 일본 쪽은 64퍼센트라고 주장해서 결국 63퍼센트로 타협했다는 것이다. 조선 쪽이 은 함유량을 파악하는 지식이 부족했던 것 같은데, 일본으로서는 불리한 점을 안고서라도 인삼 교역을 늦출 수가 없었던 것이다.

일본이 조선의 인삼을 구매하기 위해 주조한 화폐인 인삼대왕고은.

18세기에 들어서면 아마도 일본 역사상 가장 질이 낮은 순도 20퍼센트의 은화를 발행했으나 이때에도 인삼 수입을 위해서 1710년에 은 함유량 80퍼센트짜리 수출용 특수 화폐를 제작했다. 인삼대왕고은人蔘代往古銀이라 불리는 이 특주은特鑄銀 화폐 120개가 있어야 조선 인삼 한 근을 구한다고 알려져 있다. 일본의 한 연구자는

중국에서 나는 인삼.

이렇게 해서 일본에서 조선으로 들어온 은의 양이 매년 5.3톤에 달했다고 추산했다.

그러나 18세기에 들어서는 조선의 인삼 수출을 저해한 두 가지 심각한 문제가 발생했다.

첫째, 일본이 국가정책으로 삼을 자체 재배하기 시작했다. 1716년에 도쿠가와 요시무네가 쇼군이 된 후 인삼 수입대체정책을 수립한 것으로 보인다. 막부가 대마도에 명령을 내려 인삼에 대한 자세한 정보를 그림과 함께 보내도록 했고, 곧이어 조선에서 씨앗을 구해와서 실험 재배한 끝에 1733년경에는 수확한 인삼을 전국 각지에 보냈다. 일본에는 이 일과 관련된 자세한 기록들이 보존되어 있다.

둘째, 1720년경에 북아메리카에서 산삼이 발견됐다. 사실 인디언들이 이미 산삼을 약으로 쓰고 있었기 때문에 산삼이 '발견됐다'고 새삼스럽게 이야기할 것은 못 되지만, 다만 기독교 선교사들이 이 산삼이 동아시아에서 비싸게 팔리는 고려인삼과 같은 종이라는 것을 알게 됐다는 점이 중요하다. 곧 네덜란드 상인들을 중심으로 애팔래치아산맥에서 다량의 산삼을 채집하여 1740년대에는 광둥지방으로 수출했고 이곳에서 다시 나가사키로 재수출했다. 고려인삼에 비해 값이 5분의 1에 불과한 아메리카 산삼이 들어오자 인삼 가격이 폭락한 것은 당연한 일이다. 물론 일본에서 재배한 삼이나 아메리카에서 수입한 삼보다는 조선의 인삼이 효능 면에서 비할 나위 없이 좋다는 점은 다 인정했지만 이제까지 누리던 독점적 지위가 크게 흔들린 것 또한 부정할 수 없는 일이다.

인삼의 사례에서 볼 수 있듯이 근대 초 세계 국제무역과 화폐의 유통은 아직 규명해야 할 점들이 많이 남아 있다. 우리나라의 경우 역시 더 자세한 실증 연구를 수행하고 또 이를 세계사적인 맥락에 위치지어 생각해볼 필요가 있다.

북아메리카 산삼을 발견한 예수회 신부

MÉMOIRE
PRÉSENTÉ
A
SON ALTESSE ROYALE
MONSEIGNEUR
LE DUC D'ORLEANS,
Regent du Royaume de France :
CONCERNANT LA PRECIEUSE
Plante du Gin seng de Tartarie, découverte en Canada par le P. Joseph
François Lafitau, de la Compagnie de
Jesus, Missionnaire des Iroquois du
Sault Saint Louis.

A PARIS,
Chez JOSEPH MONGE, rue S. Jacques,
vis-à-vis le Collège de Louis le Grand,
à Saint Ignace.

M. DCC. XVIII.
Avec Approbation & Privilège du Roy.

캐나다 인삼에 대해 설명하는 라피토의 서한.

1715년 라피토 신부 Joseph François Lafitau (1681~1746)는 선교 목적으로 퀘벡 지역의 이로쿼이족을 찾아갔다. 그는 이곳에서 5년을 살았는데 이때 숲속에서 산삼을 발견하고는 당시 프랑스의 섭정인 오를레앙 공에게 작은 책자에 가까운 긴 편지를 보냈다 Mémoire Présenté à son Altesse Royal Monseigneur le Duc D'Orleans. 그는 캐나다에 오기 전인 1709년에 중국 여행을 했는데 이때 인삼을 알게 됐다. 그리고 북경에 나가 있는 예수회 신부 페트뤼스 자르투 Petrus Jartoux가 인삼에 관한 내용을 예수회 본부에 보고한 서한도 알고 있었을 가능성이 있다(1711년의 이 서한은 1713년에 예수회 신부들의 서한집 속에 묶여 출판됐다).

그런데 그는 놀랍게도 캐나다에서 유사한 식물을 보게 된 것이다. 그는 '타타리 Tartarie(막연하게 중국 북부 지역을 가리키는 말이다)'가 원산지인 이 식물이 어떻게 퀘벡의 산지에서 자라게 됐는지 곰곰이 생각했다. 이 식물은 아주 딱 맞는 조건이 아니면 자라지 못하므로(그래서 프랑스에 가져가도 재배는 힘들 것으로 보았다) 결국 타타리와 퀘벡의 기후와 풍토가 비슷하다는 결론을 내렸다. 하여튼 퀘벡에서 발견한 이 식물이 정말로 인삼과 같은 식물인지 확인하기 위해 그는 여러 실험을 했다. 한 이로쿼이 여인이 열병에 걸렸을 때 이 식물을 갈아서 먹였더

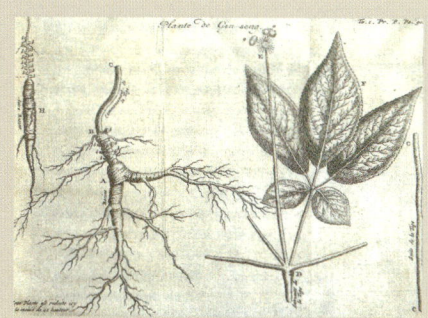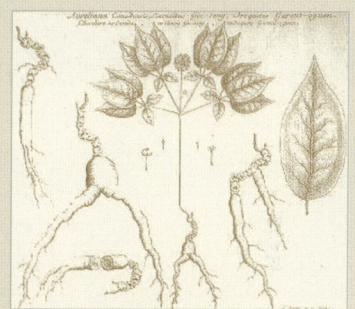

아메리카 산삼을 소개하는 프랑스 선교사 자르투의 그림(왼쪽)과 라피토의 서한에 나오는 인삼 그림(오른쪽).

니 열이 내리는 것을 보았다. 그는 이로쿼이 사람들이 이 식물을 중국인과 마찬가지로 몸의 생기와 에너지를 높이기 위해 사용한다는 것을 알게 됐다.

더구나 이 식물을 가리키는 이로쿼이 말 Garent-oguen도 중국에서와 같이 '사람처럼 생긴 식물'의 뜻임을 알고 깜짝 놀랐다. 여기에서 그는 아시아와 아메리카 두 대륙이 한때 연결되어 있었으며 이때 아시아에서 이곳으로 인삼이 전해진 것이라고 추론했다. 그는 아메리카의 산삼이 사람들의 건강을 지켜줄 뿐 아니라 프랑스 사업가들에게 큰돈을 벌게 해줄 것이라고 결론을 내렸다.

조개화폐

세계 여러 지역에서 가장 널리 쓰이던 화폐 재료 중 하나가 조개껍데기이다. 북아메리카 원주민들은 쾌혹quahog이라는 대합조개 껍데기로 만든 구슬wampum로 상품 거래를 했는데 이 구슬은 내륙 깊숙한 곳까지 퍼져갔다. 고대 중국에서도 조개껍데기로 만든 장식품이 화폐로 쓰였다. 상형문자에서 조개껍데기는 재화와 세금 등을 나타내는데, 한자에서 조개 패貝 부수의 글자들 중에 재화를 뜻하는 글자들이 많은 것이 이런 데에서 연유했다(財 재물 재, 貿 무역할 무, 貨 재물 화, 賃 품삯 임 등). 기원전 6세기경부터는 청동이나 돌로 조개껍데기를 모조한 물품이 만들어져서 이것이 화폐로 쓰였다.

조개화폐가 가장 널리 사용된 곳으로는 비스마르크제도(파푸아뉴

기니 동쪽에 위치해 있는 섬들)를 들 수 있다. 섬 주변의 맹그로브 늪지에서 많이 자라는 나사 카멜루스Nassa camelus종 조개 껍데기로 만드는 이곳의 조개화폐를 탐부tambu, 팔라탐부palatambu 혹은 디와라diwarra라고 부른다. 매년 봄에 나카나이Nakanai라 불리는 지역 사람들이 맹그로브 늪지를 돌아다니며 이 조개들을 수집해서 집에 가지고 와서 보관한다. 그러면 이곳에는 조개 썩는 냄새가 진동하게 된다. 곧 주변 지역 사람들이 찾아와서 도끼, 칼, 옷감 등을 주고 이 조개껍데기들을 가지고 간다. 이것을 1년 동안 땅속에 묻어두면 안의 조갯살이 빠져나가고 조개껍데기의 색깔도 개선된다. 이것들을 땅에서 도로 파내서 칼로 구멍을 낸 다음 약 30센티미터 길이의 등나무 줄기로 꿰어 묶고, 다시 이것들끼리 엮어서 아주 긴 묶음을 만든다. 약 2미터 정도의 것은 흔한데, 여기에는 300~400개의 조개껍데기가 달려 있다. 이 묶음에서 짧은 길이씩 잘라서 지불수단으로 사용할 수도 있다. 그렇지만 부자들은 소액 거래용으로 작은 부분을 잘라내는 게 아니라 오히려 아주 긴 묶음을 만들기도 한다. 이를 로로이loloi라고 부르는데, 길이가 30미터 이상 이른다. 아주 큰 로로이는 큰 장대에 감아서 가지고 다니는데 이는 아주 큰 부의 상징이다. 600피트(180미터)짜리 로로이로는 부인 한 명 혹은 카누를 하나 살 수 있고, 3피트(90센티미터)짜리로는 닭 한 마리를 살 수 있다. 로로이를 훔친 자는 대개 사형에 처한다. 또 반대로 살인자는 적어도 300피트(90미터)짜리로 목숨을 구할 수 있다. 이 화폐는 오늘날까지도 계속 사용되고 있다.

한편, 조개화폐가 먼 지역에 수출되어 사용된 대표적인 사례로는 카우리를 들 수 있다. 카우리 조개는 오랫동안 세계 각지(실론, 벵

왼쪽의 위와 아래 사진은 올리브산 조개와 중국에서 사용된 조개들이고, 오른쪽 사진은 세계의 카우리 조개들이다.

골, 윈난성雲南省, 중국, 페르시아만 지역, 서아프리카 지역)에서 화폐 역할을 수행해왔다. 특히 서아프리카와 벵골에서는 해당 지역의 특수한 경제 사정과 긴밀한 연관을 맺으며 20세기까지 통용됐다. 1866년 한 프랑스인 관리가 아프리카의 세구(말리의 남쪽 지방에 위치한 도시)에서 관찰한 바에 따르면 이곳에서 카우리 조개화폐를 세는 법은 다음과 같다. 한 번에 조개 5개씩 쥐는 일을 16번 하고 이것을 100으로 친다. 이것을 5번 반복하여 조개를 모아놓은 다음, 지금까지 한 일을 한 번 더해서 모두 합친다. 그러면 이것이 1,000이 된다. 1,000을 10개 모으면 1만이 되고, 1만이 8개면 10만이 된다. 이것을 정리하면 다음과 같다.

$$5 \times 16 \rightarrow 100$$
$$100 \times 5 \times 2 \rightarrow 1{,}000$$
$$1{,}000 \times 10 \rightarrow 10{,}000$$
$$10{,}000 \times 8 \rightarrow 100{,}000$$

우리의 셈으로는 6만 4천이 이 셈법에서는 10만이 된다. 이렇게 셈을 하는 이유는 아마도 소매업자에게 일종의 추가 혜택을 주기 위한 것으로 이해된다. 예컨대 소금 상인은 '10만' 어치의 소금을 사올 때 실제로는 6만 4천 개의 카우리 조개만 지불한다. 그러나 이 소금을 소액 판매하면 10만 개의 카우리를 모두 받게 된다. 이런 식으로 계산단위 차이로 인한 이익을 허락함으로써 힘들고 고단한 일을 맡아서 하는 상인들에게 약간의 보상을 주는 것이다.

아프리카에서 사용되던 카우리 조개는 어디에서 온 것일까. 화폐로 쓰이는 조개는 몰디브제도에서 나는 것Cypraea moneta과 잔지바르 등 동아프리카 해안 지역에서 나는 것Cypraea annulus 두 종류가 있는데, 이 가운데 더 큰 비중을 차지했던 것은 몰디브에서 나는 것들이다. 이곳의 조개는 원래 동남아시아와 인도의 여러 지역, 페르시아만 지역에 수출되다가 멀리 서아프리카까지 수출됐던 것이다.

중국에서도 고대부터 조개가 직접 화폐로 쓰이든지 혹은 귀중한 재보 역할을 했다. 우리말의 '보배'라는 단어는 원래 귀중한 조개를 뜻하는 '보패寶貝'에서 유래했다는 것이 유력한 설이다. 특히 중국 남부의 윈난 지방에는 17세기 말까지도 몰디브제도에서 들어온 조개가 화폐로 사용됐다가 중국의 정치적·경제적 영향권 아래에 들어가면서 금속화폐로 대체됐다.

카우리 조개는 작고, 형태가 단일하고, 상대적으로 희귀하므로 화폐 재료로서의 특징들을 다 갖추고 있다. 게다가 모조가 거의 불가능하다는 장점도 있다. 따라서 생산지에서 비교적 가까운 인도 같은 곳에서 카우리가 화폐로 쓰인 이유는 자명하다. 그런데 문제는 왜 그토록 멀리 떨어진 윈난 지방이나 아프리카까지 이 조개를 수입하여 화폐로 사용했느냐는 점이다. 예컨대 몰디브제도로부터 무려 4천 킬로미터나 떨어진 서부 수단에서 카우리를 수입한 이유는 무엇일까. 아마도 아프리카의 해안 지역에서 나는 다른 종류의 조개를 먼저 화폐로 쓰고 있다가, 인도와 교역하던 북아프리카 상인들이 카우리를 가지고 오자 이것으로 대체됐으리라고 추정된다. 그만큼 몰디브산 카우리 조개의 원거리 이동이 효율적이고 경제적이었다는 점을 알 수 있다.

카우리 조개가 먼 곳까지 이동하려면 채산성이 맞지 않으면 안 되고, 또 그것은 지역 간 상당한 가격 차이와 저렴한 운송비가 관건이다. 몰디브에서는 조개 가격이 워낙 싸기 때문에 바닥짐 방식으로 주변 지역에 수출됐을 것이다. 바닥짐ballast이란 항해하는 선박의 무게중심을 낮추어서 안전을 도모하기 위해 배의 제일 아래 선창에 싣는 무거운 짐을 말하는데, 이는 대개 무게가 많이 나가지만 가치는 그리 크지 않은 상품이 되기 십상이다. 카우리 조개는 이런 식으로 싼값에 수출됐으나 일단 주변 지역에 유입된 후에는 가격이 많이 올라가게 된다. 17세기 초의 기록을 보면, 1퀸틀quintal(대개 100파운드를 뜻한다) 당 카우리 가격이 몰디브에서는 2실링 10페니인 반면 벵골에서는 7실링이고, 포르투갈에서는 12~40실링 사이를 오르내렸다. 이와 같은 지역 간 가격 차이가 원거리 교역의 동인이었음은 물론이다. 다시 말해서 원시화폐 인상을 주는 카우리의 원거리 이동이나 금은의 원거리 이동이나 사실은 똑같은 원칙에 따라 이루어지고 있었다.

카우리 조개는 오래 전부터도 이미 원거리 교역의 대상이었지만 유럽인들이 이 교역에 손을 대면서 거래 규모가 더 커지고 성격도

변했다. 근대 초에 포르투갈과 네덜란드 상인들이 인도의 벵골 지역, 더 나아가서 몰디브제도에 직접 나타나서 카우리 거래를 시작했다. 그들은 이제 바닥짐이 아니라 정식 화물로 카우리를 취급하면서 아프리카 여러 지역에 대량 수출했다. 이미 16세기 중반에 포르투갈 선박들은 1년에 150톤의 카우리를 아프리카로 들여왔으며, 19세기에는 영국이 황금해안 한 곳에 수입한 양만 300톤이 넘었다. 이렇게 카우리 교역이 번성한 중요한 이유는 무엇보다도 대서양 노예무역과, 그리고 부차적으로는 팜오일palm oil무역과 연결됐기 때문이다. 유럽 상인들이 구매대금 결제용으로 카우리를 송출하는 것과 현지에서 이 화폐수요가 계속 존재했던 것이 서로 맞물려서 카우리 교역은 20세기 초까지도 계속됐다. 그러나 유럽인들이 너무 많은 양의 조개를 수입하는 통에 가치가 급격히 하락하여 점차 화폐로서 기능을 상실하고 종래 퇴출됐다.

카우리는 원시적인 화폐라는 느낌을 주기 쉽고 또 이에 대해 현재 아프리카에서는 부끄러운 과거의 잔재로 기억되고 있다고 하지만, 실제 역사적으로 이는 결코 원시 화폐가 아니었다. 물론 튼튼한 남자 한 명이 2만 개를 겨우 나를 정도로 운반이 어렵고 셈을 하는데 귀찮다는 등의 단점이 없지 않지만, 이는 분명 지역경제를 훌륭하게 뒷받침한 화폐였다. 카우리 조개가 장기간에 걸쳐 아시아, 아프리카, 유럽의 3대륙 사이 원거리무역의 대상이었다는 점에서는 아메리카의 은과 기본 성격이 다를 바 없었다.

아편 연기 속에 사라져간 은

금, 은, 구리로부터 카우리 조개에 이르기까지 다양한 화폐들이 대륙 간 이동을 하면서 근대 세계경제의 형성과 발전에 중요한 공헌을 했다는 사실을 살펴보았다. 이때 화폐는 단순히 유통을 원활하게 해주는 데 그치지 않고 강제로 다른 문명권의 문호를 열고 그곳의 부를 유출시키는 기능도 했다. 아메리카에서 산출된 은이 여러 경로를 통해 중국에 유입된 것이 대표적인 사례이다. 유럽은 중국의 비단, 도자기, 차와 같은 물품들을 대량 구매했지만 그에 상응하는 수출품이 부족했으므로 그 차액을 결제해야 하는 문제가 생겨났다. 유럽은 아메리카에서 산출된 은을 중국에 송출함으로써 이 문제를 해결했다. 이와 비슷하게 장기간 중국의 부를 유출시키는 화폐 역할을 한 또 다른 사례로 아편을 들 수 있다. 물론 아편을 두고 화폐라고 할 수는 없지만, 유럽이 주도해서 어느 한 지역의 생산물을 다른 지역으로 보냄으로써 그곳의 재화를 얻어내는 기능을 했다는 점에 주목해보면 아편은 은과 하등 다를 바가 없었다.

아편 재료가 되는 양귀비 꽃.

아편은 이미 당나라 때 아라비아 상인들에 의해 중국으로 수입되어 앵속罌粟이라는 이름으로 진통제로 쓰였다. 청나라 때에는 강희연간康熙年間(1661~1722)에 포르투갈 상인들이 매년 200상자 정도의 아편을 들여왔는데, 이때만 해도 아편은 고가의 진통제로서 부자들만 사용할 수 있는 약품이었다. 그러나 1781년 영국 동인도회사가 대중국무역을 독점하고 인도의 벵골산 아편을 대량으로 수출하면서 일반인의 아편 흡연이 확산됐다.

영국이 이처럼 아편을 대량 수출하게 된 것은 중국 차茶 수입과 관련이 있다(제6부 물질과 감각의 교류 참조). 유럽에서는 18세기에 차 수요가 급증해서 엄청난 액수를 수입하게 됐으며 따라서 그 수입 대금을 결제하기 위해 거액이 필요하게 됐다. 오늘날의 관점에서는 차 수출액이 커봐야 어느 정도 되랴 싶겠지만, 18~19세기에 중국경제가 그나마 완전히 몰락하지 않고 버텼던 것은 무엇보다도 차를 수출해서 외화를 벌어들였기 때문이라고 해도 과언이 아니다. 반대로 영국의 입장에서는 엄청난 액수의 대금을 지불하는 것이 감당하기 힘든 문제를 야기했다. 지불 수단으로 필수적이었던 은을 확보하기가 매우 힘들어졌기 때문이다. 그동안에는 줄곧 아메리카

아시아로 출항할 준비를 하며 런던에 정박 중인 동인도회사 선박들.

에서 유럽으로 은이 들어왔는데, 18~19세기에 이르면 사탕수수, 담배 같은 다른 아메리카산 상품들을 많이 수입하게 되어서 오히려 그쪽으로 대금 지불을 해야 했으므로 이전처럼 은을 대량 얻을 수 없게 된 것이다. 그 결과 유럽 상인들은 심각한 결제수단 부족 문제에 직면하게 됐다. 이때 이를 해결해준 것이 다름 아닌 아편무역이었다.

18~20세기 중에 중국의 아편 수입은 실로 엄청난 규모로 증가했다. 1729~1800년 동안 아편 수입량은 20배 정도 증가했고, 19세기 초에 이르면 중독자가 10만 명에 달했다. 그러나 이런 정도라면 당시 인구가 3억에 달했던 중국의 사회와 국가를 붕괴시킬 정도는 아니었다. 그런데 1818년에 값이 싸면서도 강력한 효과를 내는 파트나Patna 아편이 개발되면서 문제가 달라졌다. 파트나는 인도 비하르주의 수도 이름이지만, 동시에 인도에서 생산되는 아편 상품의

중국의 아편굴 모습.

한 브랜드로서 곧 아시아 전역을 석권하여 150년 동안 아편 하면 파트나, 파트나 하면 아편이라 할 정도로 대표적인 상품이 됐다. 1839년 중국의 수입량은 이미 1천만 명의 중독자가 사용할 양이었으며, 20세기 초에는 4천만 명의 중독자가 생겼다. 이는 우선 엄청난 수의 시민들이 폐인으로 전락하는 사회 문제를 야기한 데다가, 막대한 양의 은이 중국 밖으로 유출되어서 심각한 경제 문제가 야기됐다.

이미 옹정제(1678~1735) 때 아편의 폐해를 인식하고 일반인의 아편 흡연을 금했고 그 후 가경연간嘉慶年間(1796~1820)에는 수차례 아편 수입 금지령을 내린 바 있었지만 밀무역을 통해 아편 유입이 그치지 않았다. 유럽 상인들은 아편을 실은 배를 바다에 정박시키고 중국 상인들이 쾌속선으로 실어나르는 편법을 썼다. 급기야 도광제(재위 1820~50)는 임칙서林則徐를 광동으로 보내 몰수한 아

아편전쟁 당시 서양 선박들의 공격 장면.

편 상자들을 불태우는 식의 강력한 금지 조치를 취했으나, 오히려 이것이 빌미가 되어 아편전쟁(1840~42)이 일어났다는 것은 잘 알려진 사실이다.

영국인들은 이 전쟁이 '아편' 전쟁이 아니라 무역의 '자유'를 위한 전쟁이라고 강변했다. 자신들은 아편을 다만 중국 해안까지 수송했을 뿐이고 중국 선박이 상품을 인수한 다음부터는 자신들은 전혀 모르는 일이라는 가증스러운 주장으로 도덕적 책임을 회피했다. 그런데 당시에는 이처럼 뻔뻔스러운 영국의 주장에 동조하는 견해가 의외로 많았다. 미국의 6대 대통령을 지낸 존 퀸시 애덤스는 그동안 중국이 외국인을 깔보았으며, 서양인들이 황제를 접견할 때 노예처럼 머리를 조아리며 절을 하는 고두叩頭를 강요하는 중국의 무례함에 대해 영국이 무력으로 대응하는 것은 전적으로 올바른 일이라고 주장했다.

그러나 이런 주장들은 모두 사건의 실제를 가리는 위장막에 불과하다. 아편전쟁은 무엇보다도 서구가 주도하는 국제경제의 원활한 작동을 저해하는 지불수단의 부족 문제를 해결하기 위해 일으킨 사건이었다. 그리고 사실 중국의 위정자들 역시 진정으로 걱정했던 것은 국민들의 건강이나 사회적 혼란보다는 차라리 화폐 유출에 따른 경제 문제였다. 아편무역은 인도에서 중국으로 유해한 상품을 수출하는 대가로 중국의 은을 빨아들인 다음 이를 영국으로 송출하는 메커니즘으로 작동했다. 이 점은 당시의 통계로 분명히 확인할 수 있다. 1836년 인도의 아편 수출은 이 나라의 전체 수출액 가운데 3분의 1을 차지할 정도로 엄청난 양이었다. 같은 해에 중국의 아편 수입 액수는 1,800만 달러(400만 파운드)로서 아편무역 연구자인 칼 트로키C. Trocki에 의하면 이는 "단일 품목의 교역 중 19세기에 가장 큰 것"이었다. 그 결과 거액의 은화가 중국에서 외국으로 빠져나갔다. 1814~50년 사이 1억 5천만 멕시코 탈러(근대에 전세계적으로 널리 쓰이던 은화 종류)가 유출됐는데 이는 중국의 전체 화폐공급량의 11퍼센트에 해당하는 액수였다.

은의 유출은 여러 면에서 중국경제에 해를 끼쳤다. 물론 화폐량이 부족해져서 전반적으로 경제 활력이 떨어지는 문제도 있으나 어쩌면 더 심각한 문제는 은 가치와 동전 가치 간의 극심한 변화였다. 중국에서는 고액 거래에 은이 쓰이지만 대부분의 거래에서는 동전이 쓰이고 있었다. 다만 은이 가치 기준이어서, 은과 동전 간의 가치 비율이 말하자면 중국경제의 핵심 지표였다. 그런데 은 부족 현상이 심화되면서 은 가치가 급등하고 동전 가치가 급락하게 됐다. 이로 인해 서민들의 실질소득이 떨어지고 물가가 급등하며

아편 상품을 보관하는 창고.

국고 수입이 감소하는 등 경제 전체가 뒤틀리고 혼란스럽게 된 것이다.

이런 식으로 제국주의 세력은 중국을 비롯한 아시아 각국에 엄청난 피해를 전가시키면서 위기를 넘겼다. 1910년 영국은 대서양 방면에서 1억 2천만 파운드의 무역적자를 기록했으나 이 중 많은 부분을 아시아에서 해결할 수 있었다. 인도는 중국과 다른 아시아 국가와의 교역에서 4,500만 파운드라는 거액의 흑자를 기록했고, 영국에 대해서 6천만 파운드의 적자를 기록했다. 다시 말해서 인도는 중국을 비롯한 아시아 국가들로부터 돈을 끌어온 다음 여기에 자신의 돈까지 더해서 영국에 바치는 일을 한 셈이다. 이때 가장 중요한 역할을 했던 상품 중 하나가 바로 아편이었다.

아편무역 하나만으로 영국 제국주의와 세계 자본주의체제의 존립을 설명한다면 그것은 분명 과장이다. 그러나 그것들이 위기에서 벗어나서 점차 안정적으로 자리 잡는 데에 아편이라는 '유사 세계화폐'가 결정적인 공헌을 한 것은 부인할 수 없는 사실이다.

| 제6부 |

물질과 감각의 교류

문명과 미각

사람은 그가 먹는 음식 그 자체이다 Der Mensch ist, was er iβt.

이 독일 격언처럼 음식은 인간의 여러 측면을 말해준다.

사람은 우선 살기 위해 먹지만, 조금의 여유만 있어도 더 잘 먹으려고 한다. 인간은 필요에 지배받기만 하는 존재가 아니라 욕망의 주체이기도 하다. 단순히 영양 섭취만 하는 데 그치지 않고 '맛'을 추구하는 인간의 성향은 언뜻 별 중요성이 없는 문제로 보일지 몰라도 때로는 이것이 세계사적인 사건들을 불러일으키기도 한다.

가장 널리 알려진 사례는 후추일 것이다. 인도와 동남아시아에서 생산되는 후추가 저 멀리 유럽에까지 수송되어 금값으로 팔린 사실은 세계사 교과서에 빠지지 않고 등장한다. 이 점이 어찌나 강

후추.

조됐던지 독일의 경제사가 에르너 좀바르트는 "교과서만 보면 중세 유럽인들은 모두 후추만 먹고 산 것 같다"고 비판할 정도였다. 그런데 왜 중세 유럽인들은 그토록 후추를 구하려고 했던가. 냉장시설이 없는 상황에서 변질된 고기의 상한 맛을 숨기기 위해서 강한 향신료가 필요했다는 과거의 설명은 이제 부정됐다. 후추는 그런 용도로 사용되기에는 너무 비싼 물품이었다(사실 고기 값보다 후추 값이 훨씬 비쌌다). 후추를 그토록 열정적으로 찾은 이유는 다른 게 아니라 바로 매운 맛 자체를 즐겼기 때문이다. 오늘날에는 유럽 음식들이 대체로 부드러운 맛이지만(16세기 이후 유럽의 음식이 갈수록 부드러워져서 그 정점을 차지한 20세기 프랑스 요리는 우리나라 사람에게는 느끼한 느낌을 줄 정도이다), 중세 유럽의 음식은 오늘날의 인도 음식과 비슷할 정도로 매웠다고 한다. 많은 사람들이 매운 맛을 추구하고 또 매울수록 고급이었기 때문에 부자와 권력자들은 가능한 많은 후추를 사용했다. 그러므로 후추는 높은 지위의 상징이었다. 이처럼 '맛'은 사회적이고 문화적이며 심지어 정치적인 현상이기도 하다.

"부엌에서 나는 냄새만 맡아도 그 문명의 특징을 알 수 있다(브로델)"고 했던가. '치즈의 왕'이라고 하지만 동시에 '강력한 냄새의 왕'이기도 한 프랑스의 로크포르Roquefort 치즈, 동남아시아에서 사

문명과 미각 273

로크포르 치즈

용하는 생선 삭힌 소스 누옥 맘 같은 것은 우리의 청국장과 자웅을 겨룰 맛과 향(!)의 대표 주자들이다. 각 사회는 저마다 특이한 맛의 구조를 가지고 있다. 낯선 지방 음식에 적응하지 못하는 여행자들이 고향의 맛을 그리워하며 몸부림치는 데에서 알 수 있듯이 한 사회의 맛은 그곳 사람들에게 강력한 지배력을 행사하며, 또 그런 만큼 이질적인 맛의 유입을 막는 경향이 있다. 한 사회에서 특정한 맛을 내는 물질이 다른 지역에 전해지면 처음에는 대부분 거부반응을 일으키기 쉽다. 그러나 그중 일부는 여러 번의 노력 끝에 결국 다른 사회로 전파되는 데에 성공한다. 그러나 그 과정에서 그 음식에 대한 문화적 해석은 흔히 왜곡되거나 전혀 새롭게 변형되기도 한다.

대표적인 예로서 코코아를 들 수 있다. 마야제국을 비롯한 아메리카 문명에서 코코아는 원래 신에게 바치는 최고의 식품, 혹은 지배자나 귀족, 전사들의 음료였다. 그런데 에스파냐인들에 의해 코코아가 이베리아반도에 들어갔다가 다시 프랑스를 비롯한 주변 국가로 보급됐을 때 이 음료는 전혀 다른 방식으로 이용됐다. 코코아는 커피에 비해서 자극 효과가 적은 대신 훨씬 큰 영양가를 지니고 있다. 이런 이유로 코코아는 주로 가톨릭 국가의 귀족들이 애용하는 음료가 됐으며 특히 아침 식사에 자주 이용됐다. 그 결과 아침부터 맑은 정신으로 활동하는 부르주아의 음료, 그리고 정신적 가치를 강조하는 프로테스탄트 음료인 커피와 대조적으로 코코아는 여유 있고 유희적이며, 심지어는 에로틱한 정신과 통하는 것으로 간주됐다.

코코아의 변신은 여기에서 그치지 않는다. 프랑스혁명 당시 귀족적 가치의 쇠락과 함께 코코아 역시 인기를 잃었다가 19세기에 완전히 새로운 의미를 지닌 채 다시 등장했다. 그것은 어린이들의 음료로 각광받는 코코아 hot chocolate 와 널빤지형 초콜릿으로 분화했다. 출신지에서는 신의 영광과 지배자의 권력을 나타냈던 숭고한 음식이었다가, 고상한 척하는 귀족들의 음료를 거쳐, 이제 아이들과 여성들이 주로 즐기는 사랑스러운 간식거리로 변신한 것이다.

대항해시대에는 각 지역에서 독특한 지위를 누리던 여러 음식물들이 세계 여러 지역으로 활발하게 퍼져간 시기이다. 이 음식물들은 변형되거나 새롭게 갱신된 의미를 띤 채 사회 안으로 들어감으로써 세계인의 일상생활에 큰 영향을 미쳤다. 예컨대 커피 없는 터키 사회, 차茶가 없는 영국 사회는 포도주 없는 프랑스 사회와 같을 것이다. 그런데 이때 주의 깊게 살펴보면 아주 오래된 고유 음식이라고 보이는 것들이 사실은 근대 이후 새롭게 만들어진 음식인 경우가 많다. 대표적인 사례로는, 멀리 갈 필요도 없이 우리의 배추김치를 들 수 있다.

우리나라에서 언제부터 김치를 먹었는가 하는 문제는 사실 김치를 어떻게 정의하느냐에 따라 달라진다. 채소류를 절여서 보관하는 음식을 김치라고 한다면 멀리 고대로까지 거슬러 올라가겠지만, 파, 마늘 등의 향신료가 가미되는 양념형 김치가 등장하는 것은 고려 시대의 일이다. 그리고 현재 우리에게 익숙한 대로 고춧가루가 들어가서 매운 김치가 만들어지려면 물론 고추가 있어야 하니까 고추가 우리나라에 도입된 조선 중기 이후의 일이다. 무엇보다도 현재 우리나라 김치의 대표 격인 배추김치는 당연한 말이지만 한반도에 배추가 들어와서 김치의 주재료로 자리 잡은 이후에 시작된 것이다. 우리나라에 품질 좋은 통배추가 널리 보급된 것은 대체로 1800년 이후의 일이다. 우리가 '단군 이래' 먹었다고 생각하기 쉬운 현재의 김치는 역사적으로 발전되어온 형태이고, 특히 현재 가장 대표적인 김치인 배추김치는 그야말로 근대세계의 산물이라 할 수 있다.

어떤 사회든 그곳의 '맛의 구조'는 역사적으로 만들어졌다가 변형되어가는 것이다. 근대의 해상 교류는 그 변화를 가속화시켰음에 틀림없다. 많은 음식들이 아주 최근에야 만들어졌다는 사실을 기억해두자. 예컨대 현재 일본인들이 가장 많이 먹는 음식인 돈가스, '고로케', 단팥빵 같은 것들은 모두 서양에 기원을 두고 있으나 일본에서 만들어진 것들이다. 단팥빵까지? 그렇다. 메이지 유신 시절 쌀밥 도시락 대신 빵이 일본의 군용식으로 채택되면서 일반 사회에까지 빵이 널리 보급됐는데, 그 후 암만 해도 빵을 먹는 데에 거부감을 느끼던 일본인들은 서양의 빵과 동양의 단팥을 결합시켜서 단팥빵을 개발한 것이다.

우리가 일상적으로 먹는 음식들도 사실은 전세계가 서로 소통하는 가운데 만들어진 역사적 산물이다. 그러니 요즘 아이들이 김치를 잘 먹지 않아서 민족정신이 흐려지지 않을까 너무 걱정하지는 말자. 세상은 변하는 것이다. 언젠가는 피자가 한국적 정서가 녹아 있는 민족음식으로서 추석 상에 오를지도 모를 일이다.

메이지유신 이후 일본이 육식을 시작하다: 소에 대한 진혼가

일본은 덴무천황天武天皇(재위 673~686)이 675년 육식금지령을 내린 이후 공식적으로는 자그마치 1,200년 동안 고기를 먹지 않았다. 가축은 농경에 필요한 자원인 데다가 살생을 금하는 불교 교리, 피와 죽음의 부정不淨을 피하는 신도 교리 때문에 일본인의 식탁에서 고기가 사라졌다. 정말 전혀 먹지 않았냐면 그건 아니어서, 중국인촌에서 가끔 돼지고기를 먹고 농민들이 사냥한 고기를 먹는 정도였다. 또 도시에는 원숭이를 잡아서 파는 가게가 있어서 거꾸로 매달려 있는 시뻘건 원숭이 시체를 본 외국인이 질겁하는 일도 있었다. 이런 예외는 있지만 일본인들은 정말로 오랜 기간 고기를 멀리해왔다.

그러던 것이 메이지 유신 전후해서 사정이 크게 바뀌었다. 1868년 소위 '신불분리령神佛分離令'이 공포되어 육식이 공식적으로 해금됐을 뿐 아니라, 더 나아가서 궁중에서 천황이 '육식의 모범'을 보이게 됐다. 1871년 12월 17일 "원래 승려의 규칙이었던 육식을 금지하는 것을 궁중에서도 받아들여 지금에 이르렀는데, 이제 이를 해금하여 고기를 사용하기로 한다"는 내용의 '육식肉食의 공진供進'을 발표했다. 메이지 천황이 육식을 장려한 것은 외교관계 유지에 필요하다는 인식과 국민의 체력을 증진시키는 것이 국력의 기본이라는 인식 때문이었다('체력이 국력'이라는 주장은 그 후 우리나라에 들어와서 박정희 정권 내내 강조됐다).

당대 개화를 주장하는 지식인들 중에도 이를 환영하는 사람이 많았는데, 가장 극단적인 주장을 한 후쿠자와 유키치福澤諭吉는 일본은 이제 벼농사를 집어치우고 그 대신 소를 키워서 육식으로 아예 체질을 바꿔

메이지 유신 이후 서양 문화를 적극적으로 받아들인 일본의 문명개화.

야 한다는 폭탄선언을 했다. 소고기를 먹기 시작한 일본인들은 도대체 이런 좋은 음식을 왜 여태 먹지 않았느냐는 태도를 보였다. 그렇더라도 당장 소고기를 덩어리째 먹는 방식은 낯설었는지 전골 방식을 애용했다. 샤브샤브 요리를 두고 흔히 몽골 군대에서 시작된 것이라고 설명하는데, 그보다는 19세기 말 일본에서 개발된 조리법이 더 직접적인 기원이 아닌가 하는 것이 내 개인적인 생각이다. 하여튼 이때부터 소고기는 일본 문명개화의 상징이 됐다. "소고기는 개화의 약, 문명의 약이다. 백 첩의 쓴 약을 마시는 것보다 한 냄비의 달콤한 고기를 먹는 것이 좋다"는 식의 글들이 많이 나왔다. 그 가운데 백미는 다음에 소개하는 소에게 바치는 진혼가이다.

너 소야, 너는 느린 성질인데 빠른 사람을 먹여 살린다. 네가 만약 사람을 먹여 살리지 않는다면 이 나라에 문명은 없다. 나라에 문명이 없으면 개화는 없다. 그러니 개화의 덕은 너에게서 나온다고 말해도 좋다. 그러므로 나는 너를 사랑한다. 쌀을 살 돈으로 너를 초대한다. 한 근의 고기를 살 능력이 없어도 너를 생각하고 침을 흘리지 않는 날이 없다. 잘 때는 너의 꿈을 꾸고 눈을 뜨고는 너를 생각한다. 배가 고프면 너를 만나고 또 아무리 먹어도 너에

일본의 개국을 강요한 계기가 된 서양 '흑선'.

게 질리는 일은 없다. 나와 너의 교제는 실로 깊은 것이다. 따라서 나는 너를 내 배 안에 묻고 오랫동안 너의 묘로 삼겠다. 찌꺼기는 비록 화장실에 흘릴지라도 너의 혼은 내 배에 자리 잡는다. 너의 혼에 혹시 영험한 힘이 있다면 나의 어리석음을 양질의 지식으로 바꾸고 한 달에 얼마만이라도 이득을 보게 해다오. 3년 동안 먹었는데 아직 관직도 얻지 못했고 돈도 모이지 않았다. 너는 단명을 한탄하여서는 안 된다. 살신성인이란 너를 두고 말하는 것이다. 죽어서 이익을 준다면 어찌 이 세상에 원한이 있겠는가. 네가 늙어 찌꺼기 속에서 죽는 것보다 냄비에 들어가서 성불하는 것이 좋다. 최근에 듣기로 너는 가끔 미인의 입에도 들어간다는데 이야말로 극락정토의 왕생이다. 어느 때는 영웅의 배에 묻히고 어느 때는 미인의 장 속에 들어간다. 이것 또한 인연이 아니겠는가. 도로에서 죽어 허무하게 썩는다면 이런 장례를 할 수 있겠는가. 소야 너는 울어서는 안 된다. 한탄하여서도 안 된다. 나는 아무리 애써도 장관이 되지 않고 지갑을 아무리 열어보아도 미인의 손을 만질 수는 없다. 너는 죽은 고기인 주제에 살아 있는 나보다 훨씬 재수 좋지 않은가.

_ 핫토리 세이이치服部誠一, 『동경신번창기東京新繁昌記』(정하미, 『일본의 서양문화 수용사』, 살림, 2005, pp.81~82에서 재인용).

차와 도자기

아시아에서 유럽으로 들어간 물품 중에서 가장 큰 영향을 미친 것 중 하나가 중국 차茶이다.

중국에서 차가 알려진 것은 600년경이라고 한다. 곧 한국과 일본의 승려들이 중국에 왔다가 차를 가지고 가서 이 나라들에도 보급됐고, 동남아시아와 중앙아시아, 러시아로도 수출됐다. 차는 중국문명의 상징이었을 뿐 아니라, 주변 지역에 차를 수출하고 대신 전쟁용 말을 수입할 수 있어서 국가 전략적으로 보아서도 중요한 수출품이었다. 러시아, 인도, 중동 지역에서는 중국과는 달리 차를 달콤하게 만들어서 마셨는데, 이는 술이 금지되어 있는 이슬람권에서 알코올을 대신하는 음료가 됐음을 의미한다. 중국의 차 수출이 대단히 중요한 비중을 차지하기 때문에 차나무를 중국 이외로 가지고 나가는 것은 중범죄로서 엄격히 다루었다. 이것이 잘 지켜져서 19세기 중엽까지도 세계에서 유통되는 차의 대부분은 중국산 제품이었다. 이러한 중국의 독점 상태를 깬 것은 영국 식민주의 세력이 인도에서 차를 대량 생산한 이후의 일이다.

18세기 중국의 차 생산 과정을 낭만적으로 그린 그림.

유럽에 차가 본격 수입된 것은 17세기 이후의 일이다. 현재 알려진 바로는 1610년경 차를 실은 화물이 암스테르담에 처음 도착했고, 그 후 프랑스에는 1635년에, 영국에는 1650년 전후에 선을 보였다. 다른 문명권 산물이 처음 도입됐을 때 대개 그러하듯이 차 역시 처음에는 약으로 알려졌다. 당시 네덜란드 의사들은 차의 의학적 효능을 과도하게 평가했다. 유명한 의사 니콜라스 튈프 박사는 차가 만병통치약이라고 선언했고, 그의 동료인 코르넬리우스 본테쿠Cornelius Bontekoe 박사는 자신의 환자에게 하루 50~200컵을 마시도록 조치했다! 한때 네덜란드에서는 차가 맥주를 어느 정도 대체할 정도로 인기를 끌었지만, 이 나라는 곧 아라비아 커피에 더 매료됐다.

왜 어떤 나라 사람들은 커피를 더 좋아하고 다른 나라 사람들은 차를 더 좋아하는지 설명하기란 힘들어 보인다. 하여튼 네덜란드나 프랑스에 비하면 영국은 커피가 아니라 차 쪽으로 기울었다. 1650년대에 영국에 들어온 차는 인도나 바타비아에서 동인도회사 선박의 선원이 중국 선박과 만나 거래하며 샀을 것으로 보인다. 이런 소박한 수준으로 시작된 차 수입은 몇 년이 안 돼서 본격적으로 확대됐다. 1658년에는 이미 런던의 시장에서 상당한 양이 거래되고 있었다.

이 시대 영국 사회의 내면을 보여주는 좋은 자료로 많이 인용되는 새뮤얼 피프스Samuel Pepys(1633~1703)의 일기를 보자. 차가 처음 언급된 것은 1660년 9월 25일의 일기이다. 그는 왕립거래소Royal Exchange 근처에 위치한 개러웨이 커피하우스Garraway's Coffee House에서 처음 이 음료를 마셔보았다. "차 한 잔을 시켰다. 이것은 중국 음료인데 이전에 한번도 마셔본 적이 없다And afterwards did send for a Cupp of Tee, a China drink of which I never had drank before." 그런데 다음번 기록인 1667년 6월 28일자에는 벌써 이 음료에 꽤 익숙해 있는 것으로 보인다. "마차를 타고 집에 갔다. 부인이 차를 준비하고 있는데, 이것은 약사인 펠링 씨가 감기와 체액 유출에 효과가 좋다고 말했다by coach home, and there find my wife making of tea, a drink which Mr. Pelling the apothecary tells her is good for her cold and defluxions."

여기에서 알 수 있듯이 영국에서도 처음에는 이 음료가 약의 효능을 가진 것으로 인식되고 있었다. 런던에서는 차가 몸을 활기차고 원기를 좋게 만들며, 어지러운 꿈을 완화시키고 뇌를 진정시키고 기억력을 강화시킨다고 알려졌다. 과연 차나 커피가 몸에 이로운지 해로운지는 오늘날에도 계속 논란이 되고 있지 않은가. 이를 판단하는 좋은 방법은 직접 실험하고 관찰하는 것이다. 스웨덴 국왕 구스타브 3세는 살인범인 쌍둥이 형제에게 차와 커피의 유해성을 실험해보기로 했다. 이 형제는 사형을 면제해주는 대신 한 사람은 죽을 때까지 매일 차를 마시고 다른 한 사람은 매일 커피를 마시도록 했다. 실험 결과는? 차를 마시는 사람이 83세에 먼저 죽었다! 그래서일까, 오늘날 스웨덴은 1인당 커피 소비량이 세계 최고 수준이라고 한다.

점차 약의 효능보다는 차의 향과 풍미를 좋아해서 마시는 사람들이 늘어난 것은 분명하다. 그렇지만 영국 국민 전체가 이 이국적인 음료의 사용법을 잘 알고 있던 것은 물론 아니다. 1685년에 몬머스 Mon-mouth 공작의 과부가 스코틀랜드의 친척에게 차 1파운드를 선물했는데, 선물을 받은 사람은 이를 끓여서 액체는 모두 버린 다음 잎을 야채로 먹어보았다. 그러고는 사람들이 왜 이런 것에 그렇게 열광하는지 모르겠다고 비판적으로 말했다!

18세기에 들어가면 영국 사회에서는 차의 소비가 일상화됐다. 처음에는 엘리트의 음료였으나 갈수록 광범위한 층으로 소비가 확산됐다. 1793년에 영국인 1인당 1파운드 정도의 차를 수입한 셈인데, 이는 100년 전인 1693년과 비교하면 4만 퍼센트 증가한 수치이다. 더 나아가서 19세기에 여러 산업 도시에서는 노동자들이 빵과 함께 차를 마시는 것이 일상 습관이 됐다. 이런 수요 증가는 비단 차만의 문제가 아니라 설탕 소비와 맞물려 있었다. 노동자들은 영양부족 상태에 놓여 있어서 값싼 열량 보충원이 필요했던 것이다. 이럴 때 설탕을 듬뿍 넣은 차가 적절한 방안이 됐다. 이것은 수분과 열량을 싼값에 제공하여 노동자들의 고단함을 완화시켜주었다. 더

구나 진이나 맥주 같은 알코올 음료를 마시면 작업 효율이 떨어질 수밖에 없는 데 비해 차는 그럴 염려가 없기 때문에 공장주로서도 환영할 일이었다.

차 수요가 크게 증가하다보니 차를 안정적으로 수입하는 것이 중요한 과제가 됐다. 17세기 후반부터 벌써 동인도회사는 중국에서 직거래를 하고자 했다. 그러나 중국 당국이 '야만인들'과의 교역이 불필요하다고 판단한 것이 문제였다. 할 수 없이 네덜란드와 영국 동인도회사 모두 적법한 거래 대신 샤먼이나 통킹에서 야매로 거래를 하는 수밖에 없었는데, 이들은 아주 불편하고 불공정한 대접을 받고 있다고 느꼈다. 사실 중국 관리들의 행태를 보면 불공정하다는 유럽 상인들의 말이 전혀 근거가 없지는 않아 보인다. 유럽 선박이 도착해서 교역을 요구하면 관리들은 황제에게 바칠 선물뿐 아니라 자기들이 받을 물품을 요구하거나 아니면 아예 배에 실려 있는 은화의 절반을 달라고 요구하기 일쑤였다.

차 수입량이 엄청나게 늘어나자 그 대금을 어떻게 지불하느냐도 중요한 문제였다. 영국 제국주의는 이런 여러 문제들에 직면해서 강력한 대응 방안을 시행했다. 앞에서 언급한 것처럼 일단 지불 대금 문제는 아편으로 해결했다. 그러나 장기적으로 보면 계속 늘어나는 차 수요를 안정적으로 맞추기 위해서는 중국의 독점에서 벗어나야 한다고 생각했다. 그러기 위해서는 결국 중국 외부 지역에서 차를 재배하는 길밖에 없었다. 1827년에 자바에서, 그리고 1877년에는 실론에서 차 재배를 시작했다. 그러나 이런 정도로 해결될 문제가 아니었다. 1840년대에 처음 차 재배를 시작한 인도의 아삼 Assam 지방에서는 1880년대가 되면 차 재배가 실로 거대한 규모로 성장했고, 수출량도 기하급수적으로 늘어났다. 이를 위해서 이 지역의 삼림을 제거하고 주민들을 소개疏開해버렸다. 차 재배지는 계속 늘어나서 결국은 히말라야 산록까지 확대됐으며, 다르질링Darjeeling 같은 유명한 차가 생산됐다.

차와 함께 도자기의 수입도 증가했다.

중국 도자기가 본격적으로 알려진 것은 1604년에 네덜란드인들이 아시아에서 돌아오던 포르투갈 선박 카타리나Catharina호를 나포한 사건이 한 계기가 됐다. 이 배의 화물을 암스테르담에서 경매에 부치려고 했을 때 바닥 짐으로 엄청난 양의 도자기가 쏟아져나왔다. 일반적인 느낌에 도자기는 아주 섬세하고 부서지기 쉬운 물건으로 생각할지 모르지만 실제 중국 도자기는 돌처럼 단단하고 무거운 물건이라서 배의 안전성을 위해 선창에 채우는 바닥짐 화물로 많이 애용됐다.

그런데 유럽에서 이렇게 선보인 도자기들은 아주 귀한 보물로 보였다. 1,500도의 고온에서 구워서 단단하고 반투명에 가까운 배경에 영청影靑이라 불리는 아른아른한 아름다운 푸른빛 무늬가 있는 중국 도자기 청화백자에 비하면 당시 유럽 도자기는 촌티 나는 물건이었

18세기 중국의 도자기 생산 중심지인 징더전(景德鎭)을 낭만적으로 그린 그림.

차와 도자기 285

다. 그때까지 포르투갈에서만 유행하던 중국 도자기가 북유럽에서 큰 인기를 누리게 됐고 결국 차 다음으로 중요한 수입품이 됐다.

이후 약 50년 동안 네덜란드에서만 300만 점 이상의 도자기가 수입됐다. 이런 엄청난 수요를 맞추기 위해 중국의 대표적인 도자기 생산지인 징더전요景德鎭窯에서는 3천 개의 가마에 밤낮으로 불이 들어가 있었다. 유럽 각국의 대귀족들 중에는 중국 도자기 수입 열풍에 휩싸여서 1만 점 이상 소유한 사람도 있었다. 이 열풍에 곧 부르주아도 동참했다. 처음 유럽에 들어온 도자기에는 중국의 전통적인 문양이 그려져 있었으나 점차 유럽 요소들을 표현하기 시작했다. 그림이나 프린트, 메달 등에서 베낀 네덜란드의 집이나 천사 같은 것들을 그려넣어서 유럽 소비자들의 취향에 호응하려고 했던 것이다.

그런데 워낙 많은 양을 생산하다보니 중국 도자기의 품질이 떨어졌고 이와 동시에 유럽에서 도자기 생산 기술이 개선됐다. 유럽 도자기도 품질로는 거의 중국 수준에 도달했지만 문제는 가격 차이였다. 각국 정부는 150퍼센트의 관세를 부과해서 중국 도자기 수입을 막았다. 그 대신 네덜란드의 델프트Delft에서는 중국 도자기를 모방하여 아름다운 도자기를 만들어내는 데에 성공했다. 중국 도자기의 색상을 모방하다가 만들어낸 델프트 도자기Delftware의 색깔을 델프트 블루Delft blue라고 부른다. 세월이 흘러 오늘날에는 중국에서 '짝퉁' 델프트 도자기를 만든다고 한다.

차와 도자기 같은 중국 문명의 요소들이 유럽 문화에 큰 영향을 미쳐서 한때 중국풍Chinoiserie이 일세를 풍미하기도 했다.

바다를 통해 널리 퍼진 '색깔들'

주변을 둘러보라. 우리는 실로 수많은 색깔들 속에서 살아간다. 사실 우리가 이처럼 많은 색들을 풍부하게 사용할 수 있게 된 것은 19세기에 화학공업이 발달하여 다양한 인공 염료가 개발된 덕이다. 천연 염료에만 의존하던 전통 시대에는 한 사회가 향유하는 색깔들이 그리 많지 않았고, 또 일부 계층에서만 제한적으로 사용됐다. 그런 점에서 보면 현대 사회는 색상이 대량으로 늘어났고 또 많은 사람들이 사용한다는 의미에서 '색깔의 민주화'가 이루어진 사회라고 할 수도 있을 것 같다. 이처럼 인공 염료의 개발과 보급이 이루어지기 이전 시대에 그나마 색의 스펙트럼이 크게 확대된 것은 바다 건너 먼 이국땅에서 나는 새로운 염료들을 들여올 수 있었기 때문이다.

코치닐을 키우기 위해 주머니를 노팔 선인장에 매달아 놓은 모습.

근대 해상 팽창 때문에 널리 보급된 염료 중 대표적인 것으로 코치닐과 브라질나무가 있다.

코치닐로부터는 우아한 주홍색 염료(카민carmine)를 생산한다. 오랫동안 유럽인들은 코치닐이 무엇으로 만든 것인지 모르고 막연히 나무열매 같은 것으로 생각했다가 17세기 말에 가서야 한 이탈리아 화학자가 이것이 벌레 말린 것이라는 사실을 밝혀냈다. 이것은 코치닐 벌레Dactylopius coccus 암컷으로 만든다. 이 벌레들은 특정한 종류의 노팔 선인장nopal cactus을 먹고 산다. 인디오들은 벌레가 든 옥수수잎 주머니를 선인장에 달아두었다가 얼마 후 새끼들이 나와서 선인장에 달려들면 석 달 후 이를 거두어들인 다음 끓는 물이나 오븐에 집어넣어 염료를 만들었다.

원래 코치닐은 중부 및 북부 아메리카 주민들이 개발한 염료로서 면을 비롯한 직물에 색을 들이는 데에 쓰였다. 이 염료는 7만 마리의 벌레를 모아야 1파운드를 얻을 정도로 워낙 손이 많이 가는 귀한 물품이어서 매매용으로 시장에 잘 나오지 않기 때문에 주로 정복 제국이 피정복민에게 공물로 바치도록 강제하여 얻어냈다. 예컨대 아스텍족이 남쪽의 치아파스나 오아사카 사람들에게 공물로 받던 물품 중에 코치닐이 포함되어 있었다. 에스파냐인들 역시 아메리카를 정복한 후 그 비슷한 방법을 사용했다. 즉 인디오들에게 원하지 않는 물건을 강매한 다음 그 대금을 코치닐로 갚게 만들어서 이 상품을 구했던 것이다.

아메리카에 양이 들어오고 모직물 생산이 시작되면서부터 코치닐은 더 중요한 역할을 맡게 됐다. 이 염료는 기존 섬유 직물보다 모직물에 더 짙게 색이 들기 때문이다. 다른 한편 이 염료의 가치를 알게 된 유럽으로부터도 수요가 급증했다. 이 고급 염료는 왕, 귀족, 사제의 의상에 붉은색을 입히는 데에 쓰인 외에 회화와 태피스트리(벽 가리개)에도 사용됐다. 그 결과 꼭두서니madder, 티리언 퍼플Tyrian purple 같은 기존 염료들이 위축됐다. 일반적으로 잘 알려지지 않았지만 코치닐은 아메리카에서 수출하는 물품 중에서 액수로 치면—은을 제외하면—단일 품목 가운데 가장 큰 액수를 차지하는 상품이었다.

코치닐은 오랫동안 멕시코가 생산과 수출을 독점했지만 19세기 초에 멕시코 독립전쟁을 계기로 과테말라와 카나리아제도 등지로 생산이 확산됐다. 그러나 바로 그 직후에 알리자린 같은 인공 염료가 개발되면서 사양길에 접어들었다. 그렇지만 최근에 천연 염료의 우아한 색상이 다시 인기를 얻고, 특히 인체에 독성이 거의 없는 성질 때문에 코치닐에 대한 수요가 다시 늘고 있다.

브라질나무(파우 브라질, 혹은 페르남부쿠라고도 한다) 역시 매우 중요한 염료 생산 물질이다. 짙은 빨간색 염료가 생산되는 이 나무는 15~16세기에는 주로 아시아에서 가루 형태의 상품으로 생산되어 유럽에서 벨벳과 같은 고급 직물의 염색에 사용됐다. 르네상스 시기의 고급 직물의 붉은색은 대개 이 염료를 이용한 것이라고 보면 된다. 그런데 1500년 유럽인이 처음 브라질에 도착했을 때 이 귀한

브라질나무, 그리고 그 나무와 묘목을 그린 소묘.

나무들이 해안 지역에 널려 있는 것을 발견했다. 이 때문에 이 나라 이름 자체가 브라질이 됐다고도 한다(그러나 브라질은 나무 이름이 아니라 중세 유럽의 전설에 나오는 이상국가의 이름이라는 설도 있다). 곧 유럽인들이 이 나무를 벌채하여 유럽으로 수송했다. 토르데시야스 조약*으로 인해 브라질의 식민 지배권을 확보한 포르투갈 왕실이 이 사업에 대한 독점권을 선포했지만 다른 나라 업자들이 불법으로 벌채와 밀수를 감행했으며, 이 상품을 수송하는 선박을

* 콜럼버스가 신대륙을 발견하고 돌아오자 교황은 이곳을 에스파냐에게 주고 싶었다. 그래서 아조레스제도와 카보베르데 해역에서 서쪽으로 100리그league(약 5.5킬로미터) 떨어진 지점에 북극에서 남극으로 곧게 그은 구획선을 설정하고, 이 선의 서쪽에서 발견된 모든 육지는 에스파냐에 속한다는 교서를 발표했다. 이 100리그라는 것은 터무니없는 가짜 과학이 그 배경이 됐다. 이 선을 넘으면 기후가 갑자기 변하여 기온이 올라가고 여름과 겨울의 구분이 없으며 바다는 해초로 가득해진다고 믿었다. 에스파냐의 경쟁국인 포르투갈 국왕으로서는 그들에게 불리한 이 선을 그대로 받아들일 수 없어서 에스파냐와 협상을 통해 구분선을 더 서쪽으로 옮겼다. 이것이 토르데시야스 조약(1494)의 내용이다. 이제 경계선은 카보베르데 서쪽 370리그(20.35킬로미터)를 지나게 됐는데, 사실 그 당시 기술로는 그 지점을 정확히 측정하는 것이 힘들었다. 그래도 양국은 이 합의를 아주 성실하게 지켰다. 그렇기 때문에 우연찮게 이 선의 동쪽에 위치해 있는 브라질이 포르투갈령이 됐다.

네덜란드 감옥에서 죄수들이 브라질나무를 대패질한 양을 재고 그에 따라 식사를 배분하는 장면.

노리는 해적도 등장했다. 프랑스 국왕의 허가를 받고 노략질을 하는 사략선 업자 니콜라 뒤랑 드 빌게뇽이 오늘날의 리우데자네이루 지역에 프랑스 식민지를 건설하려는 시도를 한 적이 있는데 이역시 전적으로 이 나무를 얻으려는 목적 때문이었다.

다만 브라질나무의 큰 단점은 이 나무가 돌처럼 단단해서 대패질을 하는 것이 지극히 힘들다는 점이었다. 너무나도 고된 일이라서 정상적인 보수를 받고는 이 일을 할 사람이 없었기 때문에 네덜란드에서는 감옥의 죄수들에게 이 일을 사역시킴으로써 문제를 해결했다. 대패질한 톱밥의 양을 재서 정해진 기준을 채워야만 저녁밥을 주는 '단순무식'하고도 가혹한 방식이었기 때문에 불쌍한 죄수들은 단지 밥을 굶지 않기 위해 온종일 죽을힘을 다해 대패질을 해야 했다. 대패질할 때 날린 가루가 몸에 붙으면 붉은색을 내기 때문에 이 사람들이 일하는 모습을 보면 마치 피땀을 흘리는 것처럼 보였다고 한다. 고급 직물의 우아한 색깔 뒤에는 이처럼 비인간적인 강제노동의 비애가 서려 있다.

브라질나무의 수요 증가로 인해 이 나무를 남벌하자 조만간 숲이 급격하게 감소해갔다. 이미 18세기에 브라질나무는 보기 힘든 수종이 됐다. 오늘날 브라질나무는 세계자연보존연맹IUCN에 의해 멸종위기종으로 등록되어 있으며, 브라질에서는 어린 묘목을 심어서 이 나무를 되살리려는 운동을 벌이고 있다. 조만간 브라질나무의 거래가 국제적으로 전면 금지될 가능성도 있는데, 이 경우 뜻하지 않은 문제가 일어날 가능성이 있다. 브라질나무는 염료 생산 외에도 바이올린을 비롯한 현악기의 활 제작에도 사용되기 때문에 실제로 이 나무의 거래가 중지될 경우 당장 음악계에 적지 않은 파장을 불러올 수 있다.

근대 해상 팽창은 우리가 거의 의식하지 못했던 측면, 곧 문화적이고 심미적인 부문에도 심대한 영향을 미쳤음을 알 수 있다.

프랑스에 전해진 중국 비단 직조술

『농정전서』의 삽화(왼쪽)와 이를 거의 그대로 차용한 뒤 알드의 책의 삽화(오른쪽).

『중화제국과 중국 타타르 지방의 지리적·역사적·연대기적·정치적 서술』은 18세기에 유럽에서 출판된 중국 관련 서적 중 가장 정보량이 많은 책에 속한다. 그러나 이 책의 저자 장-바티스트 뒤 알드Jean-Baptiste Du Halde는 결코 파리를 떠나본 적이 없는 인물이었다. 예수회 신부인 그는 아시아에 나가 있는 그의 동료 예수회 인사들이 보내온 정보를 총망라하여 중국 관련 책을 저술한 것이다.

이 책은 중국 문화에 대한 거의 모든 측면을 다루고 있다. 이 가운데 일부 항목들은 당대 유럽인들의 지대한 관심을 불러일으켰다. 중국 도자기 제조법이나 중국 의학 같은 내용이 그런 사례들이다. 또 한 가지 흥미로운 사례는 중국의 양잠업과 견직물업에 대한 내용이다. 그는 12편의 도판을 사용하여 내용을 소개하고 있다. 최근 연구는 이 도판들이 어디에서 유래한 것인지를 밝혀주었다.

견직물업 관련 도판들의 원래 출처는 마테오 리치나 아담 샬과 같은 선교사들과 친분을 가졌던 중국인 기독교도 유학자인 서광계徐光啓

 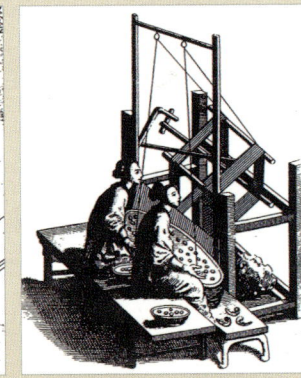

『농정전서』(왼쪽)와 뒤알드의 책의 삽화(오른쪽).

(1562~1633)가 지은 『농정전서農政全書』로서, 이 책은 저자가 죽은 후 6년 뒤에 진자룡陳子龍에 의해 편집 출판됐다. 이 책 내용은 서광계가 전부 지은 것은 아니고, 과거 서책들의 내용을 따와서 거기에 설명을 붙인 것이었으며, 견직물업 관련 도판은 송대 인물인 누숙樓璹의 『경직도시耕織圖詩』에서 발췌한 것들이다.

　서광계가 차용한 이 도판은 1696년에 나온 『경직도耕織圖』에 다시 실렸다. 이는 강희제 당시의 궁정화가인 초병정焦秉貞의 작품으로 알려져 있다. 서광계와 마찬가지로 초병정도 예수회 신부들과 긴밀한 관계를 가졌으며, 이 과정에서 서구 미술 방식을 배운 것으로 보인다. 한편 진자룡은 1639년에 다시 서광계의 책의 축약본을 만들었다. 이는 오랫동안 인쇄되지 않고 수고본으로 남아 있다가 건륭제(1735~95) 시대에 더 짧은 판본으로 만들어져서 『사고전서四庫全書』에 들어갔다. 이상의 여러 서책들은 수백 년의 차이가 나지만 거기에 실려 있는 그림들은 큰 차이가 없어서, 그동안 양잠과 견직물업 관련 기술이 거의 변하지 않았다는 것을 알 수 있다.

이 책은 프랑스에 어떤 영향을 미쳤을까.

프랑스 남부의 리옹은 15세기부터 유명한 견직물 중심지였다. 처음에는 레반트, 이탈리아, 에스파냐 등 주변 각 지역에서 생산된 비단 제품들의 국제 교역 중심지 역할을 했지만 점차 스스로 견직물업에 뛰어들어 루이 14세 시대 초에는 유럽 안의 최대 생산지로 성장했다. 그러나 루이 14세의 낭트 칙령 폐기라는 조치가 치명적인 타격을 입혔다. 이 조치는 신교도를 용인하는 과거의 정책을 뒤집어서 '하나의 국가는 하나의 종교 아래 통치해야 한다'는 이데올로기에 의해 신교도들을 탄압한 것이다. 불행히도 리옹 지역의 견직물업자 중에는 신교도가 다수였다. 리옹에서는 견직물 직기의 수가 1만 8천 대에서 2천 대로 줄었고, 투르에서는 1만 1천 대에서 1,100대로 줄어서 18세기 전반에는 프랑스의 견직물업이 고사 위기에 처해 있었다. 이럴 때에 견직물업의 본고장인 중국의 기술을 소개하는 책은 견직물업의 부활을 위해 중요한 전거가 됐다. 이 책은 단지 상징적인 의미만 가진 것이 아니라 실제 매뉴얼 역할을 했다.

이는 중국 기술이 책의 형태를 통해 유럽에 전해진 좋은 사례이다.

작물의 전파 : 기술과 문화의 결합

우리 일상생활에서 가장 중요한 요소 중 하나는 물론 먹을거리이다. 각 문명마다 대표적인 작물 한두 가지가 있어서 그것들을 중심으로 농업체계와 음식체계가 형성된다. 벼, 밀, 옥수수 등은 각각 아시아, 유럽, 아메리카를 대표하는 '문명 작물'이라 할 수 있다. 그런데 대항해시대 이후 어느 한 지역에서만 사람들이 재배하고 즐겨 먹던 작물들이 세계 각 지역으로 퍼져가게 됐고, 그 결과 전세계의 음식체계에 큰 변화가 일어났다. 아메리카 원산 식물들만 일별해보아도 그 영향이 얼마나 큰지 짐작할 수 있다. 감자가 전해지지 않았다면 오늘날 독일 사람들은 뭘 먹고 살아갈까. 토마토가 없는 이탈리아 음식은 어떤 맛이 됐을까. 고추가 인도에 보급되지 않았다면 입이 부서지게 매운 현재의 인도 음식은 어떻게

[표] 작물의 주요 전파 지점

동남아시아	사탕수수, 쌀, 오렌지, 레몬, 라임, 시금치, 가지, 바나나
유럽	밀, 보리, 오트밀
아메리카	옥수수, 담배, 감자, 토마토, 카사바, 코코아, 고무, 파인애플, 아보카도, 후추, 스쿼시, 호박, 사이잘, 땅콩
아프리카	경질 밀, 당밀, 커피

클라이브 폰팅, 이진아 옮김, 『녹색 세계사』 중에서.

됐을까. 카사바가 아프리카에 전해지지 않았다면 이곳의 기근 사태가 훨씬 더 심해지지 않았을까.

위의 [표]에 정리된 각종 작물의 전파 상황을 보면 '세계 각지에서 세계 각지로' 다양한 길을 따라 작물들이 퍼져나간 것을 알 수 있다. [표]에 정리된 내용을 꼼꼼히 들여다보면 이것만으로도 근대 이후 생활상의 변화가 얼마나 엄청난 것인지 감을 잡을 수 있다. 예컨대 동남아시아에서 출발한 사탕수수가 카리브해 지역과 남아메리카에서 플랜테이션 방식으로 재배된 것은 1천만 명에 달하는 아프리카 흑인들의 노예화와 직접 관련이 있다. 에티오피아 원산의 커피는 세계 각지로 퍼져가서 세계인의 음료가 됐다. 유럽에서 전해진 밀은 남북아메리카대륙의 광대한 평원에서 재배되고 또 세계 각지로 수출된다. '작물'은 아니지만 아메리카 원산의 고무나무가 제국주의 시대에 영국인들에 의해 말레이시아로 이식되어 자전거와 자동차 바퀴의 재료를 제공한 것도 흥미로운 사례이다.

작물의 전파는 어떻게 일어났을까.

우리는 언뜻 이렇게 생각하기 쉽다. 누군가가 먼 곳에 여행을 갔다가 그곳에서 아주 훌륭한 작물을 발견하고 고향에 씨앗을 들여온다. 마침 토양과 기후가 맞으면 이 식물이 잘 정착하게 되고 곧 사

담배 — 각종 고추
　　　　옥수수
카카오 — 카사바
　　　　고구마

298　제6부 물질과 감각의 교류

람들이 그 효용성을 알게 됨에 따라 급격하게 보급된다. ……그러나 작물의 전파 과정이 그렇게 단순하지는 않다. 예컨대 심각한 기근에 시달리던 유럽에 재배도 쉽고 수확량도 많은 감자가 전해지면 곧바로 사람들의 환영을 받았을 것으로 생각하기 쉽다. 그러나 실제로는 그야말로 아사 직전까지 가지 않는 한 사람들은 감자를 쳐다보려고 하지도 않았다. 300년의 세월이 흐르는 동안 농학자들과 계몽주의 철학자의 노력, 각국 정부의 강압적 정책, 심지어는 프랑스혁명의 영향이 더해졌어도 거의 아무런 변화가 없다가 결국 18세기에 극심한 식량 위기가 닥쳤을 때 비로소 감자가 본격적으로 재배되기 시작했다.

식물의 전파와 수용은 생물학적・농학적 요인만이 아니라 사회・문화적 요인과 합쳐져야만 가능한 일이다. 우리는 이 점을 필리핀과 유럽에 옥수수가 전파되는 과정을 통해 확인할 수 있다.

현재 필리핀에서 벼 다음으로 중요한 위치를 차지하고 있는 옥수수는 아메리카가 원산지로서, 콜럼버스 시대 이후에 해상 교류를 통해 이 나라에 들어왔을 것이다. 현재 구할 수 있는 자료로 볼 때 1560년대 후반부터 1570년대 중반 사이에 에스파냐인이 필리핀 중부 지역을 자주 드나들면서 옥수수가 전파됐을 것으로 보인다. 그러나 다른 지역과 마찬가지로 필리핀에서도 옥수수가 처음 도입됐을 때에는 별로 환영받지 못한 존재였다. 특히 문제가 됐던 것은 옥수수를 조리하는 특수한 기술(닉스타말화 nixtamalization)이 함께 전달되지 못했다는 것이다. 아메리카에서 사용되는 이 조리법은 올멕족(대체로 기원전 1400년부터 기원전 400년까지 중남부 멕시코 지역에서 번영했던 민족)이 처음 개발했다고 하는데, 백회, 숯, 또는 구운 달

팽이 껍질을 넣어 옥수수를 삶고 하룻밤 동안 식힌 다음 아침에 곡물 알갱이를 싸고 있는 투명한 껍데기를 물로 씻어 골라내는 방식이다. 이 과정을 거치면 옥수수를 훨씬 쉽게 갈 수 있으며 반죽이 부드럽게 된다. 이 반죽을 아스텍족의 언어인 나우아틀어로는 닉스타말리nixtamalli라 하고, 에스파냐어로는 마사masa라 한다.

이 방법은 조리하기에 편리하다는 이점만이 아니라 영양학적으로 아주 큰 장점이 있었다. 단백질에 대한 알칼리 작용으로 아미노산이 증가함으로써 옥수수의 영양가가 극적으로 높아지기 때문이다. 유럽에 옥수수가 전해졌을 때 이 방법이 함께 알려지지는 않았다. 유럽에서는 굳이 이런 식으로 처리하지 않아도 강력한 제분기로 가루를 낼 수 있었기 때문에 옥수수를 먹는 데에 당장 큰 어려움은 없었다. 그렇지만 이렇게 되면 영양학적으로 대단히 중요한 장점을 버린 결과가 되고 만다. 그래서 옥수수를 주식으로 하는 지역에서는 펠라그라 같은 결핍성 질병이 창궐했다. 이 병에 걸린 사람은 코에 특이한 나비무늬가 생기는 것으로 시작해서 몸이 가렵거나 쑤시는 신경장애와 위장장애 증상을 나타내고 급기야는 심한 발열과 설사, 그리고 서서히 미쳐가는 증세 끝에 죽어갔다. 다른 음식 없이 옥수수에만 의존하는 가난한 사람들이 영양소 결핍으로 이 병에 걸린 것인데, 아메리카의 조리법만 함께 전해졌어도 이런 일은 어느 정도 피할 수 있었을 것이다.

마찬가지로 필리핀에도 닉스타말화 방법이 전해지지 못했다. 닉스타말화 기술이 없다면 최소한 유럽처럼 옥수수 알을 갈아서 가루로 만드는 기술이 있어야 한다. 그런데 필리핀에는 제분 기술마저 발달해 있지 않았다. 그래서 옥수수가 본격적으로 확산되기 위해서는 어떻게든 이 문제가 선결되어야 했다. 필리핀에서 이 문제를 푼 것은 중국과 접촉이 늘면서 중국의 제분 기술이 도입된 이후이다.

옥수수의 전파는 결코 가볍게 볼 문제가 아니다. 이는 18~19세기에 세계 여러 지역에서 전개된 인구 급증과 관련이 있다. 중국만 해도 1700년 추정 인구가 약 1억 8천만 명이었는데 1820년에 3억 4천만 명으로 늘어났고, 서유럽은 같은 기간 중에 인구가 8천 100만 명에서 1억 3,300만 명으로 늘어났다. 사상 유례없는 이런 인구 증가의 원인을 한두 가지 요소로 환원할 수는 없지만, 최소한 옥수수나 고구마 같은 고수확 신작물의 도입 없이는 불가능했으리라는 것이 여러 학자들의 결론이다.

어느 작물이 널리 전파되는 것은 단순히 그것이 지닌 장점만으로 되는 문제가 아니라 각국의 문화와 기술이 함께 작용하여 이루어지는 것이다.

마야 신화 포폴 부, 옥수수로 인간을 만들다

18세기 초에 만들어진 『포폴 부』 필사본.

『포폴 부 Popol Vuh』는 과테말라 고원지대의 마야 왕국의 신화 책으로서 세계 창조와 그들 왕국의 계보를 고전 키체 언어(마야어의 한 방언)로 서술하고 있다.

"모든 것이 정지 상태에 있었으며, 고요와 침묵 가운데 숨죽이고 있고, 하늘 전체가 텅 비어 있던" 상태로부터 신들이 이 세상을 창조하고, 또 첫 인간들을 만들어낸다. 그러나 진흙으로 만든 흐물거리는 첫 인간들은 완전한 실패작이어서 신들 스스로 파괴해버린다. 다음으로 만든 '나무 인간'들은 "영혼이 없어서 이해력이 없고, 창조자를 기억하지도 못한 채 정처 없이 걷거나 기어다니기만 하는" 불완전한 존재였다. 신들은 이 잘못 만들어진 인간들 역시 파괴해버리기로 한다. '하늘의 심장'이라 불리는 신들이 거대한 송진의 홍수를 일으켜 이들을 물에 잠기게 하고 또 모든 동물과 사물들이 이들을 때리도록 만든다. 입과 얼굴이 모두 부서진 이 존재의 후예들이 원숭이이다.

신들은 인간을 다시 만들기로 한다. 이번에는 제대로 된 인간을 만들기 위해 인간의 육신에 무엇을 넣을 것인가를 두고 신들은 밤새 고민했다. 인간을 인간답게 만드는 물질로 신들이 찾아낸 것은 다름 아닌 옥수수였다.

테페우와 구쿠마츠라고 불리는 창조주들은 말했다.

"동트는 시간이 됐으니 이제 우리의 일을 마치도록 하자. 우리를 먹여주고 지탱해줄 자들, 고귀한 아들이자 고상한 신하들을 만들어내자. 지상에 인간이 등장하게 하자." 그들은 이렇게 말했다.

그들은 모여서 어둠과 밤 속에서 의논했고, 생각하고 토론하기를 거듭했다. 이렇게 해서 마침내 명철한 결론이 내려졌으니, 이제 인간의 속에 무엇이 들어갈지 정해졌다.

이것은 해, 달, 별이 나타나기 직전의 일이다.

파힐, 혹은 카얄라 불리는 곳에서 노란 옥수수와 하얀 옥수수가 왔다.

이 음식을 가져온 동물은 야크(퓨마), 우티우(코요테), 퀠(앵무새), 호(까마귀)였다. 이 네 마리 동물이 노란 옥수수와 하얀 옥수수를 전해주었다. 그들은 창조주들께 파힐로 가야 한다고 말하고 그 길을 가르쳐주었다.

이렇게 해서 그 음식을 발견했다. 이것이 바로 창조된 인간 속에 들어간 물질이다. 이것이 피가 됐고, 이 피로 인간이 만들어졌다. 창조주들에 의해 옥수수가 사람 속에 들어간 것이다.……

처음 창조된 사람들의 이름은 첫째가 발람-퀴테이고, 둘째가 발람-아카브이며, 셋째가 마후쿠타, 네 번째가 이키-발람이다.

_『포폴 부』, 제3부 제1장에서.

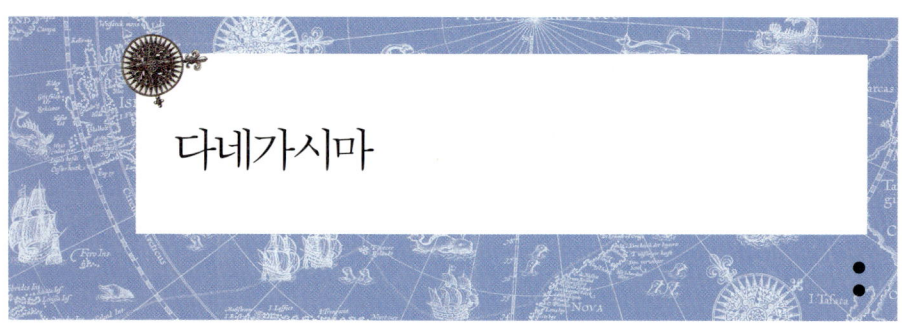

다네가시마

세계의 바다를 누비며 파란만장한 삶을 살았던 포르투갈의 모험가 페르낭 멘데스 핀투Fernao Mendez Pinto는 1543년 여름에 다른 포르투갈인 동료 두 명과 함께 중국 해적선을 타고 여행길에 나섰다가 폭풍우를 만나 일본의 규슈 남쪽에 위치한 섬 다네가시마種子島에 표착했다. 그는 이 섬의 영주에게 포르투갈제 화승총arquebus을 바쳤는데, 이것이 일본에 전래된 최초의 서양식 총포이다. 일본인들은 핀투의 설명을 들으면서 이 신식 무기를 똑같이 만들어보려고 노력했고 곧 화승총의 복제에 성공했다. 이 때문에 일본에서는 초기의 소총을 아예 '다네가시마'라고 불렀다. 하여튼 핀투 자신의 설명에 의하면 자기네가 열심히 화승총 제작법을 가르쳐주었더니 일본인들이 6개월 안에 600정을 만들어냈다는 것

다네가시마라고 불렸던 일본 초기 소총.

이다. 핀투의 별명이 '거짓말의 아버지'라고 하는 데에서 알 수 있 듯이 그에게는 과장벽이 있기 때문에 지나치게 자신의 공적을 강조 하는 그의 설명을 문자 그대로 믿을 수는 없겠으나, 다른 여러 기록 으로 보건대 16세기 중엽에 일본이 서양의 총기류를 받아들여 스 스로 제작할 수 있게 된 것은 분명하다.

화승총은 어느 정도의 위력을 발휘했을까.

총을 보유한 순간 전투의 판세가 뒤바뀌었으리라는 우리의 예상 과는 달리 초기의 총기류는 놀라울 정도로 무력했다. 우선 화승총 을 장전하는 것이 너무 복잡하다는 것이 문제였다. 이 시대 유럽의 기록을 보면 화승총은 "사람 손이 세 개라면 유용했을 물건짝"인 데 불행하게도 사람은 손이 두 개밖에 없어서 총알 한 발 장전하는 것이 지독히도 힘든 일이었다. 그러다 보니 장전 시간이 너무 오래 걸려서 총 한 발 쏘는 데에 10~15분이 걸리기까지 했다. 이 과정 이 많이 개선된 뒤에도 총 한 발 쏘는 동안 활 15발을 발사할 수 있 었다.

화승총의 파괴력도 그리 대단한 것은 못 됐던 모양이다. 1644년 을 시대 배경으로 한 일본의 연극에는 이런 장면이 나온다. 한 장수 가 황후를 모시고 가다가 적의 매복에 걸려들었다. 적군은 숲속에 서 이들을 향해 총을 쏘아댔다. 할 수 없이 장수는 황후를 자기 몸

비오는 날에도 심지에 불이 붙을 수 있도록 개발한 일본의 총.

으로 덮어서 "비처럼 쏟아지는 총알들을 자기 갑옷으로 모두 막아냈으나" 불행하게도 단 한 발이 황후의 가슴에 맞아 절명했다는 것이다. 문학적 표현만이 아니라 실제 전투에서도 사정은 이와 비슷했다. 핀투가 다네가시마에 도착하고 5년이 지난 1548년에 벌어진 전투에서 한쪽 부대는 200명의 군인 중 50명이 총을 소지하고 있었다. 결과는? 반대편 부대가 승리를 거두었는데, 그 이유는 "다행히도 총을 사용하지 않았기 때문"이라는 것이다.

그러나 일본의 경우 놀라운 점은 먼저 총을 개발한 유럽보다 훨씬 빠르게 개선이 이루어졌다는 점이다. 우선 총의 수가 엄청나게 늘어서 1566년 일본에 30만 정 이상의 총이 있다고 알려져 있으며, 질적으로도 크게 발전해서 총의 정확도, 파괴력, 장전 속도 등이 뚜렷하게 개선됐다. 일본 사람들의 '가이젠改善(생활의 모든 면에서 끊임없이 고쳐나간다는 일본의 생활철학이지만, 최근에는 주로 일본 기업 안의 경영방침과 관련해서 이 말이 많이 쓰이고 있다)' 성향은 그때부터도 남 다른 데가 있어 보인다. 예컨대 비가 오는 날에도 안전하게 심지에 불을 붙여 발사할 수 있도록 그 부분에 보호대를 설치한 것은 작은 예이지만 실제 전투에서 큰 효과를 보았다.

무엇보다도 가장 중요한 발전은 소위 '연속발사' 방식이다. 장전 시간이 너무 오래 걸린다는 문제점을 기술적으로 해결하는 데에 한

나가시노 전투 장면.

계가 있었으므로 사수들이 여러 열을 지어 차례로 총을 발사하는 식으로 이 문제를 해결한 것이다. 즉 첫 줄이 발사하고 나서 뒤로 물러나면 그동안 장전을 한 다음 줄이 발사하고 계속해서 그 다음 줄이 발사하는 식으로 연속해서 총의 발사가 가능케 만들었다. 오다 노부나가織田信長(1534~82)가 이 방식을 실험한 것이 1560년대인 데 비해 정작 유럽에서는 1590년대에 가서야 이것이 개발됐으므로 일본이 유럽보다 30년 정도 앞서나간 것이다. 이 방식이 극도로 발전되어 총기가 결정적으로 승패를 가른 것은 오다 노부나가와 다케다 가쓰요리武田勝頼가 싸운 1575년 5월 21일의 나가시노長篠전투였다. 이때 오다 노부나가의 부대는 전투원 3만 8천 명 중 1만 명이 총을 소지했으며, 이 사수들을 23열로 배치해서 총을 쏘게 함으로써 20초마다 1천 발의 발사가 가능했다! 당시로서는 기록적인 1만 6천 명의 전사자를 낸 이 전투는 총

다네가시마 307

을 사용하는 보병부대가 기마부대를 대파한 전투로서 일본 안 전술의 변화를 가져온 중요한 사건이었다.

하늘을 나는 새를 쏘아 맞출 수 있다는 의미에서 조총鳥銃이라고도 불리게 된 이 신식 무기는 종래 전투의 핵심 요소로 자리 잡아 갔다. 전국 시대의 또 다른 실력자인 다케다 신겐武田信玄은 가신들에게 이런 명령을 내렸다. "이제부터 총이 가장 중요한 무기가 될 것이다. 그러므로 창병의 숫자를 줄이고 능력이 출중한 사람들은 총을 휴대하도록 하라. 그리고 병사들을 소집하면 사격 실력을 검사해서 그 결과에 따라 총병을 선발하도록 하라." 총鐵砲(뎃뽀)도 없이 덤벼드는 '무뎃뽀無鐵砲'라는 말이 무모한 행위를 가리키는 표현으로 사용된 데에서도 총이 얼마나 중요해졌는지를 역으로 알 수 있다.

일본에서 총기류의 발전은 임진왜란(1592~98)이라는 동아시아

포르투갈인들의 일본 도착을 그린 병풍도.

세계 최대의 전쟁에 곧바로 영향을 미쳤다.

  조선에 쳐들어온 일본 군대는 대체로 총을 사용하는 부대와 칼이나 창을 사용하는 사무라이 부대의 복합 군대였다. 이때 일본군 전체 16만 명 중 4분의 1 정도가 총을 소지했던 것으로 알려져 있다. 다만 당시 일본군은 봉건군대로서 다이묘가 자기 부대의 무장을 알아서 공급하는 방식이었으므로 각 부대마다 소총 사수와 사무라이의 비율이 제각각 달랐다. 부자 다이묘일수록 소총 사수의 비중이 높아서 이 비중이 40퍼센트에 이르는 부대도 있었지만, 소총 사수가 거의 없는 부대도 있었다. 알려진 사례를 하나 들자면, 다치바나 무니시게 부대는 기병 200명, 창검을 사용하는 사무라이 1,700명, 소총 사수 350명이었다. 일본군은 우선 사무라이들이 달려들어서 조선군을 격파하고 그 다음에 소총 부대가 총으로 공격하는 전술을

다네가시마

썼는데, 전쟁 초기에 우리가 일본의 이런 공격에 속수무책으로 당해서 큰 피해를 입었다. 도요토미 히데요시豊臣秀吉의 연대기 작가는 부산에서 있었던 첫 격전에서 조선군이 쏜 화살이 장막을 친 듯했으나 이를 "총을 사격하여 쓸어버렸다"고 기록했다. 일본군의 다른 기록들을 보면 전쟁이 진행될수록 총의 위력이 더해갔다는 점을 확인할 수 있다. 참전 중인 일본 부대에서 본국에 보낸 편지들을 보면 창은 거의 쓸모가 없으니 총과 화약을 더 많이 보내달라는 내용이 많이 보인다. 이 당시 일본은 서양식 총기류를 수용하여 전투의 핵심 요소로 발전시켰음을 알 수 있다.

그렇다면 이 이후로도 일본의 총포류는 계속 발전했을까. 그렇지 않다는 데에 문제의 어려움이 있다. 임진왜란 이후 17세기부터 일본은 서서히 총포류를 버리고 원래의 무기인 칼로 복귀했다. 도대체 무슨 이유로 그들은 애써 습득한 신기술을 스스로 버렸을까.

총에서 다시 칼로

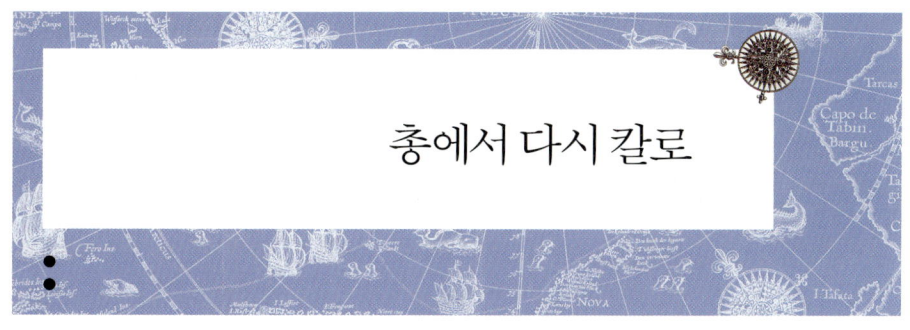

　일본은 총포류의 역사 혹은 더 일반적으로 군사사軍事史에서 대단히 흥미로운 사례이다. 1543년에 포르투갈인에게서 총기 제작을 배운 이후 불과 수십 년 안에 총기의 품질과 제작양에서 세계 최고 수준에 도달했으며, 소위 '연속발사'를 통해 총기를 효율적으로 사용하는 방식은 유럽보다 오히려 30년 정도 앞서갔다. 임진왜란 중에 일본을 찾아간 프란체스코 카를레티라는 피렌체 출신 모험가는 많은 사람들이 전쟁에 차출되어 떠났지만 본국에는 여전히 수많은 무사들이 있는데 이들은 대개 총을 소지하고 있으며 또 이 무기를 아주 좋아한다고 기록하고 있다. 그렇다면 일본은 총기 제작과 전술 면에서 이대로 계속 발전을 거듭한 것일까.

　그런데 놀랍게도 일본은 임진왜란 이후 17세기에 들어서자 총포

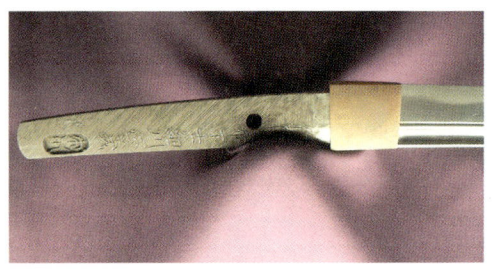
일본도.

류를 스스로 폐기하기 시작했다. 애써서 총기 제작 방법을 배워서 아주 높은 수준으로 발전시킨 데다가 실전에서 총포가 얼마나 위력적인지 충분히 경험한 이상 마땅히 이 기술을 계속 발전시켰어야 하지 않은가. 그러나 일본은 오히려 총포류를 버리고 다시 칼 중심의 군대로 복귀했다. 이것은 정말로 유례를 찾기 힘든 별난 일로 보인다. 그 이유가 무엇이었을까.

우선 일본의 칼에 대해 이야기해보자.

사무라이들이 소지한 일본도는 기술적으로 분명 최고 수준에 도달해 있었다. 16세기에 만들어진 일본도로 현대에 만들어진 칼을 내리치는 실험을 한 결과 16세기의 칼이 20세기의 칼을 두 동강으로 잘라버리면서도 칼날이 상하지 않았다고 한다. 어떻게 이것이 가능했을까. 일본도의 날은 성격이 다른 두 개의 강철을 붙여서 만든다. 바깥쪽은 단단한 강철, 안쪽은 상대적으로 무른 강철로 되어 있어서 칼날은 단단하고 날카로우면서 안쪽은 탄력성을 띠어서 충격을 흡수할 수 있다. 이 때문에 전투 중에 날이 부러지거나 휘는 일이 없게 된다.

또 한 가지 비밀은 강철을 벼리는 복잡한 방식에 있다. 일본도를 만들려면 우선 고품질의 강철 괴를 가열하고 망치질을 해서 막대기 모양으로 만든 다음, 다시 이를 조각내서 불순물을 빼내고는 합치는 작업을 한다. 이런 식으로 계속 가열하고 망치질하고 나누고 다시 합치는 과정을 수도 없이 반복해서 만든 도신刀身은 우리 눈에는 하나의 철판으로 보이지만 현미경으로 들여다보면 단단한 철의 층과 무른 철의 층이 수천 번이나 겹쳐 있는 복합 구조를 이룬다. 따라서 단단하면서도 부

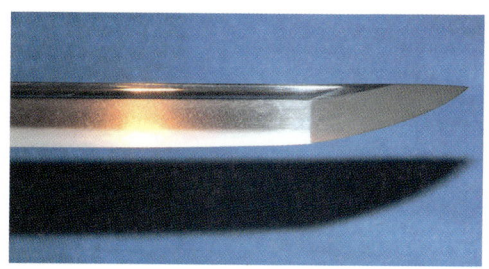

14세기에 만들어진 일본도의 도신.

드러운 성격을 고루 갖춘 금속이 만들어지는 것이다. 두 종류의 성격이 다른 금속을 붙여서 만든 데다가, 그 두 가지 모두 복합적인 구조의 금속인 데에서 일본도의 특성이 나오는 것이다.

　사무라이들이 칼을 쓰는 데에는 또한 그들만의 특이한 귀족 문화가 배경에 놓여 있다. 충성과 자기 희생, 예의 등을 강조하는 무사도가 그것이다. 사무라이들이 대결할 때에는 서로 자신의 출신과 이름을 알리는 인사를 교환한 후 영웅적으로 싸우며, 설령 지더라도 장렬하게 죽음을 맞이해야 하는 것으로 되어 있다. 일본에서 칼은 단지 무기의 한 종류가 아니라 지배계급 문화의 핵심 요소였던 것이다. 그런데 총이 발달한 후에는 이 모든 것들이 변질될 위험이 커졌다. 소총 사수들은 농민이나 도시 하층민에서 충원된 보병인 아시가루足輕였다. 이들의 무력이 강해지다보면 결국 전통적 귀족 집단인 사무라이층의 존재이유가 없어지고 만다. 총포류가 위력을 발하면서 전투 양태도 달라졌다. 사무라이들이 비장하게 수인사를 나누는 일 따위는 사라지고 다만 가장 효율적으로 화력을 집중해서 적을 섬멸하는 일만 중요해졌다. 1575년의 나가시노 전투는 총기를 사용하는 보병부대가 기마부대를 눌러 이긴 전투로서 일본의 전

총에서 다시 칼로　313

일본에 들어오는 포르투갈 인들.

술을 크게 변화시킨 중요한 계기였는데, 이제부터 군인들은 총알을 피하기 위해 참호를 파고 짐승처럼 땅속에 들어가 웅크리고 앉게 됐다. 장렬한 죽음의 미학 운운하는 것은 들어설 자리가 없어지고 말았다. 총기류가 발달하면서 오히려 총에 대한 혐오감이 생겨나는 것이 이 때문이다.

유럽에서도 이미 비슷한 현상을 겪은 바 있다. 이탈리아의 잔 파올로 비텔리라는 장군은 소총 사수들이 안전한 곳에 숨어서 귀족 전사들을 무참히 살해하는 것에 대해 극도의 혐오감을 느낀 나머지 전쟁에서 승리를 거둔 후 그 자리에서 모든 소총 사수들의 손목을 잘랐다고 한다. 총은 악마가 만들어낸 것이라고 마르틴 루터가 말한 이면에도 이 비슷한 감정이 작용했다. 그러므로 유럽 귀족이나 일본 사무라이나 총에 대한 반감은 크게 다르지 않았다.

그런데 유럽에서는 계속 총이 발달한 데 비해 일본에서는 결국 총을 스스로 포기하기에 이르렀다. 도요토미 히데요시는 우선 민간인들의 무장을 해제하는 계획의 일환으로 전국의 모든 총과 칼을 수거해서 자유의 여신상의 두 배 크기의(!) 거대한 불상을 만들 계획을 세우기도 했다. 도쿠카와 이에야스는 모든 총 생산을 나가하마長浜와 사카이堺 두 곳으로만 제한하고 총기 제작자들을 불러모았다. 그러고는 월급은 주면서도 실제로는 아주 한정된 총만 주문해서 실질적으로 총의 제작을 고사시켜갔다. 급기야 19세

일본 무사의 총기 사용 장면.

기에 한 미국 선원이 일본 근해에서 침몰 사고를 당해 일본 땅에 상륙했을 때 그가 본 일본 성에는 실제 대포는 없고 대포를 그린 큰 걸개그림이 걸려 있을 뿐이었다! 도대체 왜 일본에서는 이런 식으로 총을 스스로 버리게 됐을까.

이 현상을 연구한 노엘 페랭Noel Perrin이라는 연구자는 다음의 다섯 가지 이유를 든다.

첫째, 일본의 사무라이층은 전체 인구의 7~10퍼센트를 차지할 정도로 컸다. 유럽에서보다 귀족들의 수가 워낙 많아서 신기술에 대한 이들의 저항이 훨씬 강했다는 것이다.

둘째, 일본은 섬나라라서 외적에 대한 방어가 용이하다. 적의 침입을 받는 상황이었다면 아무리 혐오감이 크다 해도 총을 사용하지 않고 배길 도리가 없었을 것이다.

셋째, 일본에서 칼은 '사무라이의 혼'이라 불릴 정도로 중요한 상

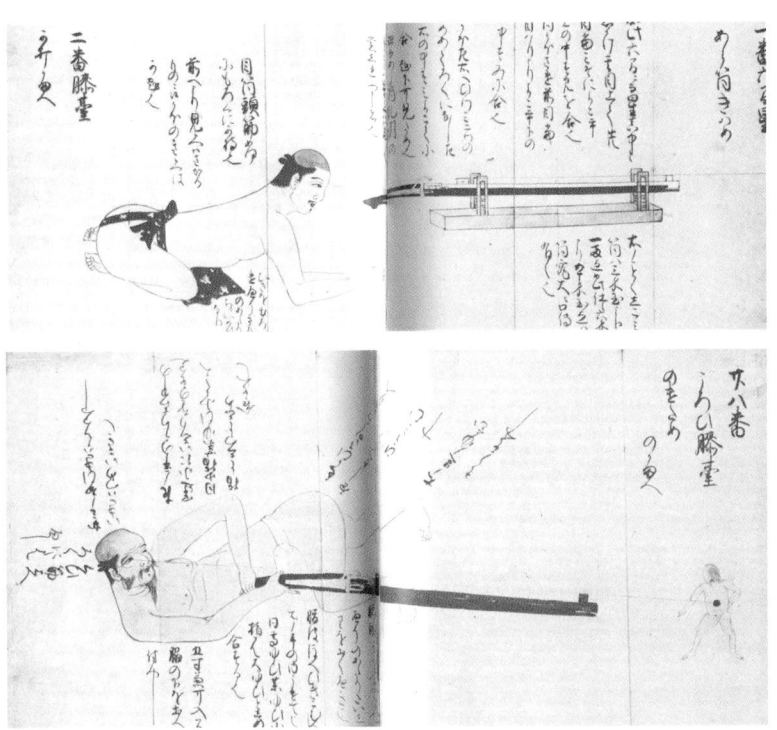

일본에서 나온 총기 사용법 매뉴얼. 이 책의 저자는 칼에 비해 총은 전혀 미학적이지 않다는 점을 누차 변명한다.

징이다. 유럽에서도 칼이 이 비슷한 상징물이라고 할지 모르겠지만, 중요한 것은 일본에서는 칼이 사무라이의 명예에 대한 거의 '유일한' 상징이었다는 점이다. 이런 것을 쉽게 버릴 수는 없는 일이다.

넷째, 총에 대한 혐오에 외국인 혐오의 감정까지 덧씌워졌다. 총은 외국에서 들어온 것이고 그것도 '기독교도'들이 사용하던 물건이다. 철저한 기독교 배척이 일어나던 시대에 총은 더욱 기피할 물건으로 여겨졌다.

다섯째, 칼은 미학적으로 아름답고 도道의 경지에서 사용되는 것이지만 총은 결코 아름답지 않다. 일본에서 출판된 총기 사용법 지침서를 보면 총이 결코 아름답지 않은 무기라는 점에 대해 저자 스스로 여러 차례 변명하는 것을 볼 수 있다.

무력 혹은 군사력이 단순히 기술적 혹은 기계적인 일이라고 보아서는 안 된다. 선진적인 요소라고 해도 그것이 일방적으로 전달되는 것은 아니다. 설사 아주 유용하고 효율적인 기술이라고 해도 그것은 해당 사회의 문화적 맥락에서 용인을 받아야만 진정으로 받아들여진다. 일본은 유럽식 총을 필요에 의해 받아들였다가 문화의 이름으로 포기했다.

|제7부|

정신문화의 충돌

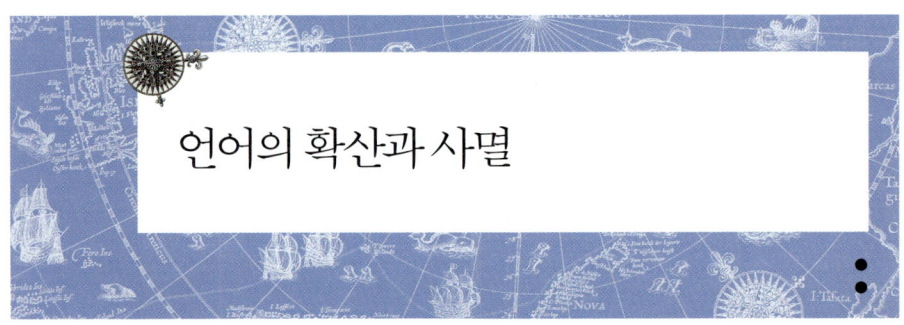

언어의 확산과 사멸

2008년 1월 21일, 알래스카의 앵커리지에서 마리 스미스 존스 할머니가 89세로 운명했다. 이 할머니는 이 세상에 마지막 남은 순수 혈통의 에약Eyak족 사람으로서 에약 언어를 유창하게 말할 수 있는 유일한 사람이었다. 이제 지구상에 이 언어를 말할 수 있는 사람은 사라졌고, 에약어는 절멸 언어가 됐다. 존스 할머니는 슬하에 자녀 아홉 명을 두었고 그중 일곱 명이 생존해 있지만, 영어 이외의 다른 언어를 사용하는 데 대해 압박이 심했던 시대에 살았던 터라 그중 한 명도 에약어를 배우지 못했다. 에약어 외에도 약 20개의 알래스카 토착어들이 이처럼 절멸 위기에 놓여 있다. 그러나 어디 알래스카뿐이랴. 현재 약 5천~6천 개 정도 존재하는 것으로 추정되는 세계의 모든 언어 가운데 약 절반 정도가

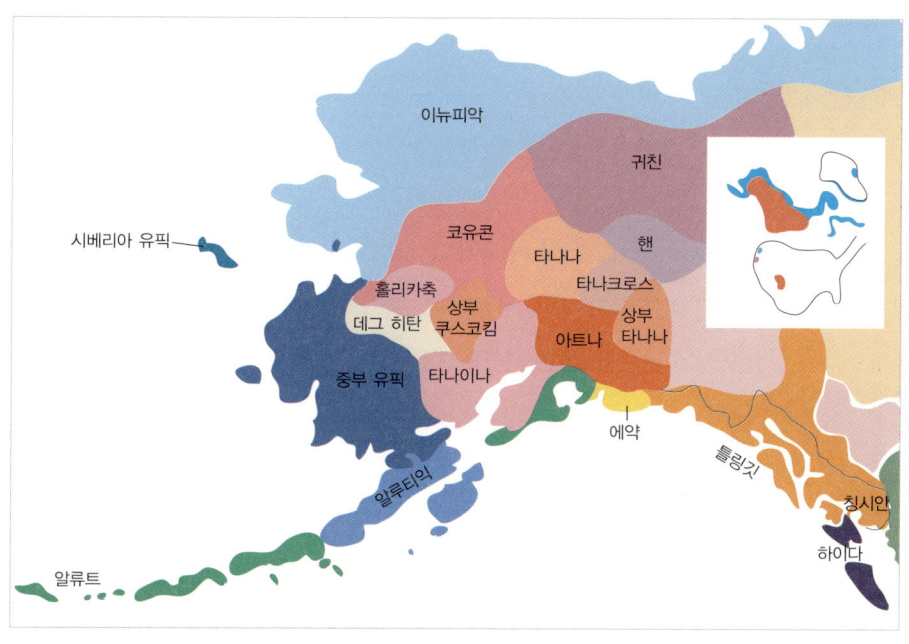

알래스카 언어 지도.

금세기 중에 사라질 것이라고 추측하는 학자도 있다.

　세계 언어 사용자의 분포는 극히 불균형하다. 언어학자 니콜라스 오슬러N. Ostler가 정리한 바에 따르면 12개의 중요 언어를 사용하는 사람 수를 합치면 세계 인구의 절반이 된다. 그 언어들을 보면 중국어(표준어, 즉 북경어)가 부동의 1위이고 그 뒤로 영어, 힌디어, 에스파냐어, 러시아어, 벵골어, 포르투갈어, 독일어(표준어), 프랑스어, 일본어, 우르두어, 한국어 순이다(사용자 수로 볼 때 한국어가 세계 12위의 중요 언어라는 점을 혹시 알고들 계셨는지……). 이에 비해 수천 개의 언어는 사용자 수가 5천 명이 되지 않고, 특히 그 가운데 약 1천 개 정도의 언어는 사용자 수가 10여 명에 불과하여 조만간 사라질 위험에 처해 있다. 말하자면 언어들도 강자强者가 갈수록 세를 확대해가고 약자들은 퇴출당하고 있는 실정이다. 장기간에 걸

언어의 확산과 사멸

처 언어가 생성·소멸되는 것이 부자연스러운 현상은 아니지만, 오늘날의 언어 분포는 그런 자연스러운 진화의 결과라고 보기에는 기이한 측면이 있다. 남북아메리카에서 원래 사용되던 수많은 토착 언어들이 거의 사라진 대신 에스파냐어와 포르투갈어, 영어와 프랑스어가 공용어가 됐고, 아시아의 인도, 필리핀, 말레이시아, 싱가포르 등지에서 영어가 널리 사용되는 것이 그런 점을 잘 말해준다.

오늘날의 이런 언어 분포 상태가 만들어지는 과정에서 중요한 분기점은 분명 근대 초의 해양 팽창일 것이다. 대항해시대에 전지구적인 차원에서 일어난 대규모 인간 접촉은 실로 복잡한 언어 현상을 유발하지 않을 수 없었다. 이 시기에 무엇보다도 많은 유럽 언어들이 세계 각 지역으로 퍼져갔다.

언어 확산의 동력은 무엇일까. 앞에서 언급한 12개의 중요 언어들을 보면 크게 두 종류로 나뉜다. 하나는 원래 그 언어를 사용하는 인구 자체가 많은 경우이다. 중국어가 대표적인데, 이런 언어들은 중심지에 거대한 인구집단이 있고 이들이 주변 지역으로 확산되는 방식으로 퍼져갔다. 다른 하나는 원격지로 언어가 팽창해간 경우로서, 아랍어, 영어, 에스파냐어, 포르투갈어 등이 이에 해당한다. 근대세계의 언어 분포에 결정적인 영향을 미친 것은 이 가운데 두 번째 방식이다.

중국어나 힌디어같이 근대 이전에 크게 확산된 언어는 문자를 통한 교양문화나 종교 등이 그 언어가 확산되는 주요 동력이었다. 이처럼 육지를 통해 이루어지는 언어의 확산은 속도와 범위가 상대적으로 느릴 수밖에 없다. 이에 비해 대항해시대에 유럽 언어들이 확산된 방식은 근본적으로 달랐다. 바다를 통해 언중言衆이 팽창하는 시대가 되자 일부 언어들은 대륙 단위로 급속히 퍼져갔으며, 무력에 근거한 소위 '침투infiltration' 방식으로 진행됐다. 그것은 비교적 소수의 사람들이 정복을 통해 해외에 지배적인 공동체를 형성한 후 이로부터 광범위한 피지배민층으로 정복자의 언어가 확산되는 방식을 말한다. 그 다음 2차적으로 19세기 이후에 유럽인들의 대규모 이민을 통해 앞 시대에 형성된 유럽 언어들의 지배력이 확고하게 굳어진 것이다.

이처럼 세계 언어의 판도가 형성된 이면에는 근대세계의 역사가 작용했고 다름 아닌 힘의 관계가 적용됐다. 예컨대 오늘날 포르투갈어는 포르투갈 국내보다도 해외에서 사용하는 인구가 훨씬 많은데 이는 물론 브라질이라는 거대한 국가가 과거에 포르투갈의 식민지였기 때문이다. 그러나 여기에도 예외가 없지 않아서, 네덜란드는 유럽의 주요 식민 세력 가운데 하나였으나 오늘날 네덜란드어는 세계 주요 언어 목록에 이름을 올리지는 못한다. 다른 유럽 국가들의 경우 어떤 지역을 식민지로 삼으면 그 언어의 영향이 대단히 강하게 남는데 네덜란드는 그렇지 않다. 예컨대 인도네시아에는 탈식민화 이후 오늘날 네덜란드어를 할 줄 아는 사람이 그리 많지 않다. 이는 네덜란드 제국주의의 중요한 특징으로 보이며, 흥미로운 비교 연구 주제가 될 것이다.

우리가 특히 주목할 점은 영어의 세계적 확산이다. 영어는 현재 제1언어로 영어를 사용하는 사람보다 제2언어로 사용하는 사람의 수가 더 많다는 특징을 보인다. 그만큼 이 언어가 전세계로 널리 보급됐다는 점을 알 수 있다. 영국 제국주의를 연구한 학자 닐 퍼거슨에 의하면 영어는 "어쩌면 지난 300년 동안의 단일 수출품 가

마지막 에약어 사용자였던 마리 스미스 존스.

운데 가장 중요한 품목일지 모른다. 오늘날 3억 5천만 명의 사람들이 영어를 모국어로 사용하며 약 4억 5천만 명이 제2언어로 영어를 사용한다. 이는 지구상에 살고 있는 사람 일곱 명 중에 한 명꼴이다." 영어는 그야말로 잉글랜드 지방 언어에서 세계의 언어로 변화한 것이다.

세계 언어들은 장차 어떤 변화를 겪을 것인가. 영어는 계속 다른 언어들을 구축해가며 세를 불릴 것인가. 에약어가 멸종되듯이 한국어도 사라져서 백 년 뒤에는 한반도에서도 영어를 말하며 살게 될까. 이런 문제들에 대해 누구도 명확하게 답할 수는 없지만, 역설적인 사실 하나는 영어가 널리 확산되면서 오히려 영어 자체가 사라지거나 크게 변화될 가능성도 있다는 점이다. 전문가들에 의하면 지난날 라틴어가 그랬던 것처럼 영어가 여러 개의 개별 언어로 분화될 가능성도 없지 않다고 한다. 라틴어는 로마제국이라는 지지대가 사라지자 사멸하고 그 대신 몇 개의 로망스 언어(프랑스어, 이탈리아어, 에스파냐어 등)로 분화됐다. 미국이라는 초강대국의 지지와 영어의 보편화는 로마제국과 라틴어의 관계와 유사해 보인다. 물론 그것이 어떤 결과를 초래할지는 누구도 예측할 수 없다.

마지막 에약어 사용자였던 존스 할머니의 본래 이름은 우다치 쿠칵스아아치Udach' Kuqax*a'a'ch로서 그 뜻은 '멀리서 사람들을 부르는 소리'라고 한다. 평생 대화할 사람이 없어서 외롭게 살았다는 우다치 쿠칵스아아치 할머니가 저 세상에서 이름 그대로 옛 친구들을 소리 높여 불러서 에약어로 반갑게 대화하시기를……

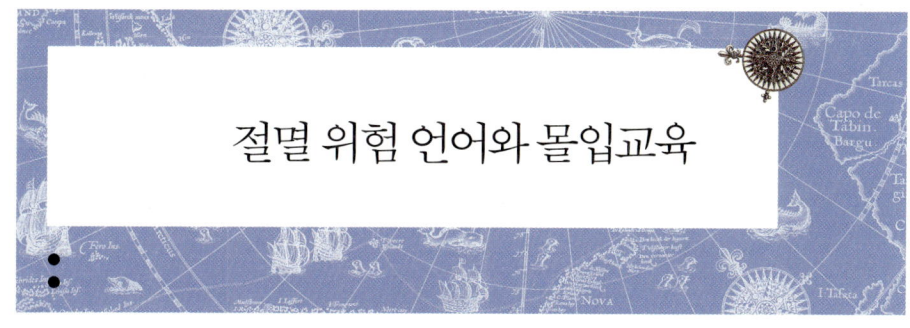

절멸 위험 언어와 몰입교육

프랑스에 유학 가서 불어 공부를 하던 시절, 아프리카 학생들과 팀을 짜서 토론을 한 적이 있다. 그때 나이지리아 출신 학생과 이런 대화를 나누었다.

몸바사 너희 나라에는 언어가 몇 개나 있지?
경철이 (처음에는 언뜻 질문 자체가 이해되지 않았다) 우리나라에 언어가 몇 개냐니……. 그야 한 개지! 우리나라에서는 모든 국민들이 한국어를 말하고 산다네.
몸바사 (피식 웃으며) 망퇴르menteur(거짓말쟁이)! 어떻게 한 나라에 말이 한 개밖에 없을 수가 있냐.
경철이 뭐—야? 그럼 자네 나라에는 언어가 몇 개나 있는데?

몸바사 글쎄, 자세히는 모르지만 한 500개쯤 될 걸.

경철이 (너무 놀라서) 그럼 자네는 그 가운데 몇 개쯤 할 수 있나?

몸바사 열댓 개쯤 할 걸세.

경철이 어떻게 그렇게 많은 말들을 다 배울 수가 있지?

몸바사 배우기는 뭘 배우냐. ……어릴 때 우리와 다른 말을 쓰는 이웃 마을 애들이랑 놀다보면 저절로 알게 된다네.

사실이 그랬다. 언어학자들의 조사에 의하면 나이지리아에는 515개의 언어가 존재한다. 그외에도 많은 언어를 가진 국가로는 파푸아뉴기니(832개), 인도네시아(731개), 인디아(400개), 멕시코(295개), 카메룬(286개), 오스트레일리아(268개), 브라질(234개) 등이 있다. 이 여덟 나라의 언어만 합쳐도 세계 언어의 절반이 된다. 그리고 대개 이 나라의 많은 언어들이 절멸 위험에 처해 있다. 예컨대 파푸아뉴기니에는 인구 200명 당 언어가 하나 꼴이다! 자연히 그 말을 사용하는 사람들의 수가 줄어서 결국 언어가 사라질 위험이 그만큼 큰 것이다.*

---

* 유네스코에서 정한 언어 절멸 위험 단계는 다음과 같다.
- 절멸 언어(extinct languages) : 사용자가 없는 언어.
- 절멸 임박 언어(nearly extinct languages) : 수십 명의 노년층만 사용하는 언어.
- 심각한 절멸 위기의 언어(seriously endangered languages) : 상당한 수의 사용자가 있지만 어린이는 쓰지 않는 언어.
- 절멸 위기의 언어(endangered languages) : 부분적으로는 어린이도 쓰지만 그 범위가 점점 줄어드는 언어.
- 잠재적 절멸 위기의 언어(potentially endangered languages) : 많은 수의 어린이가 쓰지만 공용어가 아니거나 열세의 언어.
- 절멸 위기가 아닌 언어 즉 안전한 언어(not endangered languages) : 안전하게 다음 세대로 전달되는 언어.

  _ 김주원 외, 『사라져가는 알타이언어를 찾아서』, 태학사, 2008, p.56.

아프리카의 국가들은 대개 수많은 언어들이 존재한다. 나이지리아 한 나라에만 500개가 넘는 언어가 있다.

실제로 매년 적어도 10개의 언어들이 세상에서 사라져간다고 한다. 사실 언어의 절멸이 새로운 일은 아니다. 언어학자들은 인류가 탄생한 이래 지구상에서 사라진 언어가 3만 개 정도일 것으로 추산한다. 거꾸로 2천 년 이상 계속 존재한 언어는 극히 예외적이다. 중국어, 헤브루어, 그리스어, 산스크리트 등이 그런 예이며, 한국어도 여기에 포함될 것이다. 일부 언어가 확산되고 다수의 언어가 사라져가는 이 현상이 근대에 들어서부터 특히 두드러지게 되더니 오늘날에는 더욱 빨라지는 듯하다. 그 원인으로는 세계경제 시스템의 급속한 확산과 방송 및 인터넷의 발전 등 여러 가지가 있겠지만, 일반적으로 이야기해서 세계화가 지역 고유의 문화와 언어의 소멸을 재촉하는 것으로 볼 수 있을 것 같다.

예를 들어 말레이반도의 소수 민족—이들을 오랑 아슬리Orang Asli라 일컫는다—을 보자. 말레이반도 깊은 내륙 지방에 살던 이들은 18~19세기부터 외지인인 말레이인들에 의해 노예사냥의 대상이 됐다. 말레이인들은 오랑 아슬리를 야만인 혹은 '숲속의 짐승' 취급을 했다. 노예사냥은 아주 참혹하게 이루어졌다. 마을을 급습하여 성인 남자들을 모두 살해한 뒤 여성과 아이들을 잡아다가 팔아버리든지 혹은 지방의 지배자와 유력자들에게 건네주었다. 이런 야만적인 공격을 당하면서 오랑 아슬리는 쇠퇴와 몰락의 길을 가고 있다. 인구도 15만 명 이하로 줄어들었고 말레이시아 안에서 최빈곤층을 이루고 있으며, 문화적 정체성을 잃어가고 있다. 토지를 빼앗기고 공동체적 삶을 상실하고 난 후 자연스러운 귀결로 언어도 사라져가는 중이다. 예전에 200개에 달했던 언어도 현재 12개만 남아 있는데, 이 12개의 언어도 절멸 위험에 처해 있다.

2001년 11월 2일, 제31차 유네스코 총회에서 세계문화 다양성 선언을 채택했다.

생물 다양성이 자연에 필요한 것처럼 문화 다양성은 인류에게 필요하다. 이러한 의미에서, 문화 다양성은 인류 공동의 유산이며 현재와 미래 세대를 위한 혜택으로서 인식되고 확인되어야 한다.

그리고 이때 언어가 사람들의 정체성의 핵심 요소이며 자기 언어를 말하는 것이 소중한 권리임을 선언했다. 그러나 세계화 시대에 이런 권리는 흔히 부정된다. 세계화는 소수 민족에 대한 지속적인 전쟁과 마찬가지이다. 살아남기 위해서는 주류 언어를 배워야 하고 자기 삶의 방식을 버려야 하기 때문이다.

이런 흐름을 이겨내고 사라져가는 언어를 지켜내며 민족의 정체성을 보존하는 길은 무엇일까.

뉴질랜드의 마오리족 사례를 참조할 만하다.

뉴질랜드에는 선주민인 마오리족이 살고 있었는데, 18세기 말부터 점차 많은 백인들이 이 섬에 몰려 들어와서 토지를 차지해갔다. 1840년, 영국 왕실과 마오리족의 몇몇 부족 대표들 사이에 와이탕기 조약을 맺었는데, 이 조약 내용은 두고두고 문제가 됐다. 왜냐하면 영어 판본에는 마오리족이 그들의 토지, 숲, 조업권 등을 유지하지만 영국에 '주권sovereignty'을 넘긴다고 되어 있는 반면 마오리 판본에는 '지사의 권리governorship'를 넘긴다고 되어 있기 때문이다. 처음에는 백인 이주민들이 땅을 쉽게 구매했지만 점차 마오리인들이 사태를 파악하고 토지를 팔려고 하지 않았다. 그러자 영국 국왕의 대리인이 나서서 사실상 속임수로 토지를 빼앗다시피 하게 됐고 이로 인해 결국 백인과 마오리인 사이에 전쟁이 일어났다. 이후 20세기 후반까지 마오리족은 백인들의 지배 아래에서 이등 시민으로 살아갔다.

1990년대에 들어와서 뉴질랜드 정부의 적극적인 노력으로 마오리족의 지위가 많이 회복됐고 와이탕기 조약 이후 백인들에게 강탈당한 많은 토지와 권리도 되찾았다. 이와 동시에 마오리족의 정체성을 강화하는 조치가 이루어졌다. 그중 하나가 마오리 언어 몰입교육total immersion이다. 마오리 언어를 잃어버리지 않고 확고히 지키기 위해서 모든 교육을 마오리 언어를 통해서 하도록 한 것이다. 마오리인은 전체 인구의 15퍼센트에 불과하지만 뉴질랜드의 공식 언어로 영어와 마오리어 두 개가 같은 지위를 차지하고 있다.

우리가 영어 몰입교육을 구상하는 동안 지구 반대편에서는 영어의 침입에 대항하여 고유 언어를 지키기 위한 몰입교육을 시도하고 있는 것이다. 그렇다면 우리 언어를 지키기 위해 외국어를 무시하는 것은 바람직할까. 그것은 정신적 '쇄국'일 터이고 자칫 쇠퇴와 몰락을 재촉하는 길이 될 것이다. 세계화 시대에 영어를 비롯한 외국어 능력을 배양하면서 동시에 고유 언어와 문화를 지키는 것이 핵심 과제가 됐다.

영혼의 정복 : 강압적 전도와 피학적 전도

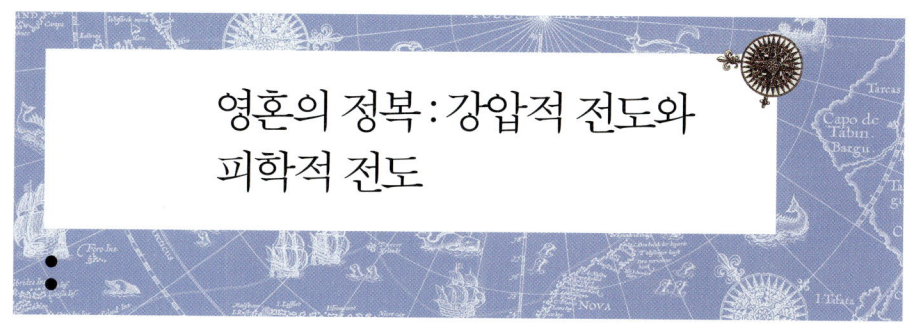

유럽 문명은 곧 기독교 문명이며, 유럽인들의 해외 팽창 역시 기독교 세계의 확대라고 해도 과언이 아니다. 해상 팽창의 전위에 있던 유럽 국가들은 기독교 전도를 가장 중요한 목표로 내세우곤 했고, 자신들의 사업이 곧 신의 부름에 대한 응답이라고 확신했다. 멕시코에서 전도하던 신부들의 표현을 그대로 따른다면 다른 문명권 사람들에 대한 정치·군사적 혹은 경제적 정복은 '영혼의 정복'과 불가분의 관계에 있었다. 불행히도 근대에 세계 각지에서 행해진 기독교 전도사업들에는 많은 경우 피 냄새가 묻어 있다. 실론에서 일하던 어느 예수회 신부의 말대로 전도는 흔히 칼 끝으로 이루어졌기 때문이다.

칼과 십자가의 결합을 가장 잘 나타내는 말이 '십자군'일 것이다.

예수회 선교사의 이미지.

11~13세기에 예루살렘의 예수 성묘를 찾기 위해 이슬람권을 공격한 것이 가장 대표적인 십자군이지만, 그외에도 교황청이 공식적으로 인정한 십자군 사례들은 많이 있다. 포르투갈과 에스파냐의 해외 팽창에서는 흔히 교황으로부터 십자군으로 인정받는 칙서를 받았다. 유럽이 최초로 유럽대륙 바깥으로 나가서 이슬람권을 공격한 사례라 할 수 있는 1415년의 세우타(지브롤터해협 근처 북아프리카의 도시) 공략이 좋은 예이다. 포르투갈 함대가 라고스항을 떠날 때 국왕의 고해 사제는 교황 요한 23세가 발행한 칙서를 읽어주었는데, 이에 따라 병사들 전체가 집단으로 죄의 사면absolution을 받았다. 기독교 신앙을 지키기 위해 싸우다가 죽으면 곧바로 천국으로 가리라는 축복을 받은 원정군은 확신 속에서 칼을 휘둘렀다.

물론 이런 일은 꼭 기독교만의 특징은 아니다. 1980년대에 이란과 이라크 사이에 전쟁이 일어났을 때 이란의 종교 지도자들도 병사들에게 전투 중에 죽으면 곧바로 낙원에 가리라고 교육시켰다. 병사들이 소지한 교리서에 따르면 낙원에는 대리석으로 된 성이 있는데 그 안에 루비로 된 70채의 집이 있고, 각 집에는 에메랄드로 된 70칸의 방이 있으며, 각 방 안에 70명의 하녀가 있어서, 이곳에

간 병사들은 물질적·성적 보상을 받게 되어 있다. 종교가 자칫 국가 이데올로기로 작동할 때에 나타나는 위험은 예나 지금이나 크게 다르지 않아 보인다.

이방인들에게 사랑을 가르치기 위해 칼을 휘두르는 이 이상한 현상의 본질은 과연 무엇인가. 이와 관련해서 제기되는 근본적인 질문은 이런 것이다. 기독교는 유럽의 종교인가, 세계의 종교인가.

원론적으로는 세계 모든 사람들의 영혼을 구하는 것이 전도의 목적이며 따라서 기독교는 당연히 세계의 종교라고 주장할지 모른다. 그러나 역사적 현실은 그와 다르게 전개됐다. 실제로는 기독교는 유럽의 종교, 그리고 지배자의 종교로 귀결되곤 했다. 그리하여 유럽인들은 한편으로 세계인의 영혼을 구하겠다는 성스러운 목표를 내걸면서 다른 한편으로 그들을 무시하고 억압하는 모순에 빠지게 됐다. 그 결과는 흔히 강제 개종이라는 강압적인 방식으로 귀결됐다. 사람들을 감옥에 가두고 밥을 굶기고 채찍을 휘두르면서 기독교 개종을 강요하기도 했다. 아시아와 아메리카 사람들은 구원받기 위해 유럽인들에게 고문을 받아야 한단 말인가.

아메리카대륙의 기독교화는 미션의 역사에서 가장 중요한 성과의 하나로 꼽힐 만하다. 오늘날 캐나다로부터 칠레 끝까지 남북아메리카의 인구 대다수가 기독교(가톨릭과 개신교) 신자이다. 처음 아메리카에 온 신부들은 이 지역 주민들의 전도가 세계사적으로 중요하다는 의식을 가지고 있었다. 예컨대 멕시코에서 전도사업을 하던 프란체스코파 사제 모토리니아는 최종적으로 중국인들을 개종시켜 전세계 기독교화를 완성하는 것이 지상 목표라고 할 때, 멕시코의 개종은 그와 같은 신앙의 서진西進에서 결정적인 의미를 띠는 중간 단계라고 생각했다. 그러나 이와 같은 과도한 종교적 열정은 많은 부작용을 낳았다.

낯선 문명권에 들어가서 종교를 전도한다는 것은 분명 쉬운 일이 아니다. 아메리카 인디언들만 해도 오랫동안 유지해온 그들 나름의 종교적 전통을 가지고 있어서, 이를 버리고 새로운 종교를 쉽게 받아들일 수는 없었다. 콜럼버스는 그가 처음 만난 아메리카 주민들에게 "이렇다 할 종교가 없으므로 쉽게 전도가 가능할 것"이라고 생각했지만, 그것은 오해에 불과했다. 인디언들의 종교문화를 제대로 이해하지 못한 상태에서 볼 때에는 내용이 허술해 보인다 할지라도 그것은 그들의 세계관이고 우주관으로서 그들의 삶을 인도하는 기본 틀이었다. 어느 날 갑자기 낯선 사람들이 나타나서 그들의 존재의 기본 틀을 바꿔라 말아라 할 이유가 없었다.

서인도제도 주민들의 종교 전통에서 중요한 구실을 했던 제미(zemi). 이를 이용해서 예언을 받았다.

백인들의 설교를 들은 인디언의 반응은 흔히 이런 식이었다. "당신은 참 좋은 이야기를 해주었습니다. 당신 이야기가 다 맞겠지요. 그렇지만 그것은 바다를 건너온 당신들에게 필요한 신입니다. 우리가 사는 이 세계는 당신이 사는 곳과 아주 다르기 때문에 우리에게 또 다른 하늘이 있어야 하고 또 거기에 이르는 또 다른 길이 있어야 하지 않을까요?"

프랑스 선교사들이 접촉한 휴런족의 경우 첫 인상은 무식하고 야만적이지만 실제 이들과 대화를 해본 사람들은 견해를 바꾸곤 했다. 이들이 선교사들에게 던지는 질문들은 때로 날카롭기 그지없었다. "이브의 사과 때문에 전인류가 불행해진 것이 사실이라면 예수의 죽음으로 인류의 절반인 기독교도만이 구원을 받는다는 것은 불공평하지 않은가." 이런 식의 질문을 자주 받아본 프랑스인들은 휴런족 사람들이 총명하고 예리하다고 보았다. 계몽주의 시대의 문학과 철학 작품에서 휴런족이 서구 문명을 비판하는 주인공으로 자주 등장하는 것이 이유가 없지 않은 것이다.

기존의 사회질서가 탄탄하게 유지되고 또 정신적으로도 흔들리지 않는 상태에서 이방인 선교사들에게 '너나 잘 하세요' 하는 식으로 나오면 사실 전도의 가능성은 거의 없다. 이 상태를 깨고 기독교를 전도하려면 어떤 충격적인 방식이 필요하다. 그 하나는 물론 무력을 동원한 강제 전도 방식이다. 전도가 뜻대로 되지 않다보면 결국은 예수회의 호세 데 안히에타처럼 "이런 종류의 사람들에게 가장 좋은 가르침은 칼과 창을 통해서 하는 것"이라는 무지막지한 결론에 이르곤 한다. 남아메리카의 기독교화에서는 우상과 신전 파괴, 매질, 감금, 추방 같은 야만적인 방식이 일상적으로 사용됐다. 이전의 종교를 지키려는 귀족은 화형에 처해졌고, 기독교에 '미신'적인—즉 인디언 고유 신앙의—요소들이 섞여들어간 절충주의의 낌새를 알아채자 수백 명을 감금하고 고문했다.

설사 이런 방식으로 대규모 강제 개종이 실시됐다고 해도 그것이 결코 올바른 전도는 아니었다. 니카라과에 들어간 한 수사는 자신의 행적을 꼼꼼하게 기록했는데, 이에 따르면 1538년 9월부터 1539년 3월까지 모두 5만 2,558명에게 세례를 준 것으로 되어 있다. 그러나 그 실상을 보면, 니카라과의 인디언들은 통역을 통해서 설교 한 번 듣고 곧바로 세례를 받은 다음에 곧 모든 것을 잊어먹은 것에 불과했다. 많은 경우 인디언의 개종이란 신부들의 생각과는 달랐

모피 장사꾼과 예수회 신부가 카누를 타고 미시시피강을 탐험하는 장면.

다. 유럽인들은 인디언들이 믿는 신을 악마라고 본 반면 인디언들은 기독교를 일종의 우상숭배로 받아들였다. 그 때문에 자신들의 전통 신앙을 버리지 않고도 기독교를 받아들일 수 있었다. 인디언들의 신앙을 지켜본 한 사람은 이런 설명을 했다. "인디언들은 예수 그리스도와 악마를 함께 숭배한다. 양자는 서로 조화를 이룰 수 있고 서로 친척이라는 것이다."

강압적이고 공격적인 방식과는 달리 오히려 극도의 피학성을 드러냄으로써 인디언 사회에 정신적 충격을 가하는 방식도 생각해볼 수 있다. 휴런족 사회에 들어간 예수회 신부들이 그런 경우였다. 이들의 종교적 열의는 의심의 여지없이 진실한 것이지만 과도한 열의가 오히려 문제가 될 수도 있다. 그들은 전도사업을 악마와 싸우는 시련의 과정으로 파악하고 있었던 듯하다. 그래서 고문과 식인풍습의 희생자로서 순교하는 것을 꿈꾸었다. 이야말로 일종의 정신적 마조히즘이라고 할 수 있을 것이다.

불행인지 다행인지 고난에 찬 순교의 꿈은 현실화됐다. 이 시기에 인디언 부족들 사이에는 아주 복잡한 전투 · 외교 관계가 얽혀 있었는데 그 와중에 어느 한편에 잘못 끼어들어가게 되면 상대방 부족의 공격을 받고 포로로 끌려가거나 살해당하곤 했다.* 프랑스 선교사들은 휴런족과 가까이 지내게 되다보니 본의 아니게 이로쿼이족과 대립하게 된 셈인데, 불행하게도 이로쿼이족은 포로에게 가능한 한 가장 고통스러운 고문을 가하는 관습이 있었다(이것은 상대방 전사들이 자신들의 용맹성을 과시하며 죽을 수 있는 기회를 준다는 의미이기도 했다). 많은 예수회 신부들이 끔찍한 고통을 당하며 죽었는데, 그 가운데 이삭 조그 신부는 예외적으로 살아 돌아와서 생생한 기록을 남겼다(1642).

이삭 조그 신부는 휴런족 마을을 떠나 이로쿼이족 영역으로 들어가서 전도해보겠다고 결심했다. "교회 당국은 나보고 퀘벡으로 가지 않겠냐는 제안을 한 것이지 명령을 내리지는 않았다. 나는 진심으로 나 자신을 바치기로 했다. 내가 하지 않는다면 나보다 훨씬 훌륭한 다른 신부들이 위험과 불운에 내맡겨질 수 있기 때문이다. 우리는 떠나는 그 순간부터 위험에 빠졌다. 우리는 여행 중에 40번이나 급류와 폭포를 만나서 그때마다 카누에서 내려서 배와 짐을 머

---

* 전도의 걸림돌 중 하나는 이로쿼이족과 휴런족 사이의 갈등이었다. 선교사들은 실상 이 두 부족 간 갈등의 원인이 모피 교역 때문이라는 것을 몰랐을 것이다. 허드슨강 상류, 세인트로렌스강 상류 및 대호수 동부 지역에서 모두 비버의 개체 수가 줄었고, 그래서 백인들에게 모피를 주고 유럽 물품을 얻는 것이 힘들어졌다. 이로쿼이족은 새로운 사냥터를 찾는 대신 휴런족에게 프랑스와의 거래를 중단하고 대신 더 북쪽의 부족들과 이로쿼이족 사이의 중개인 역할을 하라는 압력을 가하고 있었다. 즉 휴런족은 더 북쪽에 사는 부족들에게서 모피를 구해다가 이로쿼이족에게 넘겨주고 이로쿼이족은 그 모피를 프랑스인들에게 판다는 것이다. 아닌 게 아니라 이 시기에 휴런족 내부에서도 이로쿼이족과 단합해야 한다는 의견이 나오고 있었다(사실 두 부족은 원래 사촌뻘 되는 관계였다). 최근의 연구에 따르면, 당시 휴런족의 부족 회의에서는 전도사들을 직접 죽이든지 혹은 다른 부족 사람들을 고용해서 죽이려는 계획을 논의하기도 했다. 외지인 출신 선교사들로서는 그들의 종교적 열정 때문이 아니라 인디언들의 교역 요구가 목숨을 구해주었다는 사실을 알 리가 없었다.

리에 지고 옮겨야 했다." 이렇게 그는 휴런족 인디언들의 카누를 타고 강을 따라 내륙으로 스스로 위험을 찾아들어갔다.

과연 이 일행은 이로쿼이 전사집단과 마주쳤고 곧 전투가 벌어졌다. 압도적으로 수가 많은 적들 앞에서 휴런족 사람들이 패주해서 일부는 도망가고 프랑스인 한 명과 몇 명의 휴런족 용사들이 사로잡혔다. 이때 이삭 조그는 스스로 이렇게 자문한다. "하느님의 교회가 나에게 맡긴 구원을 포기한 채 저 새 신자들과 예비 신자들을 버릴 수 있단 말인가." 그는 주저 없이 그 자신도 포로가 되기로 작정한다. "저 불쌍한 영혼들이 지옥의 화염에 빠지는 것을 구하기 위해 내 몸이 지상의 화염에서 고통받아야 하리라. 저들에게 영원한 삶을 주기 위해 내 몸이 일시적인 죽음을 겪어야 하리라." 마음속으로 이렇게 결심하고서는 포로들을 감시하던 이로쿼이 전사를 불렀다. 이삭 조그를 발견한 전사는 혹시 매복 작전이 아닌지 의심하다가 이삭 조그가 자꾸 손짓을 하자 드디어 다가와서 그를 포로로 잡았다.

신부가 예견한 '지상의 화염'은 정말로 고통스러운 것이었다. 기욤 쿠튀르라는 프랑스인은 총으로 이로쿼이족 전사 한 명을 살해하다가 잡혀와서 그런지 우선 그부터 온갖 악형을 당했다. "그들은 그의 옷을 벗기고 곤봉으로 온몸에 피멍이 들게 때리고, 그들의 이로 손톱을 물어뜯은 다음 더 큰 고통을 가하기 위해 피가 뚝뚝 떨어지는 손가락 끝을 짓이겼다. 마지막으로 칼로 손을 꿰뚫어놓은 다음에 우리가 있는 곳으로 데리고 왔다." 신부는 곧 그에게 다가가 껴안고 이런 말을 했다. "용기를 내십시오, 형제여. 당신에게 고통을 가하는 이 사람들을 위해 신에게 당신의 고통과 번민을 바치십

시오."

이로쿼이인들은 이 광경을 보고 당황해했다. 아마도 신부가 프랑스인보고 용맹스럽게 이로쿼이 전사 한 명을 죽인 데 대해 칭찬한다고 생각하는 것 같았다. 그들은 곧 신부에게 사자처럼 달려들었다. "그들은 나를 칼로 찌르고 전쟁용 곤봉으로 내리쳐서 반쯤 죽은 상태로 땅에 쓰러뜨렸다. 내

브레사니 신부가 작성한 지도에 나오는 삽화. 기독교를 받아들인 인디언을 나타낸다.

가 다시 숨을 모아 쉬자 나를 때리는 데에 참여하지 않았던 사람들이 모여들더니 그들의 이로 내 손톱을 물어서 뽑았다. 그들은 차례로 내 둘째손가락을 물어뜯었는데, 손톱이 사라진 그 손가락은 마치 두 개의 맷돌 사이에 가는 듯한 극심한 통증을 안겨주었고, 마침내 작은 뼈 조각이 튀어나왔다."

마을로 끌려간 포로들에게는 세상에서 가장 가혹한 고문 퍼레이드가 기다리고 있었다. 아직 남아 있는 손가락 잘라내기, 손목을 칼로 베고 힘줄 잡아 빼기, 굴 껍데기로 귀 자르는 동안 노래부르게 하기, 뾰족한 막대기로 상처 헤집기, 사지를 묶어놓고 몸에 불붙은 석탄 뿌리기(이 마지막 것은 어린이들이 집행했다!). 이삭 조그는 이 모든 고문을 이겨내면서 이 '비참한 사람들'을 위해 하느님께 기도를 했다. 그들이 잘라낸 엄지손가락을 두 손으로 받쳐들고 "하느님, 이것을 당신께 바칩니다" 하면서 하늘을 향해 기도했다.

그는 운 좋게도 허드슨 강변의 네덜란드인들 거주지로 탈출하여

가까스로 목숨을 구할 수 있었고 또 유럽으로 돌아가게 됐다. 그런데 놀랍게도 그는 4년 뒤에 다시 이로쿼이족을 찾아 캐나다로 돌아왔다. 이 시기에는 프랑스 식민 당국과 이로쿼이족 사이에 휴전이 맺어졌는데, 이삭 조그는 이로쿼이 언어를 구사할 수 있었기 때문에 외교적 중재 업무를 하러 인디언 사회로 들어갔다. 그러나 이번에는 그가 마술사라는 의심을 받고 갑작스러운 가격을 받아 사망했다. 또다시 오랫동안 끔찍한 고문을 받지 않았다는 것이 다행이라면 다행이었다.

이런 일련의 사례에서 감지할 수 있듯이, 기독교의 전도와 수용은 결코 쉬운 일이 아니었다. 종교의 전환은 해당 사회의 정체성이 크게 흔들릴 때 일어나기 쉽다. 과거의 역사적 경험을 보면 평화적이고 안정적인 전도라는 것은 실로 일어나기 어려운 예외적인 일이다. 정상적인 사회보다는 대개 위기에 빠진 사회, 무너지는 사회에서 전도와 개종의 가능성이 높은 것이 사실이다. 그리고 그런 상황에서 선교사들은 여러 방식으로 충격을 가하며 그 사회의 내면으로 뚫고 들어가려고 했다. 개종은 흔히 기존 공동체의 '위기의 산물'이었다.

포타오타미족에 들어간 클로드 알루에 신부, 1666~67

캐나다로 전도를 하러간 예수회 신부들은 본국에 자세한 보고서를 보냈다. 방대한 양에 이르는 이 기록들은 역사학, 인류학, 종교학, 지리학 등 여러 분야에서 매우 귀중한 정보를 제공하는 탁월한 사료이다. 이 문서들은 1890년대에 편집되어 73권의 책으로 출판됐다(Reuben G. Thwaites ed., *The Jesuit Relations and Allied Documents*, 73 vols., Cleveland : Burrows Brothers, 1896~1900). 이 기록들을 통해 신부들과 현지민 간에 어떤 일들이 일어났는지 상세하게 알 수 있다. 아래 기록에서는 클로드 알루에Claude Allouez 신부가 종교의 이름으로 병을 치료함으로써 기독교를 전도하려는 것을 볼 수 있다. 그러나 사실 오늘날 우리의 눈에는 샤먼이나 알루에 신부나 그렇게 큰 차이는 없어 보인다.

지난겨울, 내가 그 사람의 카누를 빌려 타고 이 마을에 들어왔던 청년이 전염병에 걸렸다. 그는 상당히 중요한 지위의 사람이었던지라 마을 사람들은 병을 고치기 위해 온갖 쓸데없는 마술 행위를 시도했다. 마침내 그들은 그 사람 몸속에서 개 이빨 두 개를 끄집어냈다고 주장했다. 나는 그들에게 이렇게 말했다. "그가 병이 난 것은 개 이빨 때문이 아니라 탁한 피 때문이오." 나는 그가 늑막염에 걸렸다고 보았기 때문에 그렇게 말했던 것이다. 성심껏 설명하자 그 사람은 내 방식을 받아들일 준비가 됐다. 다음날 나는 그에게 성 이그나티우스의 이름으로 세례를 주고 이 위대한 성인이 사악한 영들과 샤먼을 무찌르기를 기대했다. 나는 그 사람에게 사혈(나쁜 피를 뽑는 치료 방식)을 한 다음, 마침 그 자리에 와 있던 샤먼에게 피를 보여주며 말했다. "보시오, 이게 그 사람을 병들게 한 것이오. 당신은 개 이빨을 끄집어내려고 할 게 아니라 이렇게 부패한 피를 뽑아냈어야 하는 거요." 그러나 샤먼은 실제 환자가 많이 좋아진 것을 보고는 자기 자신이 치료를 해서 영광을 차지해야겠다는 생각을 했다. 그래서 뭔지 모를 약을 환자에게 먹였다. 그러자 갑자기 그 사람의 용태가 급격히 악화되어서 거의 세 시간이나 죽은 것처럼 꼼짝 못했다. 이 일이 마을에 알려지자, 샤먼은 당황해서 자기가 불쌍한 사람을 죽였다고 고백하고 제발 그를 포기하지 말아달라고 부탁했다. 사실 이그나티우스 성인은 그 사람을 버리지 않고 생명을 건져주셔서 이 이교도들의 미신 행위들을 무찔렀다.

　　이 사람의 병이 채 낫기 전에 여동생도 같은 병에 걸렸다. 오빠한테 있었던 일 때문에 이번에는 쉽게 우리의 의무를 할 수 있었다. 그래서 그녀에게 세례를 주고 성처녀라는 세례명을 주었는데 이 때문에 병이 나았다.

일본의 기독교 전도

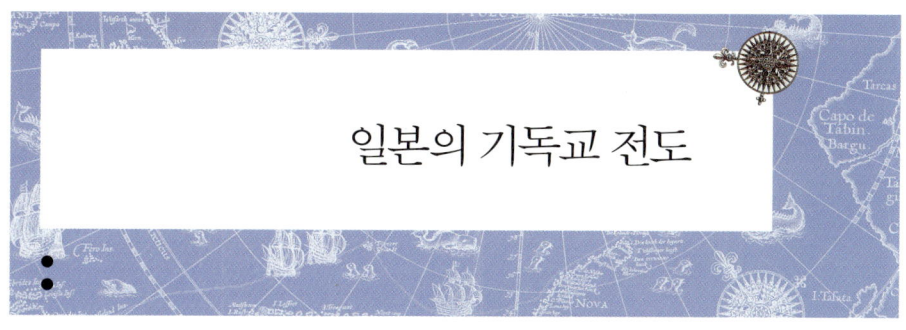

아메리카와 달리 아시아에서는 상대적으로 기독교 전도가 큰 결실을 맺지 못했는데, 그 이유는 기존 문명이 워낙 강하게 버티고 있었기 때문이다. 아시아 문명권의 변경 지역이라 할 수 있는 필리핀에서만 상대적으로 기독교 전도가 성공한 것을 보면 기존 문명이 탄탄하게 자리 잡은 지역에서는 새로운 종교의 포교가 어렵다는 사실을 역으로 확인하게 된다. 새 종교가 사회 내부 깊숙이 들어가는 것은 그 사회 전체가 위기 상황에 빠졌거나 큰 변화가 일어나는 때이다. 일본의 기독교 전도는 이 점에서 매우 흥미로운 사례이다.

파란만장한 일본 기독교 역사에서 중요한 시발점은 프란시스 사비에르(1506~52)가 입국한 1549년이라 할 수 있다. 찰스 복서라는 역사가는 이 이후 한 세기를 일본의 "기독교의 세기"라고 부른 바

아시아 전도에서 가장 중요한 인물 중의 한 명인 사비에르 신부.

있다. 사비에르는 인도, 말라카 등지를 거쳐서 일본에 도착했다. 그는 중간에 말라카에서 가고시마 출신 무역 상인인 야지로(혹은 안지로)라는 일본인을 만나서 그를 개종시켰는데, 그로부터 일본에 대한 이야기를 듣고 일본 전도를 꿈꾸게 됐다고 한다. 일본이 인구가 많고 번영하는 곳으로서 전도 전망이 아주 높은 곳으로 생각한 것이다. 그리고 일본을 기독교화한 다음에는 그 여세를 몰아 중국 '본토'까지 기독교화하겠다는 것이 그의 원대한 꿈이었다.

사비에르가 일본에 온 이후 기독교 개종이 크게 진척됐다. 그는 일본에 약 2년 3개월 머무는 동안 700명 정도를 개종시켰다고 한다. 그에게서 세례를 받고 최초로 '기리시탄切支丹(Christiao. 천주교도)'이 된 사람은 오무라 스미타다大村純忠이다. 그는 선교사와 자기 영지 안의 신자들을 적극 보호했으며 나가사키를 교회령으로 기부할 정도로 신심이 지극했다. 특히 1582(덴쇼天正 10)년에 다른 신자들과 힘을 합쳐서 10대 초반의 소년들을 로마 교황에게 파견하기도 했다. 8년 반에 걸쳐 유럽을 여행한 이 소년사절을 천정견구소년사절天正遣歐少年使節이라 한다.

이처럼 기독교를 진정으로 받아들인 사람들도 있지만, 많은 다이묘들은 선교사가 가지고 온 서양 문화에 대한 호기심, 정치적인 판단, 혹은 경제적 이익의 가능성 등을 고려하여 기독교를 받아들였다. 이런 사람들은 통상 확대를 바라고 포르투갈 식민지 본부가 있는 고아에 선교사를 보내줄 것을 부탁하는 편지를 보내기도 했다. 이처럼 일본의 기독교화는 종교를 자신의 목적에 이용하려는 지배층의 정치·경제적 동기가 매우 크게 작용했다는 점이 특징이다. 특히 자신에게 적대적인 불교 세력을 누르기 위해 오다 노부나가가 기독교에 호의적인 정책을 편 것이 전도의 호기가 됐다. 이런저런 이유로 이 당시 기독교로 개종한 사람의 수는 한때 15만 명에 이르렀다고 한다.

그런데 16세기 중엽에 신자가 빠르게 늘어난 만큼이나 16세기 말과 17세기 초에 급격한 신자 감소 현상이 일어났다. 새로 권력을 잡은 세력으로서는 기독교도가 그들의 정적과 제휴하고 있는 것을 용인할 수 없었다. 도요토미 히데요시가 천주교 금교령禁敎令을 내리자 다카야마 우콘高山右近과 같은 소수의 열렬한 신자만 제외하고 대부분의 영주들이 곧바로 배교했다. 사실 도요토미 히데요시도 처음에는 기독교에 호의적이었다. 예수회 선교사인 루이스 프로이스(1532~97)는, 만일 기독교가 여색女色에 대해 비판적이지만 않았다면 도요토미 히데요시 자신이 기독교로 개종했을지도 모른다고 했다.

그렇지만 정작 도요토미 히데요시는 기독교도가 예상보다 많은 데다가 외국인들이 일본의 교역을 통제하는 것으로 보였기 때문에 점차 기독교에 대해 의심하기 시작했다. 그러던 참에 기독교 다이묘들이 부하들을 강제로 개종시키고, 또 선교사들과 개종자들이 불교 사원과 신도神道 사당을 불태우는 사건들이 일어나자 그는 태도

1597년 나가사키에서 일어난 순교 사건. 26명의 순교자들은 성인으로 시성됐다.

를 바꾸었다. 도요토미 히데요시가 선포한 바테렌伴天連(padre. 신부) 추방령은 제1조에 "일본은 신국神國인 바, 기독교국으로부터 사법邪法을 받아들이는 일은 있어서는 안 될 일"로 규정하고 제2조에 "국군國郡의 사람들에게 접근하여 그 신도로 만들고 신사불각을 타파하는 것은 전대미문"이라고 선언했다. 그는 선교사들의 재산을 압수하고 나가사키 시민들에게 막대한 벌금을 물리고 무기들을 빼앗았다. 그리고 모든 성당

나가사키의 순교자 기념물.

과 십자가들을 부수라고 명령했다. 내심 도요토미 히데요시에게 의지하여 세를 크게 불리려고 생각하던 기독교도들에게는 청천벽력 같은 일이었다.

하필 이런 시기에 에스파냐의 갤리선 산펠리페San Felipe호가 마닐라에서 멕시코로 가던 중에 시코쿠四國 근해에서 조난당하는 사건이 일어났다(1596). 이 배의 물길 안내인이 화물을 찾기 위해 "기독교를 앞세운 세계 정복" 운운하며 일본 정부에 압박을 가한 것이 문제를 키웠다. 기독교가 외세 침탈의 전위 세력이라고 판단한 도요토미 히데요시는 이제 확실하게 기독교 탄압을 시작했다. 1597년, 26명의 희생자들이 교토에서 나가사키까지 끌려가서 니시자카西坂 언덕에서 십자가형에 처해졌다. 가장 어린 이바라키 루이스라는 12세 소년은 기독교를 부인하면 목숨을 구했을 텐데 "천국", "예수", "마리아"를 외치며 순교했다. 13세의 소년인 안토니오도 슬퍼하는 어머니를 위로하며 죽었다. 십자가형은 두 개의 창을 옆구리에

포르투갈 의상을 입고 있는 일본인 기독교도들.

서 찔러 반대편 어깨 쪽으로 꿰뚫는 것이어서 오래 고통을 받지 않고 죽는 것이 그나마 다행이었다. 이 26명의 순교자들은 1862년에 성인으로 시성됐다.

  이 사건 이후 곧바로 일본에서 기독교가 사라졌다든지 유럽과의 관계가 단절된 것은 아니었다. 포르투갈과 에스파냐 배는 계속 들어왔고 일본 쪽으로서도 여전히 통상을 원했다. 그런 이유에서 새로운 권력자 도쿠카와 이에야스도 당분간은 기독교에 대해 포용정책을 폈다. 그러나 곧 기독교도가 연루된 궁정 안 정치 사건이 일어나면서 본격적인 기독교도 탄압이 일어났다. 1614년에는 모든 선

일본의 가정집에서 미사를 드리는 모습의 그림.

교사들에게 추방령이 내려졌다.

이 시기부터 참혹한 기독교도 처형이 일어났다. 일본을 떠나라는 당국의 명령에 따르지 않고 몰래 남아 있던 선교사들과 일본인 기독교도들은 발견될 때마다 사형에 처해졌다. 정부 당국의 가혹한 탄압이 오히려 신앙의 강화를 불러오고 이것이 다시 가혹한 탄압을 초래하는 악순환이 이어졌다. 볏짚으로 된 옷을 입히고 불지르기, 얼굴과 성기에 불로 낙인찍기, 손가락과 발가락 뽑기, 펄펄 끓는 물을 국자로 떠서 자기 몸과 다른 사람 몸에 붓게 하기, 바닷가에 세운 가건물에 가두어서 썰물과 밀물에 씻기도록 하기, 유황 온천 위에 세운 집에 가두어서 숨이 막히도록 하고는 끓는 물을 부어서 살을 태우기……. 이것이 과연 인간이 할 수 있는 일인지 의심이 들 정도로 극단적인 고문이 행해졌다. 독일 출신 의사로서 네덜란드 동인도회사 직원으로 일본에 와 있던 앵겔베르트 캠퍼는 일본인 기

마리아 간논(마리아 관음상). 아기 예수를 안고 있는 마리아상이지만 관음보살상과 비슷하게 만들었다.

독교도는 단지 예수와 마리아의 이름만 알 뿐 기독교 교리에 대해서는 거의 모르는 상태인데도 신앙을 버리고 자유를 찾기보다는 그런 고문을 당하면서 죽음을 택했다고 증언했다. 이는 정치·경제적인 격변 상황에서 새로운 종교의 도입이 극단적인 가학성과 피학성을 동시에 띠게 된다는 점을 보여주는 사례라 할 수 있다.

기독교에 대한 마지막 대탄압은 1637년에 일어났다. 시마바라 지역에서 기독교에 대한 극심한 탄압과 가혹한 징세에 항의하여 대규모 봉기가 일어난 것이다. 봉기의 발단은 기독교 탄압에 가장 열심이었던 시게하라 다이묘의 한 집사가 한 기독교도 여성을 고문하자 이를 보다 못한 그녀의 아버지가 그 집사를 살해한 사건이었다. 곧 이 지역 주민 3만 7천 명이 봉기하여 하라성原城에서 농성했다. 에도 막부는 대규모 진압군을 보냈는데 이 과정에서 봉기에 참여한 사람들 대부분이 죽음을 맞았고 한동안 시체가 그대로 방치되어서 지옥 같은 장면이 연출됐다.

에도 막부는 봉기의 배후에 기독교가 있다고 생각해서 더 확실하게 기독교 세력을 뿌리 뽑고자 했다. 그들은 사람들이 지나가면서 십자가와 마리아상을 밟도록 하고('후미에踏繪), 이것을 거부하는 기독교도를 체포하는 방법을 고안했다. 그러고는 네거리에 '악마 같은 종교'인 기독교를 금지한다는 표시판을 세웠다. 이런 극단적인 탄압 끝에 결국 일본에서 기독교의 정착은 실패로 끝났다.

다만 박해를 피해 기독교를 믿는 사람들은 지하에 숨어서 아주 특이한 방식으로 예배를 보는 수밖에 없었다. 이들을 '가쿠레 기리시탄'이라 부른다. 이들은 기독교도라는 사실이 발각되어 처형당하는 것을 피하기 위해 마리아상을 관음보살상과 비슷하게 만들었다. 십자가 대신 연꽃을 들고 있다든지 앞에는 불상인데 뒷면에 십자가가 새겨 있는 식의 소위 '마리아 간논マリア觀音'을 만들고 여기에 기도를 드렸다. 그래야만 생존이 가능했기 때문이지만, 결국 이는 기독교와 불교가 교묘하게 합쳐진 형태로 진화해갔다.

| 제 8 부 |

생태 환경의 격변

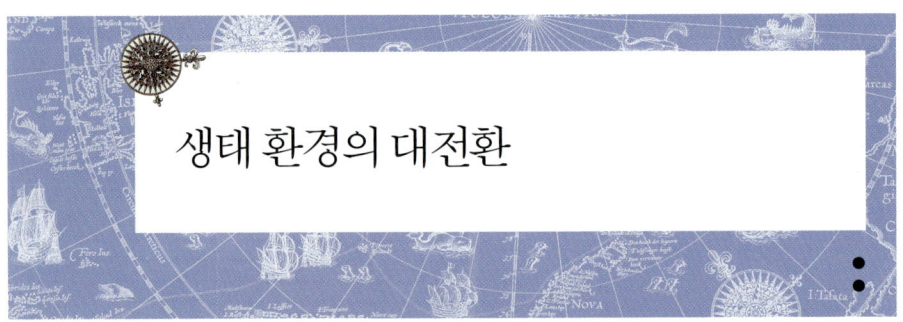

생태 환경의 대전환

　근대 초에 시작된 전지구적 차원의 해상 팽창은 인간 사회만 변화시킨 것이 아니라 자연 환경에도 지대한 영향을 미쳤다. 오늘날 우리가 살아가는 생태 환경은 수천 년 혹은 수만 년 전부터 변함없이 이어져온 것이 아니라, 지난 수백 년 동안 재구성된 것이라 해도 과언이 아니다.

　예를 들어 북아메리카 대평원을 보자. 유럽인들이 도착하기 이전에는 이곳에 버펄로가 왕자의 위치를 차지하고 있었다. 버펄로를 사냥해서 먹고 사는 인디언들이 있었지만 이들이 잡는 수는 한 해에 30만 마리 정도에 불과해서 버펄로는 자연복원이 됐다. 그런데 유럽인들이 들이닥친 이후 버펄로들을 엄청난 수로 사냥하면서— 1830년대에는 한 해에 200만 마리 그리고 버펄로 가죽 제품이 널리

버펄로 두개골들과 멸종 위기에 몰린 버펄로.

보급됐던 1870년대부터는 한 해 300만 마리씩 사냥했다―버펄로는 멸종 위기에 몰렸고 오늘날에는 일부 보호지역에서 겨우 명맥을 유지하고 있다. 새로운 다수종으로서 그 빈자리를 차지한 것은 유럽산 말과 소였다. 북아메리카 대평원하면 서부영화에서 흔히 보듯이 말을 탄 카우보이가 거대한 소 떼를 몰고 가는 모습이 떠오르지만, 사실 그것은 19세기가 되어서야 비로소 시작된 새로운 풍경이다.*

특정한 목적을 위해 일부러 동물을 들여왔다가 예기치 못한 큰 변화를 겪은 사례들을 볼 수 있는 나라로는 오스트레일리아가 있다.

이 나라에는 일찍이 내륙의 사막지대를 개척하기 위해 낙타를 들여왔다. 그런데 이 낙타들 가운데 많은 수가 야생 상태로 되돌아가서 현재 오스트레일리아에는 아라비아보다 더 많은 야생 낙타가 살고 있다. 수수두꺼비 cane toad 라고 이름 붙인 두꺼비 또한 잘 알려진 사례이다. 이 두꺼비는 퀸즐랜드주의 사탕수수밭을 잠식해들어가는 해충

---

* 말의 원산지는 다름 아닌 아메리카였다. 말은 서쪽으로 이주해가서 아시아와 아프리카로 퍼졌으나 그러는 동안 정작 고향에서는 말이 사라졌는데, 그 흔적은 신생대 마지막 세인 홍적세 마지막 수천 년까지 남아 있다. 그러던 것이 근대 이후 인간의 힘을 빌려 자신의 원래 고향으로 돌아와서 엄청나게 번식한 것이다.

왼쪽 그림은 19세기 후반 오스트레일리아 내륙의 아웃백 지역을 낙타를 이용해서 탐험하는 모습이고, 오른쪽 사진은 오스트레일리아에 들어와 천적이 없는 상태에서 광범위하게 퍼져간 두꺼비(cane toad)이다.

인 케인비틀cane beetle을 잡아먹는 천적으로서 일부러 1930년대에 하와이에서 들여왔다. 그런데 해충을 잡아먹는 효과는 거의 보지 못한 대신 이 두꺼비의 수만 엄청나게 늘어나는 예상치 못한 결과가 일어났다. 몸무게 860그램, 몸길이 30센티미터로서 거의 강아지만한 크기까지 자라나는 이 두꺼비는 수명이 20년인 데다가 독성이 있어서 다른 어느 동물도 잡아먹지 못했다. 이 두꺼비를 잡아먹은 뱀과 악어들이 죽고, 개와 고양이도 이 두꺼비를 잘못 건드렸다가 독성 때문에 피해를 입기도 하는 실정이다. 이처럼 천적이 없는 상태에서 암컷이 1년에 3만 개의 알을 낳기 때문에 결국 광범위한 지역으로 이 두꺼비들이 퍼져나가서 현재 약 2억 마리에 달한 것으로 보인다.*

이 비슷한 일 중에서 가장 심각한 실수 중의 하나는 토끼를 들여온 일이다. 1859년에 이 나라에 들어온 토끼는 그 후 엄청난 속도로 불어나서 20세기 초에는 무려 5억 마리에 달했다! 토끼를 들여온 이유는 영국계 이주민들이 자신들이 떠나온 고향과 친숙한 분위기를 조성하기 위해서였다. 그들은 영국 귀족들처럼 자신들도 여우 사냥을 하고 싶었기 때문에 우선 여우를 들여와서 풀어놓았고, 다음에는 여우의 먹이로 삼기 위해 토끼를 들여온 것이다. 생태계에 그토록 엄청난 피해를 입힌 일이 고작 이런 이유

오스트레일리아에서 토끼의 수가 엄청나게 불어나자 토끼가죽을 이용하는 산업이 발전했다. 사진은 토끼가죽을 운송하는 모습이다.

때문에 시작됐다는 것이 믿기지 않을 정도이다.

토끼의 피해가 너무 커지자 정부 당국은 토끼를 멸종시키기 위해 온갖 수단 방법을 다했으나 큰 효과를 보지 못했다. 심지어 토끼에게 치명적인 병을 일으키는 바이러스를 퍼뜨리는 생물학적 처치까지 시도했다. 다발성 점액종粘液腫 바이러스myxoma virus는 원래 브라질의 야생 토끼에게 있던 것인데 이종異種인 유럽의 집토끼에게 치명적인 유행병을 일으킨다는 것이 알려졌다. 이 균을 퍼뜨린 첫 해에 병에 감염된 토끼의 사망률은 99.8퍼센트에 달했고, 전체 토끼의 80퍼센트가 죽었다. 그러나 천성적으로 이 병균에 대해 면역체계를 가지고 있는 토끼가 살아남아서 이것들이 다시 급격히 번식했

---

* 오스트레일리아 정부는 이 두꺼비 소탕을 위해 온갖 노력을 다하지만 뾰족한 수가 없어 보인다. 또 아무리 문제가 심각하다고 해도 동물학대 방지법상 이 두꺼비를 마구 때려잡는다든지 산 채로 비닐봉지에 넣어 쓰레기통에 던지는 것은 금지되어 있다. 오스트레일리아 정부가 제안하는 가장 '인도적인 살생' 방법은 산 채로 냉동실에 넣어 동사시키는 것이다. 두꺼비의 냉동 과정은 양서류의 동면 환경과 유사해서, 서서히 얼어 죽어가지만 고통은 느끼지 못한다고 한다.(『부산일보』, 2008년 11월 24일자 기사)

다. 두 번째 해에는 사망률이 90퍼센트로 떨어지고 그 다음해에는 더 떨어지는 식이 되어서 급기야는 25퍼센트까지 떨어졌다. 결국 토끼의 개체 수는 예전과 같은 수준으로 회복됐다.

자연 상태에서도 생태계 간에 동물과 식물, 미생물의 이동과 교환이 일어나지만 그것은 대개 매우 느린 과정을 거치는 반면, 인간의 활동은 이 과정을 급격하게 만들고 또 자칫 자연 질서를 어지럽히는 방향으로 진행되곤 한다. 무엇보다도 근대에 해상 교류가 급속히 확대된 것이 전세계적으로 생물학적 교환이 가속화된 중요한 요인이었다. 사람들의 이동과 함께 다른 많은 생물종들이 함께 옮겨갔기 때문이다. 근대 초에 벌어진 이 대규모의 생물학적 교환 현상을 체계적으로 설명한 이론 중 하나가 앨프리드 크로스비의 소위 '생태 제국주의' 이론이다.

크로스비는 근대에 유럽인들이 아메리카·오스트레일리아·뉴질랜드 등지에서 선주민들을 몰아내고 그들이 원래 살던 유럽세계와 흡사한 식민지를 재창조한 과정을 이전과는 다른 시각으로 설명했다. 새로운 유럽이라는 의미에서 '네오 유럽Neo-Europe'으로 명명한 이 식민지들에 대해서 그는 단지 사람만이 아니라 유럽의 생태 환경 요소들까지 옮겨가서 그대로 복제됐다는 점을 강조한다. 네오 유럽 지역들은 유럽과 멀리 떨어져 있으면서도 기후가 비슷하다는 특징을 가지고 있다. 기후가 비슷하면 유럽의 자연 생태계가 옮겨가는 데에 유리한 조건이 된다. 그 때문에 우선 유럽인들이 이주하여 그곳에 적응하는 데에 편했을 뿐 아니라, 유럽의 가축과 식물, 더 나아가서 병원균까지 유입되어 현지의 사람과 동식물을 구축해버리고 유럽의 생태계를 복제하듯이 재구성할 수 있었다. 마치 벌이 분봉分蜂하여 새로운 벌집을 만들듯이 구대륙 세계의 일부가 신대륙에 이식되어 확대된 것이다.

그는 이 과정을 북아메리카 동부 지역에 유럽인들이 도착한 때의 사례를 들어 다음과 같이 설명한다. 사람들이 숲을 개간하고 가축들이 풀을 뜯어먹으면서 기존의 초지가 훼손된다. 그 결과 백인이 정착한 땅은 점차 나대지가 되어간다. 이런 맨땅에 유럽산 식물들이 마치 '잡초처럼' 엄청나게 번식하면서 원래의 식물들을 내쫓아버린다. 이렇게 유럽 식물이 네오 유럽을 장악하는 과정은 유럽 가축의 대규모 확산과 동시에 일어난다. 소나 말 같은 유럽 가축들이 배설물을 뿌리고 짓밟아놓는 바람에 이런 데에 익숙하지 않은 원주 식물들이 점차 외래종 식물들에게 자리를 내주게 된다. 그리하여 조만간 외래종 식물들과 그것들을 먹이로 삼는 동물들이 확고하게 자리 잡게 되는 것이다.

이 이론은 근대 이후 유럽인들의 해외 팽창을 생태계 전체를 포괄하는 큰 틀에서 파악하는 새로운 시도로서 대단히 창의적이며 자극적이다. 그런데 여기에서 우리가 곰곰이 생각해보아야 할 점이 있다. 이 이론에 따르면 근대에 유럽인들이 세계 각지로 뻗어나가서 정복과 식민화를 한 일은 인간의 차원을 넘어서는 자연계의 거대한 힘이 발현된 결과이다. 서구의 세계 지배는 어차피 일어나게 되어 있던 일이라는 느낌을 주며, 제국주의적 팽창 과정에서 저질러진 흉악한 사태들은 훨씬 더 큰 물결 속에 포함된 사소한 에피소드로 간주될 위험이 있다. 크로스비의 이론은 자칫하면 인간 행위에 대한 책임을 희석시키는 이데올로기 구실을 할 수도 있다는 점을 염두에 두어야 한다.

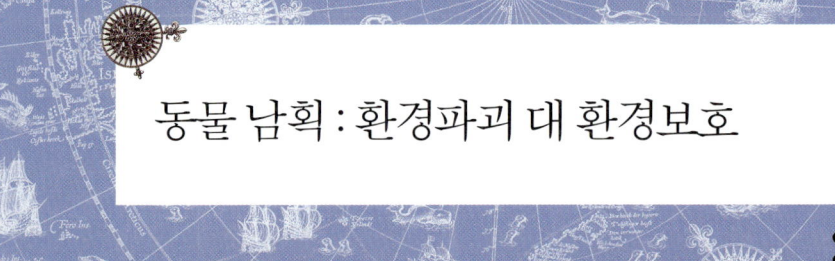

동물 남획 : 환경파괴 대 환경보호

대항해시대에는 세계 여러 지역의 자연 환경이 사람들에 의해 크게 훼손됐다. 그동안 사람들의 발길이 닿지 않아서 동식물의 낙원과도 같았던 곳에 인간이 나타나면서 극적인 환경 변화가 일어나곤 했다. 이것을 가장 명료하게 보여주는 현상 중의 하나가 멸종이다.

널리 알려진 사례 중의 하나인 큰바다쇠오리Great Auk를 살펴보자. 대서양 연안을 따라 스코틀랜드, 웨스턴군도, 오크니, 셰틀랜드, 아이슬란드 등지에 많이 서식하고 있던 이 새는 근대 이후 무자비하게 사냥되기 시작했다. 북극곰 말고는 천적이 없었기 때문에 사람에 대한 두려움이 없었던지라 이 새는 사냥꾼이 오면 호기심 때문에 뒤뚱거리며 좇아올 정도여서 잡기가 아주 쉬웠다. 1540년의 기록에는 30분 만에 배 2척에 이 새를 하나 가득 잡아온다고 되어 있다. 새알도 식용으로 쓰였는데, 이 새는 1년에 한 번 알을 낳기 때문에 이렇게 사람들이 새알을 수집하면 번식이 크게 저해될 수밖에 없었다. 그 결과 이 새는 18세기에 영국 해안에서부터 사라지기 시작해서 19세기에는 멸종 위기에 몰렸다. 엘데이Eldey라고 하는 암초에 50여 마리가 마지막으로 살아남았지만 오히려 희소가치 때문에 더욱 고가의 수집품이 됐다. 드디어 1844년 6월 3일, 마지막 남은 한 쌍이 사냥꾼에게 잡혔고 품고 있던 알도 버려져서 이 새는 지구상에서 멸종됐다.

큰바다쇠오리.

　물론 동물들의 멸종에 대해 유럽인만 비난할 일은 아니다. 유럽인들은 자연에 큰 피해를 입히는 반면 다른 지역 사람들은 자연을 벗 삼아 사는 평화로운 존재라는 식의 낭만적 왜곡 역시 피해야 할 일이다. 오히려 '인디언 = 환경보호'라는 도식과 정반대로 인디언들이 최악의 환경파괴를 저질렀다는 주장도 있다. 원래 아메리카 대륙은 지금은 멸종해버린 수많은 동물들이 노닐던 '동물의 왕국'이었다. 그러다가 약 1만~1만 3천 년 전에 거대 동물들이 대부분 멸종되는 사태가 벌어진 것이다. 왜 이런 일이 일어났는가는 고생물학계 최대 미스터리 중의 하나인데, 마침 이 시기에 인간이 아메리카에 처음 들어온 사실과 연관지어서 아마도 인간들의 사냥이 멸종의 원인이 아닐까 추정하고 있다. 이처럼 시베리아에서 들어온 이주민, 즉 인디언의 선조들에 의해 많은 동물들이 멸종됐다는 주장이 1960년대에 제시되어 오랫동안 정설의 위치를 차지하고 있었다.

그러나 이 점에 대해서 최근 의문이 제기됐다. 구체적인 연구가 더 진행되면 결론이 나겠지만, 우선 인간의 진입과 동물의 멸종이 시기적으로 정확히 일치하지 않는다는 문제점이 밝혀졌다. 하여튼 지금까지의 정설을 되돌아보면 어딘지 인종차별적인 냄새가 나는 것이 사실이다. 인디언의 조상들이 동물들을 차례로 대학살하면서 알래스카로부터 남아메리카 남단까지 순식간에 퍼져갔다는 식으로 서술하고 또 그것을 나치의 '전격전電擊戰(Blitzkrieg)'이라는 용어까지 빌려서 설명하는 데에서 그런 점을 느낄 수 있다. 이 견해는 유럽인들이 이주해오기 이전에 살았던 인디언들을 자연 질서를 깬 범인으로 지목함으로써 유럽인들의 잘못을 희석시키려 한 혐의를 받고 있는 것이다.

근대 이후의 세계적 환경 문제와 관련해서 특별히 주목해보려는 것은 유럽과 아메리카 사이의 모피무역이다. 유럽인들이 해외로 진출하면서 전지구적인 차원에서 자연 환경에 큰 피해를 입힌 문제는 새로운 각도에서 조망해볼 필요가 있다. 그중 특히 모피교역 문제는 근대 자본주의적 상업망이 전세계로 확대해나가서 북아메리카 인디언 사회까지 포괄하고 그 과정에서 생태 환경 문제를 일으킨 사례이다. 근대 초에 모피가 유럽 상류사회의 특권적인 의상이 되면서 모피동물 사냥이 유라시아대륙 전체로 크게 확산됐고, 드디어 18세기에는 시베리아와 그 너머 극지까지 사냥꾼들이 들이닥쳤다. 이런 곳에서도 포획 동물들의 수가 급격히 감소하자 유럽인들은 아메리카로 눈을 돌려서, 알공킨족, 휴런족, 이로쿼이족 등 북아메리카 인디언들에게 소소한 물품들을 주고 대신 모피를 받는 물물교환 방식의 교역을 했다. 이 시기에 모피동물 사냥은 상상하기 힘들 정도의 엄청난 규모로 이루어졌다. 18세기 말의 통계를 보면 한 해 평균 비버 26만 마리, 너구리 23만 마리, 여우 2만 마리, 곰 2만 5천 마리 등을 합쳐 모두 90만 마리 이상의 동물을 사냥했다. 19세기가 되면 이 수는 더욱 커져서 한 해 평균 포획 동물 수가 170만 마리나 됐다.

비버.

모피동물 가운데 가장 큰 비중을 차지한 것은 비버였다. 비버는 17세기에 유럽인들이 북아메리카 내륙 깊숙이 진입해들어가는 데에 결정적 동기가 된 동물이다. 비버로부터는 두 가지 귀중한 상품을 얻을 수 있다. 하나는 털가죽이다. 특히 부드러우면서도 촘촘한 털이 나 있는 아랫배 가죽이 값비싼 부분으로서, 이것을 펠트felt천으로 변형시켜서 모자를 만들었다. 그외에 비버 가죽으로 만든 겨울 외투도 귀한 물품이었다. 다른 한 가지는 해리향castreum이라는 물질이다. 비버는 암놈이나 수놈 모두 봄에 상대를 찾기 위해 해리향을 발산한다. 이것은 노랗고 끈적거리며 자극적 냄새를 풍기는 물질인데, 보통 자기 우리로 들어가는 입구에 작은 무더기를 만들어놓는다. 이것은 우선 사냥꾼들이 다른 비버를 유인해 잡는 데에 쓸 수 있지만, 유럽에 보내면 꽃향기가 나는 향수의 기본 재료로 사용된다.

유럽인들이 북아메리카에 처음 도착했을 때에는 금을 찾거나 혹

동물 남획 : 환경파괴 대 환경보호

은 이 대륙을 관통해서 중국으로 가는 길을 찾는 데에만 혈안이 되어서 모피동물에 관심을 두지는 않았다. 처음 비버에 눈을 뜬 사람들은 뉴펀들랜드 근해에서 조업하던 어부들이었다. 어부들은 잡은 물고기를 말리기 위해 상당 기간 해안 지역에서 지냈는데 이 기간 중에 인디언들에게 소소한 물건을 주고 비버 가죽을 얻는 부업을 하게 됐다. 본업보다 오히려 이 부업이 아주 수익성이 좋다는 것이 알려지자 프랑스 정부는 세인트로렌스강 주변 지역에서 본격적으로 비버 가죽 교역을 시도했다. 이를 계기로 유럽인들이 북부 아메리카 지역으로 진입하게 됐다. 말하자면 비버는 북아메리카에 유럽인들이 정착하도록 이끈 중요한 계기를 제공했다.

비버는 비교적 쉽게 사냥할 수 있는 반면 번식률이 낮기 때문에 사냥꾼들이 한 지역에서 집중적으로 잡고 나면 거의 사라질 지경이 됐다. 비버를 주로 식량으로 삼았던 현지 인디언들은 비버를 멸종 위기에 몰아넣을 정도로 남획하지는 않았으나, 유럽의 모피 수요와 연결되자 한 지역에서 비버가 사라지는 일이 벌어졌다. 1640년경에 허드슨강에서 비버가 사라지자 사냥꾼들은 세인트로렌스강 주변 지역으로 이동해갔다. 그러나 18세기 말에는 이 지역도 끝장나서 19세기 초에는 태평양 연안 지역만이 마지막 남은 비버의 대량 서식지가 됐다. 비버의 남획은 단지 한 종의 동물의 피해로 끝나는 문제가 아니었다. 그 이유는 자연 생태계에서 비버가 핵심종keystone specie이기 때문이다. 비버가 만들어내는 작은 저수지는 많은 유기물들을 담게 되고 다시 부영양화 과정을 거쳐 늪지처럼 되어서, 많은 생물들이 여기에 의존해서 살아가는 특이한 식생대를 형성한다. 그런데 이와 같은 중요한 기능을 하는 비버의 개체 수가 급감함으로써 이 지역 생태계 전체가 크게 훼손된 것이다.

그런데 비버의 남획은 자연환경 파괴의 폐해를 사람들이 깨닫도록 만든 계기를 제공한 점에서도 흥미로운 사례이다. 비버의 급격한 감소를 직접 목도한 유럽 상인들은 자연 자원이 무제한이 아니며 조만간 자신들의 사업 기반 자체가 무너지리라는 것을 깨달았다. 비버의 멸종 위험을 깨달은 허드슨만 회사(허드슨만 일대에서 모피 교역을 독점

도도새. '멸종'의 개념이 만들어지는 데 중요한 역할을 했던 새로서, 모리셔스섬에 살았으나 유럽인 도래 후 17세기에 멸종당했다.

적으로 수행하기 위해 영국 정부가 특허장을 발행하여 세운 회사)는 무작정 자연 자원을 착취하기보다는 관리해가며 이용하자는 생각에서 비버 보호계획을 수립했다. 그러나 이 계획이 제대로 지켜지기 위해서는 지역 상인과 사냥꾼들이 회사의 장기 프로그램에 협력해야만 했다. 이 계획은 성공을 거두었을까. 그렇지는 않다. 자신의 경제적 이익을 지키려는 목표 아래에 자원을 관리한다는 계획 정도로는 생태계를 지켜내기에 역부족일 수밖에 없다.

비버가 멸종을 피한 이유는 이 회사의 노력 덕분이 아니라 단적으로 말해서 유럽에서 유행이 바뀌었기 때문이다. 모피 가격이 너무 오르자 모피 의상 대신 실크 모자가 새로 유행하게 됐던 것이다. 사실 모피동물의 보호정책에 무관심하기는 인디언들도 마찬가지였다. 그들은 오랫동안 그들이 가지고 있던 전통적인 관념대로 사냥

감들은 자연이 인간에게 주는 선물이며, 동물들의 영혼을 달래주는 적절한 의식儀式을 치러주면 비버는 언제나 풍부하게 되돌아오리라고만 생각했던 것이다.

제레드 다이아몬드 교수의 『문명의 붕괴』를 보면 어떤 사회가 자신의 생활 근거를 스스로 파괴한 사례는 얼마든지 찾을 수 있다. 그러나 대항해시대에 일어난 자연 파괴는 이전과는 또 다른 수준에서 그리고 전지구적인 차원에서 일어났다는 점에서 특별하다. 역설적으로 이렇게 심각한 환경 파괴를 실감하고 난 후에야 '자연보호'의 개념이 만들어졌다. 그런데 곰곰이 생각해보면 '자연보호'란 정말로 흥미로운 개념이라 하지 않을 수 없다. 이 철학에 따르면 우리의 육체든 이 세계든 가장 완벽하고 아름다운 질서는 원래의 자연 상태 그대로이다. 더 일반적으로 말해서 인간 사회도 자연 질서를 모범으로 삼아 유지하는 것이 가장 효율적이고 정의롭다는 사조가 지배적이었다.

예를 들어 이 시대에 태동한 근대 경제학을 보라. 프랑수아 케네François Quesnay와 같은 경제학자들은 경제 현상을 하나의 큰 순환적인 흐름(국민경제)으로 파악한 후 이 흐름이 방해받지 않고 '자연스럽게' 운용되는 것이 건강한 상태라고 보았다. 그 자연스러운 흐름을 저해하는 요소들, 예컨대 귀족계층의 낭비나 전제정의 무리한 세금수탈 같은 요소들을 억제하는 것이 중요한 과제가 된다. 이때 '자연'이라는 것은 이상적 상태와 동의어이다. 그런데 바로 그 상태를 인간이 흐트러뜨림으로써 문제가 발생한다. 그렇다면 그에 대한 해결책은? 역시 인간의 노력으로 고치는 수밖에 없다는 결론이 된다. 동양문명 같으면 아마 인간이 손을 떼고 물러서고 자연은 그대로 내버려두는 것이 올바른 길이라고 했을 것 같다. 그러나 근대 유럽 문명은 다른 접근방식을 취한다. 즉 '인위적인' 노력을 통해 환경을 '자연 그대로' 되돌려서 '보호'하자는 특이한 개념을 만들어낸 것이다.

시애틀 추장의 연설

시애틀 추장.

1850년경 미국 정부는 오늘날 미국 북서부 지역에서 인디언 부족과 전쟁을 벌여 그들을 무참히 살해한 후 강제로 땅을 구입하려 했다. 이때 스쿼미시Suquamish 부족의 시애틀 추장은 백인들에게 자신의 입장을 밝히는 연설을 했다. 이를 들은 당시 미국 대통령 프랭클린 피어스는 이 지역을 추장의 이름을 따서 시애틀이라고 부르게 했다. 땅과 자연을 거룩하게 바라보는 인디언들의 심성을 그대로 드러내는 추장의 아름다운 연설은 현대인들에게도 깊은 울림을 주기에 충분하다.

그대들은 어떻게 저 하늘이나 땅의 온기를 사고 팔 수 있는가. 우리로서는 이상한 생각이다. 공기의 신선함과 반짝이는 물을 우리가 소유하고 있지도 않은데 어떻게 그것들을 팔 수 있다는 말인가. 우리에게는 이 땅의 모든 부분이 거룩하다. 빛나는 솔잎, 모래 기슭, 어두운 숲속 안개, 맑게 노래하는 온갖 벌레들, 이 모두가 우리의 기억과 경험 속에서는 신성한 것들이다. 나무 속에 흐르는 수액은 우리 홍인紅人의 기억을 실어나른다.

백인은 죽어서 별들 사이를 거닐 적에 그들이 태어난 곳을 망각해버리지만, 우리가 죽어서도 이 아름다운 땅을 결코 잊지 못하는 것은 이것이 바로 우리 홍인의 어머니이기 때문이다. 우리는 땅의 한 부분이고 땅은 우리의 한 부분이다. 향기로운 꽃은 우리의 자매이다. 사슴, 말, 독수리, 이들은 우리의 형제들이다. 바위산 꼭대기, 풀의 수액, 조랑말과 인간의 체온 모두가 한 가족이다.

 워싱턴의 대추장(미국 대통령을 지칭하는 듯하다)이 우리 땅을 사고 싶다는 전갈을 보내온 것은 곧 우리의 거의 모든 것을 달라는 것과 같다. 대추장은 우리만 따로 편히 살 수 있도록 한 장소를 마련해주겠다고 한다. 그는 우리의 아버지가 되고 우리는 그의 자식이 되는 것이다. 그러니 우리 땅을 사겠다는 그대들의 제안을 잘 고려해보겠지만, 우리에게 이 땅은 거룩한 것이기에 그것은 쉬운 일이 아니다. 개울과 강을 이루며 흐르는 이 반짝이는 물은 그저 물이 아니라 우리 조상들의 피이다. 만약 우리가 이 땅을 팔 경우에는 이 땅이 거룩하다는 것을 기억해달라. 거룩할 뿐만 아니라, 호수의 맑은 물속에 비추인 신령스러운 모습들 하나하나가 우리네 삶의 일들과 기억들을 이야기해주고 있음을 아이들에게 가르쳐야 한다. 물결의 속삭임은 우리 아버지의 아버지가 내는 목소리이다. 강은 우리의 형제이고 우리의 갈증을 풀어준다. 카누를 날라주고 자식들을 길러준다. 만약 우리가 땅을 팔게 되면 저 강들이 우리와 그대들의 형제임을 잊지 말고 아이들에게 가르쳐야 한다. 그리고 이제부터는 형제에게 하듯 강에게도 친절을 베풀어야 할 것이다.

 그러나 슬픈 일이지만 이 연설문은 한마디로 말해서 가짜이다. 현재까지 알려진 바로는 아마도 1854년 3월 11일(이 날짜도 확실한 것은 아니다)에 주지사 스티븐스가 인디언들과 땅 구입 문제를 위해 모임을 가졌는데 이때 추장이 일어나서 연설을 했으리라는 것이다. 그가 정확히 어떤 내용의 연설을 했는지는 알 수가 없다. 그는 러슈시드어로 말했고 누군가가 그것을 치누크어로 통역했으며 또 다른 사람이 그것을 영어로 옮겼다.

  몇 년 후 헨리 스미스 박사가 이를 기초로 영어 텍스트를 만들었는데, 그 내용은 추장이 백인들의 호의에 감사를 표하고 어떤 조약을 맺든지 간에 자신들의 조상 묘에 갈 수 있는 권리를 보장해달라는 것이었다. 스미스 박사는 이 연설문 복원에 추장의 말 일부를 인용했다고 밝혔다. 시애틀 추장의 연설과 관련된 사항 중 확실한 것은 겨우 이런 정도에 불과하다. 그러므로 최근에 많이 회자되는 앞의 연설문은 인디언들의 심성이 아니라 현대 환경론자들의 염원을 나타내는 가짜 문서이다. 실제로 인디언들이 자연에 대해 어떤 체계적이고 명백한 관념을 만들어가지고 있었는지도 불확실하다. 어떤 의미에서는 인디언들은 자연을 아끼고 보호할 필요조차 못 느끼고 있었다. 아무리 약탈경제 방식으로 살더라도 그들의 인구가 워낙 소수이다보니 생태계 스스로 복원됐기 때문이다.

문명 팽창과 삼림의 축소

　문명권의 팽창과 확대는 대개 삼림의 축소를 초래했다. 중세만 해도 유럽대륙은 참나무와 전나무, 너도밤나무 같은 수종이 빽빽하게 들어선 곳이었으나 근대에 들어오면서 숲이 극적으로 감소해갔다. 오늘날 파리 한복판에 위치한 생쉴피스St. Sulpice 교회는 한때 고요한 숲속에서 은자가 명상하며 살던 곳이었다. 독일에는 예전에 참나무(독일어로 Eiche)가 많다고 해서 그와 관련된 이름이 붙은 곳이 많으나(Eichendorf, Eichhorn, Eichenau) 오늘날 그런 곳에서 참나무를 한 그루도 볼 수 없는 경우도 많다.

　유럽 경제가 팽창하면서 숲이 많이 사라져버렸는데, 이는 목재가 인간이 사용하는 가장 중요한 물질이었기 때문이다. 현대에는 철을 비롯한 각종 금속 물질들 혹은 플라스틱 물질들이 널려 있어서 과거에 목재가 얼마나 중요했는지 상상하기도 어렵지만, 비유해서 말하자면 과거에 목재는 오늘날의 석유와 석탄, 철을 합친 정도의 자원이라고 보면 될 것이다. 목재는 가장 중요한 연료였고, 건축과 조선, 도구 제작 등에 두루 쓰이는 원자재였으며, 나무를 태워 얻는 각종 목회木灰 상품들은 유리, 비누 같은 상품의 제조와 직물 가공 등에 쓰이는 중요한 물품이었다. 현재 우리가 석유자원 고갈 문제에 당면해 있듯이 근대 유럽 사회는 임산자원 고갈이라는 근본적인 문제에 직면해 있었다. 산업혁명의 진행 과정에서 석탄 코크스를 개발하여 새로운 철강 공업이 발전한 것도 나무를 연료로 사용하여 쇠를 녹이는 기존의 방식이 한계에 이르렀기 때문이다. 유럽 중심부에서 점차 숲이 사라지자 동유럽과 러시아, 스칸디나비아 등지에서 목재를 수입했지만, 그것도 여의치 않게 되자 북아메리카, 브라질, 인도 같은 먼 곳에서까지 목재를 수입하기에 이르렀다. 유럽인들이 해외로 팽창해나간 동기 중에는 금이나 향신료뿐만 아니라 삼림자원의 획득 역시 대단히 중요한 요소였다.

유럽인이 해외로 나갔을 때 처음 마주친 지역은 마데이라제도, 카나리아제도 등 아프리카 서쪽에 위치한 대서양상의 섬들이었다. 이 섬들은 처음에 아메리카나 아시아로 항해하는 선박들의 중간 기착지 기능을 했으나, 곧 이곳의 풍부한 삼림자원을 이용한 각종 사업이 개발됐다.

포르투갈 영토가 된 마데이라제도를 예로 들어 살펴보자. 마데이라Madeira라는 이름 자체가 포르투갈어로 '나무'라는 데에서 알 수 있듯이 이 섬은 원래 울창한 숲을 이루고 있었다. 이 섬의 소나무들이 얼마나 아름다웠던지 포르투갈의 대서사 시인인 루이스 디 카몽

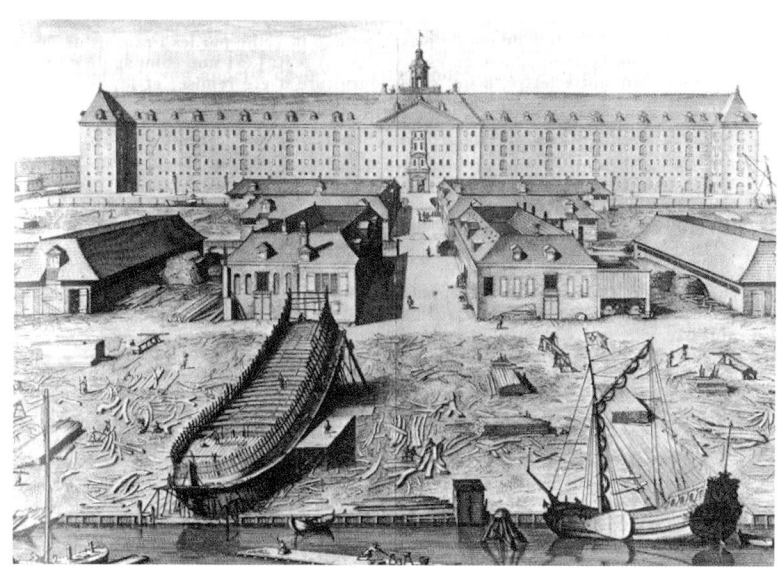
17세기 네덜란드의 조선업 작업장.

이스Luis Vaz de Camões(1525~80)는 이 섬을 두고 "나무로 된 보석"이라고 표현했다. 그러나 보석 같은 나무들은 곧 베어져서 제당공장에서 연료로 사용됐다. 당시 가장 빨리 성장하던 산업 중 하나인 제당업은 매우 높은 수익을 보장해주었지만 엄청나게 많은 양의 연료가 필요하다는 것이 치명적인 약점이었다. 유럽 안에서 연료 문제를 해결하기 힘들었으므로 제당공장은 해외의 삼림 지역으로 이전해갔다. 마데이라에 제당공장이 들어서자 매년 약 36만 제곱미터의 삼림이 사라져갔고, 대신 그 자리에 밀과 포도를 재배하게 됐다. 보석이라 불리던 마데이라섬의 울창한 소나무 숲은 그 후 거의 자취를 감추었다. 이 섬에서 일어난 일들은 앞으로 아메리카대륙에서 일어나는 사태의 축소판이었다.

브라질에서는 대서양의 섬들과는 비교가 안 될 정도로 대규모의 삼림이 파괴됐다. 이곳의 울창한 열대우림 역시 제당공장이 들어서면서 크게 훼손됐다. 1758년 바이아의 제당공장들은 하루에 3,300세제곱미터 이상의 땔나무를 소진시켰다. 사실 이 사업은 땔나무를 구하는 작업에 4천 명 정도가 고용될 정도로 연료 확보가 중요한 일이었다. 그래서 제당공장이 들어선 지역의 숲이 급속도로 사라져갔다. 세계 최대의 삼림자원국인 브라질에서도 18세기 말이되면 지역에 따라서는 목재를 구하기 힘든 사태가 벌어졌다. 게다가 19~20세기에 커피 재배가 확대되면서 브라질의 숲은 더욱 파괴되어갔다.

연료만이 아니라 재목이 들어가는 부문으로서 건축과 조선업도 크게 성장하고 있었으므로 이 역시 많은 양의 목재를 필요로 했다. 특히나 선박 건조를 위해서는 실로 엄청난 양의 목재가 필요해서 유럽 안에서는 사람이 쉽게 접근할 수 있는 지역의 숲은 거의 사라졌다고 해도 과언이 아니었다. 사실 유럽 각국에서 국내 삼림자원 보호정책을 실시하지 않은 것은 아니지만 대개는 실패로 끝나고 말았다. 예컨대 영국에서는 1674년에 삼림목재보존령Wood and Timber Preservation Bill을 반포했으나 서민들이 숲 이용 권리를 주장하는 폭동까지 일으켰다. 1696년의 신삼림법New Forest Act은 특히 '해군을 위한 심각한 우려great fear for the Navy'를 표명했다. 서유럽 각국은 국내 목재 수요 충족을 위해 발틱해 연안 지역과 스칸디나비아 등지에서 목재를 수입했으나 이것도 한계에 이르자 멀리 인도와 아메리카에서 목재를 들여오게 됐다.

그중에서도 특히 문제가 됐던 것은 마스트재이다. 대형 선박과 특히 군함 건조에 반드시 필요한 마스트재는 요즘 말로 핵심 전략

물자였으며, 이것을 어떻게 확보하느냐는 치열한 군비 경쟁을 벌이던 당시 유럽 각국의 가장 긴급한 현안 중 하나였다. 마스트를 만들려면 수십 미터에 이르는 곧은 목재가 필요한데, 갈수록 그런 나무를 구하는 것이 힘들어졌다. 이 역시 유럽 안에서 적당한 목재를 구하기 힘들게 되자 아메리카에서 마스트용 목재를 수입하기에 이르렀다. 유럽에서는 아메리카에서 숲을 개간하고 그 목재를 들여오면 양쪽 모두 이익이 되리라는 의

범선의 마스트. 큰 배에는 3개 혹은 4개의 마스트를 사용했다.

견을 제시했고, 특히 많은 연료를 소진시키는 제철공장을 아예 아메리카 식민지로 이전시키자는 의견도 나왔다. 이처럼 유럽의 목재 수요가 확대된 데다가 식민지의 자체 발전 요인이 합쳐져서 아메리카의 삼림도 갈수록 큰 피해를 입었다.

삼림 황폐화가 심각한 환경 문제를 야기한다는 것은 잘 알려진 사실이다. 토양 유실, 침식, 시냇물의 증발 같은 현상이 나타나는가 하면 잡초와 해충, 해조害鳥, 해수害獸가 갑자기 급증하는 기이한 사태도 벌어졌다. 예컨대 카나리아제도와 마데이라제도에 숲이 사라지자 대부분의 시냇물이 말라버렸으며, 그래서 농사를 짓기 위해서 레바다levada라 불리는 수로망을 건설해야 했다. 19세기 이전 시대

마데이라섬에 설치된 수로(레바다).

만 해도 삼림 훼손은 당장 이용할 수 있는 목재 부족 정도의 문제였으나 이제 삼림의 감소는 지구 전체 생태계의 균형 파괴라는 우려를 낳고 있다. 특히 전세계 육지의 6퍼센트를 차지하는 열대우림은 지구상의 모든 1차 생산물의 40퍼센트를 생산하며 지구상의 모든 동식물의 절반 가량을 품고 있다. 이런 자연 환경의 파괴가 어떤 심대한 결과를 초래할지는 정확히 예측하기도 힘든 일이다.

유럽에서 숲이 사라져가면서 생겨난 특기할 만한 현상 중의 하나가 먼 이국의 숲이 우거진 섬을 이상적인 낙원으로 상정하는 낭만주의 경향이다. 17~18세기 유럽의 소설 중에는 원시 자연을 배경으로 인간이 본래 지닌 순박한 심성이 그대로 유지되는 사회를 그리고, 이를 거울삼아 유럽 문명을 비판적으로 고찰하는 것들이 많다.

> 포고Fogo라 불리는 불타는 섬은 끊임없이 화염을 내뿜는데 바로 그 옆에 언제나 초록빛 녹엽으로 덮여 있고 무화과, 코코넛, 오렌지, 레몬이 열리는 쾌적한 섬이 있다. 그 섬에는 맑은 냇물들이 흐른다. 다만 그곳의 항구에는 배가 들어갈 수 없다. 이 섬 전체에 집이 딱 한 채 있는데 이곳에는 은자가 사는 듯하다.
>
> _브룩스비P. Brooksby, 『드레이크 선장의 여행기』, 1683에서.

미국의 레드우드(redwood).

  인간의 손이 닿지 않은 삼림이 우거진 절해고도는 에덴동산의 이미지로 그려졌고(과일, 냇물, 은자 등의 용어들은 전통적으로 에덴동산 이미지와 연관된다), 이는 사회의 갱생과 세계의 구원의 상징으로 받아들여졌다. 그러나 실제로는 이런 문학상의 표현은 현실의 역상逆象을 나타내는지 모른다. 유럽인들 스스로 세계의 낙원들을 파괴해 가고 있었으며, 근대 유럽 문명의 확대는 흔히 세계 자연의 황폐화로 귀결됐다.

아유르베다 : 인도 전통의학과 서구 식물학의 만남

『삼국지』에 나오는 유명한 에피소드 중의 하나로 화타華陀가 관운장의 팔에 난 상처를 치료하는 장면이 있다. 전투 중 팔에 독화살을 맞은 관운장은 정신을 잃고 말에서 떨어질 정도로 위중한 상태가 된다. 상처를 살펴본 화타는 독이 뼈에까지 침투했으니 살을 째고 뼈를 칼로 긁어 독을 제거해야 하는데, 환자가 너무 고통스러워서 몸부림칠 테니 몸을 묶고 시술하자고 제안한다. 그러나 관운장은 껄껄 웃으며 그냥 하라고 말한다. 화타가 칼로 관운장의 뼈를 긁는 소리가 어찌나 큰지 주변 사람들이 모두 사색이 됐으나 정작 관운장 자신은 태연하게 바둑을 두었다. 이것은 물론 관운장이 얼마나 용맹스러운 장군이었는지를 강조하기 위한 과장된 이야기이다. 제아무리 의지가 강한 사람이라 한들 생살을 째고 칼로 뼈를 긁어대는데 바둑에 몰입할 수는 없다. 그렇다면 화타는 일종의 부분 마취를 하고 외과수술을 했다고 보는 것이 타당하지 않을까.

중국의 기존 의학 전통과는 다른 시술 방법을 구사하는 화타는 아마도 인도의 전통 의술인 아유르베다의 영향을 받은 사람이 아니었겠느냐고 추론하기도 한다. 아유르베다는 오늘날 세계 각국에서 '웰빙 의학'의 하나로 각광을 받고 있는데 주로 식이요법, 기름과 약초 요법과 같은 '얌전한' 측면만 소개되어 있지만, 원래의 아유르베다 의술은 이미 고대부터 뇌수술을 비롯한 각종 처치법을 발전시켜온 복합적인 의학체계이다. 전하는 말에 의하면 화타는 조조의 두통을 치료하기 위해 두개골을 열고 뇌수술을 해야 한다고 말했다가 의심을 받아 처형됐다고 한다.

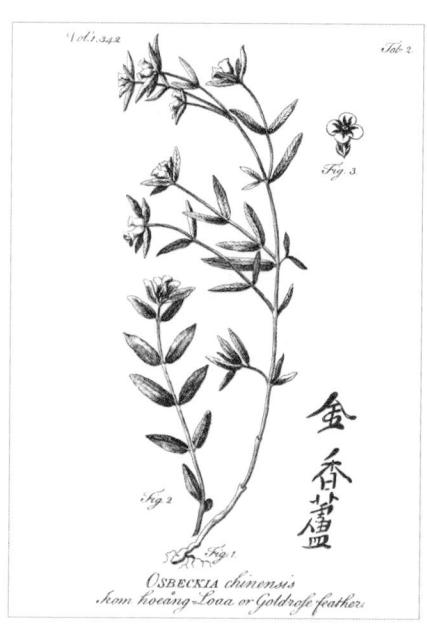

중국에 들어가서 중국의 식물 지식을 정리한 페르 오스벡의 저서의 일부.

여기에서 특히 관심을 두고 살펴보려는 것은 유럽의 의사나 학자들이 인도의 전통 의학을 접했을 때 어떤 일이 일어났는가 하는 점이다.

아유르베다의 중심지 중 하나였던 인도 서해안의 고아Goa 지역이 1510년에 포르투갈인들에게 점령된 이후 유럽인들에게 아유르베다 의학이 본격적으로 소개됐다. 유럽인들이 인도의 현지 의사에게 의존하지 않을 수 없었던 이유는 우선 유럽인 의사 수가 매우 부족했을 뿐 아니라, 현지의 열대병에 대해서는 전통의가 훨씬 뛰어났기 때문이다. 특히 1543년에 인도에 극심하게 퍼졌던 콜레라가 결정적인 계기가 됐다. 당시 포르투갈 지사는 의사들에게 총동원령을 내렸는데, 이때 인도 의사들이 전통 약재를 써서 많은 환자들을 구하는 것을 직접 보게 됐다. 이후 인도 의사들이 예수회 병원에서 서양 의사들과 함께 일했고, 일부 유능한 의사들은 유럽에까지 이름이 알려지게 됐다.

흥미로운 점은 서구 학문과 아유르베다의 만남이 의학보다는 식물학 분야에서 큰 결실을 맺었다는 점이다. 아유르베다 체계에는 약초 식물에 대한 방대한 지식이 누적되어 있었다. 여기에 눈을 뜬 일부 유럽인 학자들은 열대 식물학체계를 세우는 데에 이 지식을 이용했다. 대표적인 인물로서 네덜란드인 헨릭스 반 레더Henrichs van Rheede를 들 수 있다.

네덜란드 동인도회사의 위촉을 받아 의학 연구를 시작한 레더는 곧 열대병의 진단과 처치에서는 유럽이나 아랍의 전통적인 지식체계보다는 아시아 현지의 지식이 훨씬 유용하다는 것을 깨달았다. 사실 이런 열린 태도를 취한다는 것이 말만큼 쉽지는 않다. 학자들은 대개 자신이 배운 학문체계를 고집하고, 특히 유럽 학자들은 서구 문명의 우위를 전제로 삼기 때문에 아시아의 전통 의학이라면 일단 의심의 눈초리로 보려는 경향이 강하기 때문이다. 레더는 인도의 약재에 대한 지식들을 배우고자 했다. 그런데 이때 그가 깨달은 점은 상층의 브라만 카스트 학자들은 과거의 성스러운 텍스트의 문구에만 매달려 있어서 지나치게 추상적이고 이론적이기만 한 데 비해 정말로 유용한 실제적인 지식은 오히려 하급 카스트의 하인들이 제공한다는 것이었다. 그 가운데에서도 특히 광범위한 식물학 지식을 가진 사람들이 에즈하바Ezhava 카스트 사람들이었다. 약재 채집 전문가인 이들은 높은 나무 꼭대기까지 기어 올라가서 꽃, 잎, 열매를 수집했고 또 그것들을 분류하는 데에 정통한 사람들이었다. 레더는 이들이 보유한 무궁무진한 식물학 지식의 가치를 깨닫고 이들을 고용해서 체계적으로 식물 지식을 쌓아갔다. 이들이 표본을 채집하여 코친으로 가져오면 이곳에서 아주 정교한 삽화를 만들고 그 식물의 의학적 효용을 현지어로 기록했다. 그 후 이 내용을 포르투갈어로, 그리고 다음에 라틴어로 번역했다. 자신의 저서 서문에서 레더는 이러한 사실을 이렇게 기록했다.

> 나는 이 사람들을 세 집단으로 나누어서 숲으로 보냈다. 그리고 늘 서너 명의 화가들을 대기시켜놓았다가 그들이 채집해오는 식물들을 곧바로 정확하게 그려놓았다. 그 다음에 내가 보는 앞에서 그림 속의 식물에 대한 설명을 덧붙이도록 했다.

이렇게 해서 하나씩 축적한 지식들을 다시 2년에 걸쳐 현지 의사들에게 보이며 교정을 받아서 정확성을 높였다.

레더에게 도움을 준 이 의사들은 각종 약초의 효능에 대한 지식을 많이 가진 명망 있는 아유르베다 의사들이었다. 이들은 조상 대대로 전해오는 지식을 소유하고 있었으며, 그 내용은 브라만 카스트가 독점하고 있는 산스크리트가 아니라 하급 카스트들이 사용하는 콜레주투Kolezuthu 문자로 기록되어 있었다. 그에게 가장 큰 도움을 준 아유르베다 의사는 이티 아추단Itty Achudan이라는 사람이었

헨릭스 반 레더의 저서 『호르투스 말라바리쿠스』의 표지와 본문의 일부 내용들.

다. 그가 속한 가문의 관례는 한 사람의 바이디야르Vaidyar(의사)가 의술의 시행과 의학 지식 정리를 책임지다가 그가 죽으면 장남이 그 직위를 이어받는 것이었다. 이런 관행이 오랫동안 지속됐기 때문에 가문에서 대대로 내려오는 귀중한 의학 정보가 몇 권의 책에 기록되어 있고 또 계속해서 보충·개정되어갔다.

레더는 이 지식과 정보를 활용하여 『호르투스 말라바리쿠스Hortus Malabaricus('말라바르의 정원'이라는 뜻. 말라바르는 오늘날 인도의 케랄라 지방이다)』라는 식물학 대저를 편집했다. 각 권 500쪽 정도의 책 12권으로 정리된 이 책은 암스테르담에서 1678년에 첫 권이 출판됐고 1703년에 마지막 권이 나왔다. 열대식물 780종이 794개의 도판과 함께 소개되어 있는 이 책은 열대 식물학의 기초가 됐고 더 나아가서 유럽의 식물학 일반에 크게 기여했다. 예컨대 카를 폰 린네가 수립한 세계의 식물 분류체계 중에 열대 식물들에 대해서는 레더가 인도에서 가져온 지식체계가 그대로 채택되어들어갔다.

이 사례에서 우리는 두 가지 사실을 생각해볼 수 있다.

첫째, 유럽만이 과학적인 지식체계를 발전시켰으며, 17세기의 소위 '과학혁명' 이후 유럽 과학이 보급됨으로써 세계의 여러 지역에서 비로소 과학 발전이 본격적으로 시작됐다는 설명에는 문제가 있다는 점이다. 아유르베다는 오히려 다른 문명권의 경험적 지식 및 지식체계가 유럽에 전달되어 유럽의 과학 발전에 기여하기도 했다는 점을 보여주는 사례이다.

둘째, 근대 초에 유럽인들이 세계 각지에 나가서 그 지역의 자연환경을 체계적으로 조사하고 파악하면서 점차 세계 자원을 유리하게 이용하는 방식을 발전시켜나갔다는 점이다. 오늘날 문제가 되는 생물해적 행위biopiracy는 엊그제 시작된 일이 아니라 상당히 오래 전부터 준비하고 진행되어온 일이다. 유럽 각국이 경쟁적으로 식물원을 만들어 운영한 것도 이런 맥락과 무관치 않다. 이 식물원들은 해외 생물자원을 테스트하고 유럽 혹은 식민지에 도입하도록 하는 생물학 식민주의의 첨병 기능을 한 측면도 있다.

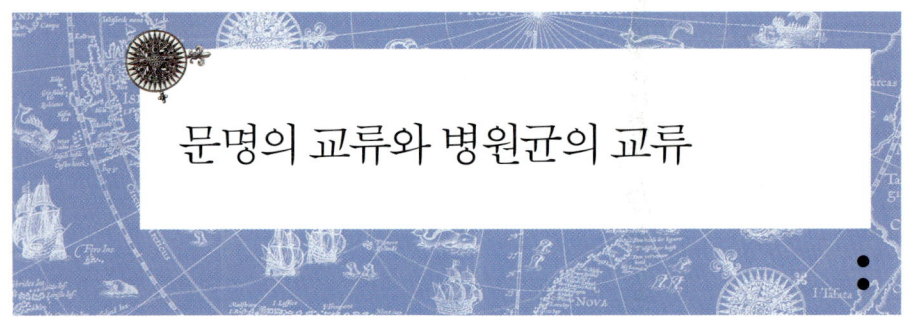

문명의 교류와 병원균의 교류

미국의 저명한 역사가 윌리엄 맥닐은 어느 날 아스텍제국의 몰락에 대해 조사하다가 깊은 의문에 빠지게 됐다. 어떻게 수백만 명의 아스텍제국 용사들이 고작 600명 남짓한 에스파냐 병사에게 패배를 당할 수 있단 말인가. 물론 유럽 군인들은 아메리카 원주민에게는 없는 말, 소총, 강철 칼이라는 이점을 가지고 있다고 하지만 과연 이것만으로 그토록 엄청난 병력의 차이를 이겨낼 수 있었을까. 맥닐은 에스파냐 지휘관이 언급한 전염병 이야기에서 실마리를 잡았다. 결국 사람이 아니라 병균이 결정적인 역할을 하지 않았을까.

1519년, 코르테스는 병사들을 이끌고 아스텍제국을 공략하기 위해 멕시코 연안에 상륙했다. 그런데 뒤늦게 1520년에 또 다른 에스파냐인 집단이 멕시코에 상륙했다는 소식을 들었다. 코르테스는 곧 이 경쟁자들과 싸워서 격퇴시켰다. 그런데 이 두 번째 집단은 그 이전 2년 동안 천연두가 맹위를 떨쳤던 에스파뇰라섬으로부터 떠나왔으며, 이 병사들 가운데 한 사람이 천연두에 걸려 있었다(원래 이 병을 가리키는 우리말은 '두창痘瘡'이고 '천연두'는 수입된 일본어이지만, 오늘날 '천연두'라는 말이 압도적으로 많이 쓰이는 실정이므로 여기에서도 이 말을 쓰기로 한다). 이 전투 과정에서 코르테스의 병사가 천연두에 걸렸을 것으로 보인다. 코르테스 일행은 다시 아스텍제국의 수도인 테노치티틀란으로 가서 전쟁을 벌였으나 패퇴하여 도망갔는데, 이때 천연두에 걸렸던 환자는 전투 중에 사망했다. 아마도 이 시체와 접촉하면서 아스텍제국에 천연두가 들어갔을 것으로 보인다.

1521년 코르테스가 에스파냐 병사와 현지인 동맹군을 이끌고 다시 아스텍제국을 공격했을 때에는 이미 그곳에 천연두가 심각한 상태로 발병해 있었다. 석 달 뒤 수도 테노치티틀란이 함락됐고 황

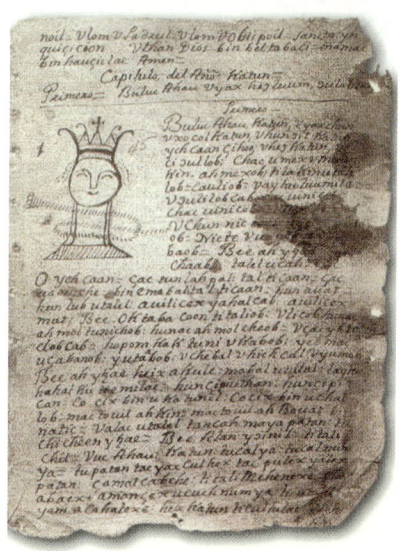

마야어로 기록한 마야의 의학지식들(위)과 마야 의학을 기록한 유럽 책(아래).

문명의 교류와 병원균의 교류 385

제 몬테수마와 그 계승자를 포함한 주민의 절반이 죽었다. 점령된 도시의 참상은 이루 말할 수 없었다. 운하가 시체들로 가득 찼으며 "시체를 밟지 않고는 발을 옮길 수 없었다"고 당대 기록은 전한다. 사실 이 많은 희생자들을 죽음으로 몰고 간 것은 코르테스의 공격보다도 천연두였다. 이 병은 원래 아메리카대륙에는 존재하지 않던 병으로서 유럽인들이 대서양을 건너올 때 병원균이 함께 묻어와서 퍼진 전혀 새로운 병이었다. 그 때문에 아메리카 주민들에게는 이 병에 대한 면역이 전혀 없어서 한번 병이 돌자 걷잡을 수 없이 퍼졌던 것이다.

인간과 사회는 질병과 불가분의 관계를 이루고 있다. 병원균이 인체에 들어오면 우리의 면역 시스템이 이것을 막아낸다. 그러면 다시 병원균도 이에 적응하여 변이mutation를 거듭한다. 이런 식의 상호 적응 과정을 거치면서 오랜 기간이 경과하면 결국 인체 면역 시스템과 병원균은 적절한 균형 상태를 이루게 된다. 이 상태는 그 지역 안에 일부 사람들이 병에 걸리기는 하지만 사람들이 면역을 갖추고 있기 때문에 병세가 치명적이지는 않다는 것을 뜻하며, 또 해당 사회는 대개 그 병에 대한 치료책들을 보유하고 있다. 이런 식으로 각 문명권은 그 나름의 질병들과 그에 대한 의학체계를 보유하게 되는 것이다. 원격지간 소통이 그리 활발하지 않던 시기에는 각 문명권마다 상이한 질병 풀pool을 가지고 있었다. 그런데 대항해시대에 해양을 통해 문명권 간 소통이 급격하게 진전되면서 병원균들이 전지구적인 차원으로 퍼져갔고, 세계 여러 지역에서 갑작스럽게 들이닥친 낯선 병원균 때문에 충격적인 양태로 전염병이 창궐하는 현상이 벌어졌다.

사실 한 지역에서 면역을 갖춘 사람들에게는 거의 해가 되지 않던 병원균들이 이웃 지역 사람들에게 엄청난 피해를 입히는 사태는 역사상 종종 일어났던 일이다. 고대 이스라엘인들이 "젖과 꿀이 흐르는 땅"을 찾아서 이집트에서 나와 주변 지역으로 이주한 '엑소더스'는 의학적인 관점에서 해석한다면 나일강 문명권의 병원균을 잔뜩 몸에 지닌 엄청난 숫자의 '숙주'들이 몰려와서 초원과 사막지대에 흩어져 살던 사람들에게 가공할 전염병을 퍼뜨린 사건이었다. 몽골의 제국 건설로 인해 중국으로부터 유럽까지 광대한 지역이 연결됐을 때에는 페스트균이 각 지역에 퍼져서 흑사병이 상상을 초월할 정도의 가공할 피해를 입혔다. 19세기에 기선을 비롯한 교통수단의 혁명적 발달로 세계의 상호 소통이 한 차원 다르게 발전했을 때 콜레라가 덩달아 퍼져서 세계적 전염병이 됐다. 이와 같은 현상을 처음 체계적으로 설명한 맥닐의 이름을 따라 이런 사태를 일반적으로 '맥닐의 법칙'이라고 부른다.

　이 현상이 특별히 심각하게 나타난 것이 콜럼버스 이후 구대륙과 신대륙 사람들 간의 조우이다. 구대륙 유라시아로부터 신대륙 아메리카로 들어간 각종 전염병은 역사상 유례를 찾기 힘든 엄청난 피해를 입혔다.

　근대 초에 구대륙에서 신대륙으로 들어간 병으로는 홍역, 볼거리, 장티푸스, 발진티푸스, 인플루엔자, 디프테리아, 성홍열 등이 있지만 그 가운데에서도 가장 심각한 결과를 초래한 것이 앞서 말했던 천연두였다. 이 병은 1518년에 에스파뇰라섬의 아라와크 인디언의 절반을 죽였고 곧 아메리카 본토에 상륙해서 가공할 피해를 입혔다. 희생자들은 머리부터 발끝까지 고름집이 덮여서 움직일 때

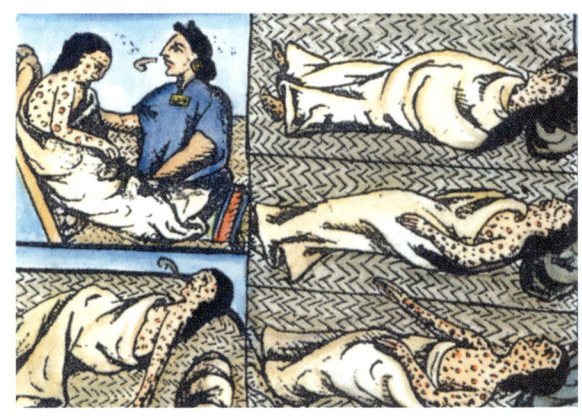
천연두에 걸려 전신에 고름집이 잡혀 있는 아메리카 원주민들.

마다 살점이 떨어져나갔다. 생존자들은 곰보자국이 남거나 장님이 됐다. 얼마 후 이 병은 남아메리카의 잉카제국에도 도착했다. 잉카제국이 자랑하는 도로 체제는 역설적이게도 천연두가 급격하게 퍼지는 데에도 도움이 됐다. 이 병이 들어온 후 수년 안에 잉카제국 전인구의 60~90퍼센트가 사망한 것으로 추산된다. 아마도 여기에서 선박을 통해 칠레에까지 천연두가 들어간 것으로 보인다. 북아메리카 역시 이 병을 피할 수 없었다. 1633년에 오늘날 매사추세츠주의 플리머스에서 처음 발병한 후 천연두는 모호크족, 이로쿼이족 등 주변 여러 인디언 부족들에게 전염되어 큰 피해를 입혔고 급기야 대평원의 인디언들에게까지 전해졌다.

천연두가 다른 병보다 더 큰 전염력을 가진 것은 이 병의 특성 때문이었다. 천연두는 발병할 때까지 10~14일 가량의 잠복기가 있기 때문에 겉으로 건강해 보이는 피난민들도 증상을 보이기 전에 수백 킬로미터를 이동할 수 있었다. 이 때문에 1530년대부터 천연두는 팜파(남아메리카 대초원)에서 오대호까지 아메리카대륙을 뒤덮듯이 퍼지면서 유럽인 정복자들의 앞길을 터주었던 것이다. 새로운 전염병이 들어오면 허약한 사람은 제거되고 강한 사람은 살아남는 자연선택 과정이 일어난다. 결과적으로는 시간이 흐를수록 점차 더 많은 사람들이 그 병에 대해 강한 면역력을 갖추게 되고, 급기야 그 사회의 대부분의 사람들이 면역력을 가져서 안정 상태에 이른다. 이렇게 되기까지 5~6세대, 다시 말해서 약 100~150년 정도가 소요된다고 하는데, 이 기간 중에 엄청난 인구 궤멸 현상을 겪곤 하는 것이다. 한 추산에 의하면 16세기에 멕시코에서 천연두 한 가지로만 1,800만 명이 죽었다고 한다. 1999년 UN 발표 자료에 의하면 1500년대 세계 인구는 약 5억 명으로 추산되는데, 의학사가들이 이 시기에 천연두로 인한 사망자 수를 8천만 명에서 1억 명 사이로 계산하고 있으므로, 천연두는 세계 인구의 5분의 1을 죽음으로 몰아넣은 셈이다! 이것은 아마도 역사상 가장 참혹한 결과를 초래한 질병이라 할 것이다.

물론 급격한 인구 감소가 전적으로 전염병에 의한 것이라고만 이야기할 수는 없다. 유럽인들이 저지른 폭행과 살인, 이에 따른 유산, 집단 자살 등의 요소들도 함께 작용했을 것이다. 유럽인들의 착취에 따른 기아와 과로는 그 자체도 사람을 죽음으로 내몰지만 인체를 약하게 만들어서 질병에 걸리기 쉽게 만들므로 간접적으로 전염병 원인과 다시 연결된다.

전염병은 유럽인들의 지배권을 확고히 하는 데에 결정적인 효과를 낸 것이 분명하다. 이는 우선 아메리카 기존 사회의 지도층 인사들을 쓰러뜨려서 지도력을 약화시켰고, 살아남은 병사라 하더라도 신체적으로 허약해져서 전투에서 제대로 힘을 발휘하지 못했으므로 유럽인들의 침략에 강력하게 맞설 수 없었다. 또 심리적으로도 지대한 영향을 미치지 않을 수 없었다. 현지인들만 가공할 병에 걸리고 백인들은 멀쩡한 이유를 알 수 없었던 상황에서 유럽인들은 자신감에 찬 반면 인디언들은 숙명적인 비관주의에 빠졌다. 유럽인들은 전염병 발병을 그들의 신앙에 맞추어 왜곡시켜서 이해했다. 1548년, 100만 인구가 500명으로 격감한 산토도밍고의 총독은 이렇게 언급했다.

신도 그런 못생기고 타락하고 죄 많은 인간을 만든 것을 후회하셨을 것이다. 그들이 죽은 것은 신의 뜻이다.

아메리카의 비극을 병원균 하나로 전부 설명할 수는 없지만 이것이 핵심적인 문제라는 데에는 이론의 여지가 없다. 근대 이후 세계화를 논할 때 가장 중요한 현상 중의 하나로서 반드시 고려해야 할 사항은 '전염병의 세계화'이며, 이는 현재에도 진행 중인 문제이다.

황열병과 말라리아

열대숲모기(위)와 말라리아 병원균을 옮기는 학질모기(아래).

구대륙에서 신대륙으로 전해진 전염병 중에 가장 큰 위력을 발휘한 황열병 yellow fever과 말라리아는 모두 모기에 의해 전염되는 특징을 가지고 있다.

황열병 바이러스를 옮기는 모기는 열대숲모기 Aedes aegypti라 불리는 종이었다. 황열병은 급성 감염증이어서 이 병에 걸린 사람이 감염 상태로 대서양을 건너 병을 퍼뜨린다는 것은 불가능했다. 따라서 병원균의 매개체인 모기가 대서양을 넘어 병을 전한 것으로 생각된다. 이 모기는 깨끗한 물이 아니라 물통 속에 고인 물에서도 살아남을 수 있기 때문에 병원균을 보유한 채 세대교체를 하면서 선박을 통해 대서양을 건널 수 있었을 것이다.

이에 비해 말라리아는 모기가 아니라 환자 자신이 배를 타고 신대륙에 들어와서 퍼뜨린 것으로 보인다. 황열병을 옮기는 열대숲모기와 달리 학질모기 Anopheles gambiae는 깨끗한 물이 아니면 부화되지 않으므로 이 모기가 대서양을 건너기는 불가능하기 때문이다. 그 대신 이 병은 감염 상태가 만성적으로 지속되므로 환자가 병에 걸린 상태 그대로 대서양을 건너 신대륙에 병원균을 퍼뜨리는 것이 가능했을 것이다. 수경벼농사나 화전은 이 병이 퍼지는 데에 이상적 환경을 만들어주었다.

이 두 전염병은 모두 흑인 노예들의 아메리카 유입과 깊은 관련을 가진 병이다. 황열병의 경우 아프리카에서는 사람들이 어린 시절 아주 가벼운 증상만 보인 채 앓고 난 후 평생 면역을 가지게 되고, 말라리아의 경우 역시 사람들이 어릴 때 원충에 노출되어 생긴 겸상적혈구鎌狀赤血球(sickle cell) 형질을 가지고 있어서 이 병에 강하게 됐다. 백인들이 이 두 가지 병으로 큰 피해를 입은 반면 흑인들은 이 병에 강하다는 점이 열대 아메리카 지역에 흑인 노동력이 투입되는 중요한 요인 중 하나가 됐다.

황열병이 역사적으로 중요한 역할을 한 사례로는 아이티혁명(1791~1804)을 들 수 있다. 프랑스의 식민지였던 산도밍고섬에서 흑인 노예들이 봉기하여 아이티공화국을 성립시켰다. 이에 대해 나폴레옹 정부는 1802년 진압군을 보냈으나 지휘관인 샤를 르클레르를 비롯해서 병사의 절반 이상이 황열병으로 죽었다. 황열병은 분명 아이티혁명을 성공으로 이끈 여러 요인 중 하나로 꼽을 수 있다.

| 에필로그 |
세계사 다시 쓰기 : 희망의 이름으로

　대항해시대에 세계 각 지역이 바다를 통해 서로 소통하게 됐을 때 어떤 일이 일어났는가.

지금까지 우리가 살펴본 바처럼 근대세계는 처절한 폭력으로 점철된 곳이었다. 아메리카대륙의 선주민들은 콜럼버스의 도래 이후 거의 전멸됐고 그들의 문명은 철저히 파괴되어서 이제는 흔적만 남아 있다. 1천만 명의 아프리카 사람들이 신대륙에 강제로 끌려가서 지옥 같은 노예의 삶을 살아야 했다. 많은 열대 지역 주민들은 세계시장에 내다 팔 설탕, 쌀, 담배, 바나나, 고무 같은 것을 생산하기 위해 대농장에서 힘겨운 강제노동에 시달렸다. 다양한 지역 문화가 사멸되면서 수많은 언어가 사라졌고, 외래 종교는 흔히 칼과 총포

를 앞세워 강제로 밀고 들어와 기존의 성소聖所를 파괴하고 강제 개종을 시도했다. 사람들 간의 접촉이 늘자 낯선 병원균이 퍼져서 가공할 전염병으로 사람들이 떼죽음을 당하는 일도 빈번히 일어났다. 사람에게만 재앙이 들이닥친 것이 아니어서, 동식물의 멸종 사태가 벌어졌고, 아예 한 지역의 생태계 전체가 심대한 변화를 겪기도 했다.

이런 폭력적인 격변의 선두에는 흔히 유럽 문명이 서 있었다. 근대 초에는 여러 문명권들이 나름대로 육상으로나 해상으로나 팽창을 시도했지만, 대서양·태평양·인도양의 풍향과 조류체계를 파악해서 원양항해에 성공함으로써 실질적으로 세계를 연결시킨 것은 유럽의 항해인들이었다. 유럽인들은 군사적 혁신을 통해 얻은 막강한 무력을 바탕으로 세계 각지로 뚫고 들어갔다. 대포로 중무장한 유럽의 선박은 그야말로 바다 위를 떠다니는 폭력 그 자체였고, 푸른 바다는 자주 핏빛으로 물들었다. 먼저 몇몇 항구도시들을 거점 삼아 네트워크를 형성하고 이를 통해 내륙 지역을 경제적으로 압박한 후 점차 정치·군사적으로 지배체제를 확대해가는 것이 유럽의 전략이었다. 최종적으로 기계혁명의 결과 얻어진 사상 초유의 강력한 산업 생산력이 결합된 이후 유럽 그리고 그 후계자인 미국은 지구촌의 패자覇者로 군림하게 됐다.

이제 우리는 이렇게 만들어진 세계 속에서 정해진 길을 따라갈 수밖에 없는가. 다른 가능성은 없는가.

서구 중심의 세계화 질서를 단호하게 거부한 사례로는 마하트마 간디의 방식을 들 수 있다.

많은 사람들이 미국과 같은 부를 얻되 그 방법은 피할 것이라고 말하는 것을 들었다. 나는 감히 말하건대 그러한 시도를 한다면 실패할 수밖에 없다. 우리는 동시에 '현명하고 절제하고 격노할' 수는 없다. 공장 굴뚝의 연기와 소음으로 끔찍한 곳이 되어버린 땅, 거리에는 자신이 무엇을 좇고 있는지도 모르는 사람들이 차를 끌고 이리저리 달리고 있고, 아무런 생각이 없는 사람들은 타인들 한가운데 생선상자 속의 정어리들처럼 빼곡히 들어차서 불쾌감을 드러내며 할 수만 있으면 서로를 밀어내려고 하는 그런 곳에 신神들이 거주할 수는 없다.

마하트마 간디.

_ 마하트마 간디, 김태인 옮김, 『마을이 세계를 구한다』,
녹색평론사, 2006.

간디는 인도의 운명이 서구가 밟아온 피투성이의 길을 따라가는 것이 아니라 단순하고 경건한 생활에서 나오는 평화의 길을 따라가는 데에 있다고 주장했다. 간디가 독립(스와라지)을 말할 때에는 단지 영국으로부터 정치적 독립을 되찾는 것만을 의미하지는 않는다.

유럽의 산업화.

진정한 독립은 "한편으로는 만족을 모르는 물질적 야망을, 다른 한편에는 그에 따른 전쟁을 수반하는" 서구 문명 자체로부터 벗어나는 것을 뜻한다. 스와라지는 자기 주장보다는 오히려 자기 억제를 뜻하는 것이니, 곧 단순하고 경건한 자발적 가난 속에서 존엄하게 살아가는 것이다. "영혼이 없는 기계"인 국가, 그리고 "외국의 지배에서 생겨난 도시들"은 인도의 70만 개 마을을 착취하며 수백만 명의 사람들을 비참한 구덩이 속에 밀어넣었다. 그와 같은 국가와 도시의 지배를 벗어던지고 모든 사람이 마을에서 농사짓고 물레를 돌려 자신의 옷을 지어 입으며 살 때 우리는 서구 산업주의라는 병에서 벗어나 우리 안에 있는 신들과 더불어 살아가게 된다.

그러나 단언컨대 이런 고대적인 성자의 길을 따르기는 결코 쉽지 않다. 지금 와서 우리 모두 옛날로 되돌아가 밭 갈고 길쌈질하며 살

수는 없는 법. 우리는 이미 500년 동안 이어져온 길 위에 들어서 있으니, 우리가 살아가는 이 세계를 총체적으로 거부하는 극단적인 방식보다는 우리가 서 있는 이 지점에서 최선을 다하는 수밖에 없다. 그 첫걸음은 우선 우리가 살아가는 이 근대세계를 새롭게 인식하는 일이다.

서구의 기계적 폭력성의 정점을 차지하는 맥심 기관총.

"과거를 지배하는 자가 미래를 지배한다"는 말은 여전히 타당하다. 바꿔 말하면 새로운 미래를 준비하려면 세계사에 대한 새로운 이해가 필요하다. 우리는 그동안 파악하지 못하고 있던 지난날의 가능성을 되살려서 근대세계사 다시 쓰기를 해야 한다. 과거 서구 문명이 세계를 지배하고 가혹하게 착취했다는 이야기만 계속 강조한다면 그 자체가 서구의 강력한 지배력 앞에 나머지 세계가 좌절하고 그리하여 앞으로도 서구 문명이 계속 세계를 장악하리라 믿도록 만드는 이데올로기 역할을 하는 것은 아닐까.

서구중심주의를 극복하는 것은 단순히 서구 문명에 대한 비난 차원에 머물러서는 안 된다. 또 핍박받는 사람들에 대한 애틋한 동정만으로 우리의 의무를 다하는 것도 아니다. 그보다는 훨씬 더 적극적인 재평가가 절실하다. 되돌아보면 근대세계는 결코 어느 한 국가나 한 문명권이 주도하여 만든 것은 아니며 세계의 모든 문명권의 기여로 만들어졌다는 점을 되새겨볼 필요가 있다. 중국과 인도 문명의 심원한 지혜가 세계의 지성들에게 영감을 주었고, 아메리카 대륙의 놀랍도록 다양한 식물자원이 세계의 식탁을 풍요롭게 해주었으며, 아프리카의 음악이 세계인의 감성에 호소하지 않는가. 세계화 혹은 지구화를 촉진시킨 뇌관 역할을 한 것은 서구 문명이고 또 제국주의 시대에 그들이 지구의 패권을 차지한 것은 분명하지만, 그렇다고 그들이 이 세상을 홀로 만들어낸 것은 아니다.

이 세상은 폭력이 넘쳐나는 곳이라고 하지만, 그 힘이 세계 모든 지역에 일관되게 관철되지는 않았다. 전세계가 하나의 시장경제 속에 말려들어가고 제국주의적인 지배체제가 끝 모르게 확산되는 것처럼 보여도 사실 그와 같은 폭력적인 움직임은 각 지역의 문화에 의해 때로 저지당하고 때로 변형되며 때로 선택적으로 흡수됐다. 대항해시대는 전지구적 폭력의 시대였고 가공할 파괴를 초래했지만 동시에 창조적인 대응을 낳았다는 점을 기억해두자. 어느 것도 미리 정해진 것은 없다. 우리 앞에 펼쳐질 지구촌의 미래는 기계적으로 정해진 길을 좇아가는 것이 아니라 우리와 우리 후손이 만들어내는 것이다.

| 참고문헌 |

프롤로그 바다와 역사

강진아, 「16~19세기 중국경제와 세계체제— '19세기 분기론'과 '중국중심론'」, 『이화사학연구』, vol. 31, 2004.

안드레 군더 프랑크, 이희재 옮김, 『리오리엔트』, 이산, 2003.

찰스 만, 전지나 옮김, 『인디언, 그들은 어디서 왔으며 어떻게 살았을까』, 오래된 미래, 2005.

제1부 아시아의 바다에서

아시아의 해양세계

야콥 단코나, 오성환·이민아 옮김, 『빛의 도시』, 도서출판 까치, 2000.

Bernstein, William J., *A Splendid Exchange, How Trade Shaped the World*, New York : Atlantic Monthly Press, 2008.

Hirth, Friedrich & W. W. Rockhill tr., *Chu-Fan-Chi, A Description of Barbarous Peoples*, St. Petersburg : Print Office of the Imperical Academy of Sciences, 1911.

Maddison, Angus, *The World Economy : Historical Statistics*, Paris : OECD, 2003.

Prakash, Om, *European Commercial Expansion in Early Modern Asia*, Aldershot : Variorum, 1997.

정화(鄭和)의 원정(1405~33)

개빈 멘지스, 조행복 옮김, 『1421 중국, 세계를 발견하다』, 사계절, 2004.

다니엘 부어스틴, 이성범 옮김, 『발견자들』, 범양사출판부, 1986.

미야자키 마사카쓰, 이규조 옮김, 『정화의 남해 대원정』, 일빛, 1999.

화교 공동체의 발전과 핍박
윤성익, 『명대 왜구의 연구』, 경인문화사, 2007.
Wang, Guangwu, "Merchants without Empire : The Hokkien Sojourning Communities," in Tracy, James ed., *The Rise of Merchant Empires, Long-Distance Trade in the Early Modern World, 1350-1750*, Cambridge : Cambridge University Press, 1990.

디아스포라
Cohen, Robin, *Global Diasporas, An Introduction*, Seattle : University of Washington Press, 1997.
Curtin, Philip, *Cross-cultural Trade in World History*, Cambridge : Cambridge University Press, 1984.
Subrahmanyam, Sanjay, "Iranians Abroad : Intra-Asian Elite Migration and Early Modern State Formation," *The Journal of Asian Studies*, vol. LI, no. 2, 1992.

조선은 세계와 소통했는가
지명숙, 『보물섬은 어디에―네덜란드 공문서를 통해 본 한국과의 교류사』, 연세대학교 출판부, 2003.
한영우·안휘준·배우성, 『우리 옛 지도와 그 아름다움』, 효형출판, 1999.
Roeper, Vibeke, Boudewijn Walraven ed., *Hamel's World*, Amsterdam : SUN, 2003.

회사에서 제국으로
아사다 미노루, 이하준 옮김, 『동인도회사, 거대상업제국의 흥망사』, 파피에, 2004.
주경철, 「네덜란드 동인도회사의 설립 과정」, 『서양사연구』 제25집, 2000.
Bassett, D. K., "The 'Amboyna Massacre' of 1623," *Journal of Southeast Asian History*, vol. 1, no 2, 1960.

Cullow, Adam, "Unjust, Cruel and Barbarous Proceedings : Japanese Mercenaries and the Amboyna Incident of 1623," *Itinerario*, XXXI, no. 7, 2007.

제2부 폭력이 넘쳐나는 세계

유럽 팽창은 마음속에서부터 자라나다

마르코 폴로, 김호동 역주, 『동방견문록』, 사계절, 2000.

Delumeau, Jean, *Une Histoire du Paradis*, Paris : Fayard, 1992.

Mandeville, John, *The Travels of Sir John Mandeville*, New York : Penguin, 1983.

포르투갈 : 삼대륙에 걸친 해상제국

Gomes Eannes de Azurara, *The Chronicle of the Discovery and Conquest of Guinea*, trans. by Charles Raymond Beazley, Edgar Prestage, London : the Hakluyt Society, 1896–1899.

Martinière, Guy, *Le Portugal à la Rencontre de "Trois Mondes" : (Afrique, Asie, Amérique) XV–XVIIIe Siècles*, Paris : Edition de l'Insititut des Hautes Etudes en l'Amérique Latine, 1994.

폭력의 세계화

김주식 · 알프레드 세이어 마한, 『해양력이 역사에 미치는 영향』, 책세상, 1999.

Masselman, George, *The Cradle of Colonialism*, New Haven : Yale University Press, 1963.

Parker, Geoffrey, *The Military Revolution, Military Innovation and the Rise of the West 1500–1800*, Cambridge : Cambridge University Press, 1996.

'행운의 섬들'

Delumeau, Jean, *Une Histoire du Paradis*, Paris : Fayard, 1992.

Parsons, James J., "Human Influences on the Pine and Lauren Forests of

the Canary Islands," *Geographical Review*, LXXI, no. 3, 1981.
Times Atlas of World Exploration, 1991.

아메리카의 '발견'?
Koning, Hans, *Columbus : His Enterprise Exploding the Myth*, New York : Monthly Review Press, 1976.
Las Casas, Bartolome, *The Devastation of the Indies : A Brief Account*, Baltimore : The Johns Hopkins University Press, 1965.

바야돌리드 논쟁
Pagden, Anthony ed., *The Languages of Political Theory in Early Modern Europe*, Cambridge : Cambridge University Press, 1986.
Robin, Hanbury-Tension, *The Oxford Book of Exploration*, Oxford : Oxford University Press, 1993.

아메리카 문명의 정복과 파괴
Métraux, A., *Les Incas*, Paris : Seuil, 1983.
Subrahmanyam, Sanjay, *The Portuguese Empire in Asia 1500-1700, A Political and Economic History*, London : Longman, 1993.

말린체 : 정복의 역사와 여성
Bitterli, Urs, *Cultures in Conflict : Encounters between European and Non-European Cultures : 1492-1800*, Stanford : Stanford University Press, 1989.
Lepore, Jill, *Encounters in the New World, A History in Documents*, Oxford : Oxford University Press, 2000

제3부 근대세계의 이면, 선원과 해적의 세계

'사막의 배'와 바다의 배
베른하르트 카이, 박계수 옮김, 『항해의 역사』, 대한교과서, 2006.

Chaunu, Pierre, *L'Expansion Européenne du XIIIe au XVe Siècle*, Collecion Nouvelle Clio, Paris : A. Colin, 1969.
Pomeranz, Kenneth & Steven Topik, *The World that Trade Created : Society, Culture, and the World Economy, 1400-the Present*, Armonk : Sharpe, 1999.

얼음 바다를 넘어 아시아로 : 북쪽 항로의 개척
Masselman, George, *The Cradle of Colonialism*, New Haven : Yale University Press, 1963.
Robin, Hanbury-Tension, *The Oxford Book of Exploration*, New York : Oxford University Press, 1993.

위도와 경도
데이바 소벨 · 윌리엄 앤드루스, 김진준 옮김, 『경도 : 해상 시계 발명 이야기』, 생각의 나무, 2002.
Mollat, M. & P. Adam ed, *Les Aspects Internationaux de la Découverte Océanique au Quinzième et Seizième Siècles : Actes du Cinquième Colloques International D'histoire Maritime*, Paris : S.E.V.P.E.N., 1960.

선원들 : 최초의 프롤레타리아
마커스 레디커, 박연 옮김, 『악마와 검푸른 바다 사이에서―상선 선원, 해적, 영·미의 해상 세계, 1700-1750』, 도서출판 까치, 2001.
Pigafetta, Antonio, trans. Robertson, J. A., *First Voyage around the World*, Cleveland : The Arthur H. Clark co., 1906.

선상 생활 : 기율과 저항
피터 라인보우 · 마커스 레디커, 정남영 · 손지태 옮김, 『히드라―제국과 다중의 역사적 기원』, 갈무리, 2008.

해적과 국가

닐 퍼거슨, 김종원 옮김, 『제국』, 민음사, 2006.
앵거스 컨스텀, 이종인 옮김, 『해적의 역사』, 가람기획, 2002.
Sherry, Frank, *Pacific Passions : The European Struggle for Power in the Great Ocean in the Age of Exploration*, New York : Morrow, 1994.

해적과 민주주의

피터 라인보우 · 마커스 레디커, 정남영 · 손지태 옮김, 『히드라—제국과 다중의 역사적 기원』, 갈무리, 2008.
Masselman, George, *The Cradle of Colonialism*, New Haven : Yale University Press, 1963.
Meyer, Jean, *L'Europe et la Conquête du Monde : XVI-XVIIIe Siècles*, Paris : A. Colin, 1990.

제4부 노예무역 잔혹사

노예제의 문제

Eltis, David & Stephen Behrendt, David Richardson, Herbert Klein eds., *The Trans-Atlantic Slave Trade : A Database on CD ROM*, New York : Cambridge University Press, 1999.
Thornton, John, *Africa and Africans in the Making of the Atlantic World, 1400-1800*, Cambridge : Cambridge University Press, 1998.

아프리카 북 · 동쪽 노예무역

Austen, Ralph A., "The Mediterranean Islamic Slave Trade out of Africa : A Tentative Census," *Slavery and Abolition*, XIII, 1992.
Irwin, Graham W., *Africans Abroad, A Documentary History of the Black Diaspora in Asia, Latin America, and the Caribbean during the Age of Slavery*, New York : Columbia University Press, 1977.
Pétre-Grenouilleau, Olivier, "La Traite Oubliée des Négriers Musulmans," *L'Histoire*, no. 280, 2003.

설탕과 노예

시드니 민츠, 김문호 옮김, 『설탕과 권력』, 지호, 1998.

노예무역과 아프리카 내부

Equiano, Olaudah, *The Interesting Narrative and Other Writings*, London : Penguin, 2003.

Northrup, David, *Africa's Discovery of Europe, 1450-1850*, New York : Oxford University Press, 2002.

Miller, Joseph C., *Way of Death, Merchant Capitalism and the Angolan Slave Trade 1730-1830*, Madison : University of Wisconsin Press, 1988.

중간항해

Northrup, David, *Africa's Discovery of Europe, 1450-1850*, New York : Oxford University Press, 2002.

Postma, Johannes, *The Atlantic Slave Trade*, Westport : Greenwood Press, 2003.

Thornton, John, *Africa and Africans in the Making of the Atlantic World, 1400-1800*, Cambridge : Cambridge University Press, 1998.

자유의 나라? 노예의 나라! : 미국과 북아메리카의 노예

Andrews, William ed., *Six Women's Slave Narratives*, New York : Oxford University Press, 1988.

Deyle, Steven, "'By Farr the Most Profitable Trade' : Slave Trading in British Colonial North America," *Slavery and Abolition*, X, 1989.

제5부 세계화폐의 순환

금과 은을 찾아서

고병권, 『화폐, 마법의 사중주』, 그린비, 2005.

테사 모리스-스즈키, 박영무 옮김, 『일본기술의 변천』, 한승, 1998.

Weatherford, Jack, *The History of Money, From Sandstone to Cyberspace*, New York : Crown Publisher, 1997.

세계의 은이 중국으로 들어가다

Barrett, Ward, "World Bullion Flows, 1450-1800," in Tracy, James ed. *The Rise of Merchant Empires, Long-Distance Trade in the Early Modern World, 1350-1750*, Cambridge : Cambridge University Press, 1990.

Flynn, Dennis O. & Arturo Giraldez, *Metals and Monies in an Emerging Global Economy*, Aldershot : Variorum, 1997.

von Glahn, Richard, *Fountain of Fortune : Money and Monetary Policy in China*, Berkeley : University of California Press, 1996.

일본의 은과 구리

구로다 아키노부, 정혜중 옮김, 『화폐시스템의 세계사』, 논형, 2005.

야마구치 게이지, 김현영 옮김, 『일본 근세의 쇄국과 개국』, 혜안, 2001.

Kobata, A., "The Production and Uses of Gold and Silver in Sixteenth and Seventeenth-Century Japan," *Economic History Review*, XLIII, no. 2, 1965.

인삼과 은

옥순종, 『교양으로 읽는 인삼 이야기』, 이가서, 2005.

정성일, 『조선 후기 대일무역』, 신서원, 2000.

한명기, 「17세기 초 은의 유통과 그 영향」, 『규장각』 제15집, 1992.

Kazui, Tashiro, "Export of Japan's Silver to China via Korea and Changes in the Tokukawa Monetary System during the Seventeenth and Eighteenth Centuries," in van Cauwenberghe, Eddy H. G. ed., *Precious Metals, Coinage and Changes of Monetary Structures in Latin America, Europe and Asia*, Leuven : Leuven University Press, 1989.

조개화폐

이븐 바투타, 정수일 역주, 『이븐 바투타 여행기』, 창작과비평사, 2001.
Johnson, Marion, "The Cowrie Currencies of West Africa," *Journal of African History*, XI, no. 1, 197.
Vogel, Hans Ulrich, "Cowry Trade and Its Role in the Economy of Yunnan : From the Ninth to the Mid-Seventeenth Century," *Journal of the Economic and Social History of the Orient*, vol. 36, no. 3-4, 1993.

아편 연기 속에 사라져간 은

Pomeranz, Kenneth & Steven Topik, *The World that Trade Created : Society, Culture, and the World Economy, 1400-the Present*, Armonk : Sharpe, 1999.
Trocki, Carl A., *Opium, Empire and the Global Political Economy, A Study of the Asian Opium Trade 1750-1950*, London and New York : Routledge, 1999.

제6부 물질과 감각의 교류

문명과 미각

볼프강 쉬벨부쉬, 이병련·한운석 옮김, 『기호품의 역사 : 파라다이스, 맛과 이성』, 한마당, 2000.
맛시모 몬타리니, 주경철 옮김, 『유럽의 음식문화』, 새물결, 2001.
정하미, 『일본의 서양문화 수용사』, 살림, 2005.

차와 도자기

Miller, Russell, *The East Indiamen*, Alexandria, Va. : Time-Life Books, 1980.
Pepys, Samuel, *The Shorter Pepys*, Berkeley : University of California Press, 1985.

바다를 통해 널리 퍼진 '색깔들'
주경철, 『네덜란드—튤립의 땅, 모든 자유가 당당한 나라』, 산처럼, 2003.
Foss, Theodore Nicholas, 'Chinese Silk Manufacture in Jean-Baptiste du Halde, Description... de la Chine (1735)', in E. J. van Kley et al., *Asia and the West : Encounter and Exchanges from the Age of Explorations*, Notre Dame, Ind. : Cross Cultural Publications, Cross Roads Books, 1986.
Pomeranz, Kenneth & Steven Topik, *The World that Trade Created: Society, Culture, and the World Economy, 1400-the Present*, Armonk : Sharpe, 1999.

작물의 전파 : 기술과 문화의 결합
고혜선 옮김, 『마야인의 성서 포폴 부』, 문학과지성사, 1999.
맛시모 몬타리니, 주경철 옮김, 『유럽의 음식문화』, 새물결, 2001.
클라이브 폰팅, 이진아 옮김, 『녹색세계사』, 심지, 1996.
Spencer, J. E., "The Rise of Maize as a Major Crop Plant in the Philippines," *Journal of Historical Geography*, I, no. 1, 1975.

다네가시마
페르낭 멘데스 핀투, 김미정·정윤희 옮김, 『멘데스 여행기』, 노마드북스, 2006.
Boxer, Charles R., "Notes on Early European Military Influences in Japan, 1543-1853," *Transactions of the Asiatic Society of Japan*, 2nd Series, VIII, 1931.
Black, Jeremy, *Rethinking Military History*, London: Routledge, 2004.
Brown, Delmer, "The Impact of Firearms on Japanese Warfare, 1543-98," *Far Eastern Quarterly*, VII, no. 3, 1948.
Rogers, Clifford ed., *The Military Revolution Debate, Readings on the Military Transformation of Early Modern Europe*, Oxford: Westview Press, 1995.

총에서 다시 칼로

Parker, Geoffrey, "Europe and the Wider World, 1500-1700 : The Military Balance," in Tracy, James ed., *The Political Economy of Merchant Empires*, Cambridge : Cambridge University Press, 1991.

Perrin, Noel, *Giving up the Gun: Japan's Reversion to the Sword, 1543-1789*, Boston : Godine, 1979.

제7부 정신문화의 충돌

언어의 확산과 사멸

Ostler, Nicholas, *Empires of the Word, A Language History of the World*, London : Harper & Colins, 2005.

절멸 위험 언어와 몰입교육

김주원 외, 『사라져가는 알타이어를 찾아서』, 태학사, 2008.

영혼의 정복 : 강압적 전도와 피학적 전도

Bitterli, Urs, *Cultures in Conflict : Encounters between European and Non-European Cultures : 1492-1800*, Stanford : Stanford University Press, 1989.

Boxer, Charles R., "The Problem of the Native Clergy in the Portuguese and Spanish Empires from the Sixteenth to the Eighteenth Centuries," in Cuming, Geoffrey J., *Studies in Church History VI, The Mission of the Church and Propagation of the Faith*, Cambridge : Cambridge University Press, 1970.

Brading, David, "Prophet and Apostle : Bartolome de Las Casas and the Spiritual Conquest of America," *New Blackfriars*, LXV, no. 774, 1984.

Greer, Allen ed., *The Jesuit Relations, Natives and Missionaries in Seventeenth-Century North America*, Boston-New York : Bedford/St. Martin's, 2000.

Shapiro, Judith , "From Tupa to the Land without Evil : The Christianization of Tupi-Guarani Cosmology," *American Ethnologist*, XIV, 1987.

Wachtel, N., *La Vision des Vaincus*, Paris : Gallimard, 1971.

일본의 기독교 전도

Boxer, Charles, *The Christian Century in Japan, 1549-1650*, Berkeley : University of California Press, 1967.

Gunn, Geoffrey, *First Globalization, The Eurasian Exchange, 1500-1800*, Lanham : Rowman & Littlefield Publishers, 2003.

Howes, John, "Japanese Christianity and the State : From Jesuit Confrontation/Competition to Uchimura's Noninstitutional Movement/Protestantism," in Kaplan, Steven ed., *Indigenous Responses to Western Christianity*, New York : New York University Press, 1995.

Plutschow, Herbert E., *Historical Nagasaki : with Illustrations and Guide Maps*, Tokyo : The Japan Times, 1983.

제8부 생태환경의 격변

생태 환경의 대전환

앨프리드 크로비스, 안효상 · 정범진 옮김, 『생태제국주의』, 지식의풍경, 2000.

제레드 다이아몬드, 김진준 옮김, 『총, 균, 쇠』, 문학사상사, 1996.

동물 남획 : 환경파괴 대 환경보호

이시 히로유키 · 야스다 요시노리 · 유아사 다케오, 이하준 옮김, 『환경은 세계사를 어떻게 바꾸었는가』, 경당, 2001.

클라이브 폰팅, 이진아 옮김, 『녹색세계사』, 심지, 1996.

문명 팽창과 삼림의 축소

앨프리드 W. 크로스비, 김기윤 옮김, 『콜럼버스가 바꾼 세계』, 지식의숲, 2006.

존 펄린, 송명규 옮김, 『숲의 서사시』, 따님, 2002.
Miller, Shawn W., "Fuelwood in Colonial Brazil : The Economic Consequences of Fuel Depletion for the Bahian Reconcavo, 1549–1820," *Forest and Conservation History*, XXXVIII, 1994.
Richards, John, *The Unending Frontier : An Environmental History of the Early Modern World*, Berkeley : University of California Press, 2003.

아유르베다 : 인도 전통의학과 서구 식물학의 만남

기젤라 그라이헨, 박해영 옮김, 『사라진 문명의 치료지식을 찾아서』, 이가서, 2005.
Grove, Richard, *Green Imperialism : Colonial Expansion, Tropical Island Edens and the Origins of Environmentalism 1600–1860*, Cambridge : Cambridge University Press, 1995.
_____, "Indigenous Knowledge and the Significance of South-West India for Portuguese and Dutch Construction of Tropical Nature," *Modern Asian Studies*, vol. 30, no. 1, 1996.

문명의 교류와 병원균의 교류

아노 카렌, 권복규 옮김, 『전염병의 문화사』, 사이언스북스, 2001.
윌리엄 맥닐, 허정 옮김, 『전염병과 인류의 역사』, 한울, 1998.
이시 히로유키·야스다 요시노리·유아사 다케오, 이하준 옮김, 『환경은 세계사를 어떻게 바꾸었는가』, 경당, 2001.
Kiple, Kenneth & Stephen Beck, *Biological Consequences of European Expansion, 1450–1800*, Aldershot: Variorum, 1997.

에필로그 세계사 다시 쓰기 : 희망의 이름으로

마하트마 간디, 김태언 옮김, 『마을이 세계를 구한다』, 녹색평론사, 2006.

문명과 바다
바다에서 만들어진 근대

지은이   주경철
펴낸이   윤양미
펴낸곳   도서출판 산처럼

등   록   2002년 1월 10일 제1-2979호
주   소   서울시 종로구 사직로8길 34 경희궁의 아침 3단지 오피스텔 412호
전   화   02-725-7414
팩   스   02-725-7404
E-mail   sanbooks@hanmail.net
홈페이지 www.sanbooks.com

제1판 제 1쇄 2009년 3월 5일
제1판 제11쇄 2021년 9월 10일

ⓒ주경철, 2009

값 18,500원

ISBN 978-89-90062-35-2 03900

*잘못된 책은 서점에서 바꾸어드립니다.